que, mais ressemble à beaucoup de choses du même genre. Malgré ces défauts, le spectacle a reçu des applaudissements aussi extraordinaires que soutenus : on a demandé l'auteur à la fin ; événement singulier & unique au théatre Italien. M. Poinsinet s'est fait tirer à quatre ; & quand on l'a vu on a demandé l'autre : M. Philidor a été obligé de comparoître aussi.

3 Janvier 1764. Les Italiens ayant senti la nécessité d'avoir quelqu'un pour doubler *Cailleau* en cas de maladie, ont repris *Audinot*. Cet acteur a reparu aujourd'hui dans *Blaise le Savetier* & dans le *Maréchal*. Il a été reçu avec transport, il étoit attaché au prince de Conti, & l'on n'a remarqué aucune diminution dans ses talents.

4 Janvier 1764. On a fait deux nouveaux couplets à joindre aux autres : ils sont sur un air différent, sur celui : *or dites-nous, Marie.*

> *Dumesnil* de Grenoble
> Arrive avec hauteur,
> Quoi qu'il ne soit pas noble
> Il fait le grand seigneur.
> La Vierge le regarde
> Et Joseph dit tout bas :
> Dites-lui qu'il nous carde
> Un petit matelas (1).

> *Fitz-James* vient ensuite,
> Et dit de par le roi,
> Que l'enfant & sa suite
> Restent chacun chez soi.

---

(1) Il passoit pour le fils d'un cardeur de laine.

Si c'est une sottise
Le roi s'en chargera,
Et pour qu'on l'autorise
Mon corps (1) s'assemblera.

5 *Janvier* 1764. L'auteur anonyme que Freron avoit anroncé dans une de ses feuille pour avoir fait un relevé considérable des erreurs, omissions, réticences, transpositions de l'auteur de l'*Esprit des Loix*, vient se montrer au grand jour, en faisant imprimer son livre, qui forme un in-12 assez considérable : c'est M. Crevier. Personne ne lira cette rapsodie, & les œuvres de ce grand homme surnageront sur le fleuve du temps.

6 *Janvier* 1764. L'auteur de l'Anti-financier a été arrêté avant-hier ; il se nomme Darigrand. L'imprimeur, nommé Lambert, a été aussi mis à la Bastille. On prétend que le premier n'est qu'un prête-nom.

7 *Janvier* 1764. M. de Voltaire a répondu à M. de la Harpe. Cette lettre court manuscrite, la voici :

« Après le plaisir que m'a fait votre tragédie, Monsieur, le plus grand que je puisse recevoir est la lettre dont vous m'honorez. Vous êtes dans les bons principes, & votre piece justifie bien tout ce que vous dites dans votre lettre. Racine, qui fut le premier qui eut du goût, comme Corneille fut le premier qui eut du génie,

---

(1) Les ducs & pairs convoqués le 30 décembre 1763, sur un décret rendu par le parlement de Toulouse contre M. le duc de Fitz-James.

MÉMOIRES
SECRETS
POUR SERVIR A L'HISTOIRE
DE LA
RÉPUBLIQUE DES LETTRES
EN FRANCE,

DEPUIS MDCCLXII JUSQU'A NOS JOURS;

OU

JOURNAL
D'UN OBSERVATEUR,

CONTENANT les Analyses des Pieces de Théatre qui ont paru durant cet intervalle ; les Relations des Assemblées Littéraires ; les notices des Livres nouveaux, clandestins, prohibés ; les Pieces fugitives, rares ou manuscrites, en prose ou en vers ; les Vaudevilles sur la Cour ; les Anecdotes & Bons Mots ; les Eloges des Savants, des Artistes, des Hommes de Lettres morts, &c. &c. &c.

TOME SECOND.

. . . . huc propiùs me.
. . . . vos ordine adite.
Hor. L. II, Sat. 3, ⩔. 81 & 82.

A LONDRES,
CHEZ JOHN ADAMSON.

M. DCC. LXXXIV.

MÉMOIRES
SECRETS

Pour servir a l'Histoire de la République des Lettres en France, depuis MDCCLXII jusqu'a nos jours.

ANNÉE M. DCC. LXIV.

2 Janvier 1764. Les Italiens ont aujourd'hui donné la première représentation du *Sorcier*, comédie en deux actes, mêlée d'ariettes, paroles de M. Poinsinet, musique de Philidor. Un amant oublié, qui revient, se fait passer pour le devin qu'on attend dans ce village, & profite de son travestissement pour découvrir si sa maîtresse lui est fidelle ; il oblige les parents à la lui accorder en mariage. Tel est le cadre peu neuf, qui enchâsse ce drame susceptible d'une bien meilleure exécution. La musique est savante, pittores-

A 2

l'admirable Racine, non affez admiré, penfoit comme vous. La pompe du fpectacle n'eft une beauté que quand elle fait une partie néceffaire du fujet ; autrement ce n'eft qu'une décoration. Les incidents ne font un mérite que quand ils font naturels, & les déclamations font toujours puériles, fur-tout quand elles font remplies d'enflure.

„ Vous vous applaudiffez de n'avoir point fait de vers à retenir : & moi, Monfieur, je trouve que vous en avez fait beaucoup de ce genre. Les vers que je retiens le plus aifément, font ceux où la maxime eft tournée en fentiment, où le poëte cherche moins à paroître qu'à faire paroître un perfonnage, où l'on ne cherche point à tonner, où la nature parle, où l'on dit ce qu'on doit dire : voilà les vers que j'aime : jugez fi je ne dois pas être content de votre ouvrage.

„ Vous me paroiffez avoir beaucoup de mérite, attendez-vous donc à beaucoup d'ennemis. Autrefois, dès qu'un homme avoit fait un bon ouvrage, on alloit dire au frere *Vatblé*, qu'il étoit janféniste ; le frere *Vatblé* le difoit au pere *le Tellier*, qui le difoit au roi. Aujourd'hui, faites une bonne tragédie & l'on dira que vous êtes athée : c'eft un plaifir de voir les pouilles que l'abbé *d'Aubignac*, prédicateur du roi, prodigue à l'auteur de *Cinna*. Il y a eu de tout temps des *Frerons* dans la littérature ; mais on dit qu'il faut qu'il y ait des chenilles, parce que les roffignols les mangent, pour mieux chanter. „

8 Janvier 1764. Les comédiens François font un peu arriérés par l'hiftoire qu'on a racontée au sujet de la *Confiance trahie*. Le même auteur a une autre comédie, intitulée l'*Epreuve indiscrette*, qui va passer. On l'étudie à présent.

8 *Janvier* 1764. *Œuvres de M. de Sivry.* On est d'abord étonné de voir le nom d'un auteur qu'on ne croit pas connoître, à la tête de plusieurs ouvrages dont on a quelque réminiscence : point du tout ; c'est M. Poinsinet, qui, reniant ce nom comme de mauvais augure, se contente de celui de *Sivry*. Il ne veut point être confondu avec son cousin. Il n'a pas peu contribué lui-même à jeter un grand ridicule sur son nom, qui s'étendra sur celui de *Sivry*.

10 *Janvier* 1764. Vers à M *de Laverdy*, controleur-général.

C'est en vain que la modestie
Vous fait dédaigner la grandeur,
Désormais vous serez, en dépit de l'envie,
Des graces, des bienfaits l'heureux dispensateur.
En vain vous faites résistance.
Le prince a fait un juste choix :
Peut-il mieux placer sa finance
Que sous les auspices des loix ?
On verra dans ce choix, dont je vous félicite,
Et dans votre refus justement combattu,
La récompense du mérite
Et l'éloge de la vertu.

11 *Janvier* 1764. On parle avec beaucoup d'éloges du *Traité de la Tolérance* de M. de Voltaire. On prétend qu'il l'a d'abord adressé à M. le duc de Choiseul, avec une lettre cavaliere, où

il l'appelle son colonel. Il suppose qu'un Hollandois lui a apporté le livre pour le présenter à ce ministre : il part de-là pour dire des fadeurs au duc, & lui donne des éloges qu'on est toujours fâché de voir prostituer bassement par un homme de lettres. Au reste, on annonce le livre comme très-bien fait, & plus conséquent que ne le sont ordinairement les ouvrages raisonnés de ce grand poëte. Il est sur-tout dirigé contre l'*Instruction Pastorale* de M. l'évêque du Puy, quoi qu'il ne paroisse pas l'attaquer directement, & qu'il n'en fasse aucune mention.

12 *Janvier* 1764. Mlle. Faunier a débuté hier aux Erançois dans le *Dissipateur* & dans le *Préjugé vaincu* : elle fait les rôles de soubrette. Il paroît qu'elle a été assez accueillie. On ne lui reproche qu'un organe des plus imparfaits & & très-désagréable ; défaut qui ne peut guere se corriger.

13 *Janvier* 1764. On parle d'une plaisanterie manuscrite contre M. Dorat : c'est un commentaire de la premiere Epître à Mlle. Dubois. On y a joint une lettre de Chevrier à Mlle. Huss, assez plaisante. Le tout est précédé d'une lettre aux libraires Grangé & Dufour, qui a aussi son ton d'originalité.

15 *Janvier* 1764. Il y a une réponse à l'*Anti-Financier*, intitulée : *le Financier Citoyen*. Cet ouvrage est d'un homme d'esprit, qui soutient une mauvaise cause. La plaisanterie en est légere, & l'ironie adroitement maniée.

16 *Janvier* 1764. On ne peut passer sous silence le bon mot de M. de Royan, fils de M. le duc d'Olonne : il paroît constaté.

M. de Royan sortant de dîner à Toulouse,

chez M. de Bonrepos, procureur-général, rencontre le fils de M. le duc de Fitz-James. Celui-ci lui demande d'où il vient ? « Je viens, ré-
» pond-il, de dîner en très-bonne compagnie,
» avec beaucoup de gens du parlement. —— Ils
» ont été long-temps en mue, sont-ils bien
» engraissés, demande le jeune homme ? *Je ne*
» *les ai point trouvés trops gras*, répond M. de
» Royan ; *mais ils m'ont paru bien grands*. » On prétend que la suite de cette vive & ingénieuse riposte a dégénéré en combat singulier entre ces deux seigneurs, & que M. de Fitz-James a été blessé.

17 Janvier 1764. On continue à chansonner différents grands : voici un supplément aux couplets, en faveur de MM. de Soubise, Contades & Silhouette, sur le même air que les premiers Noëls.

    Un grand plein de franchise,
    Portant croix de Saint-Louis,
    De peur de vent de bise
    Se tenoit loin de lui :
La foule le cachoit. Je ne vis point de tête,
    Mais je vis un bras valeureux,
    Une main pour les malheureux
      A s'ouvrir toujours prête.

    En dépit des bourrades
    Un autre s'avançoit,
    C'étoit Mons de Contades
    Qui beaucoup s'empressoit :
Laissez-moi donc passer, disoit-il, je vous prie

De par Jesus fait maréchal,
Ne suis-je pas le général
   De la Vierge Marie ;

D'une mine assez sombre
   Silhouette en ce lieu,
Apparut comme une ombre
   Et disparut dans peu.
La bouillie à l'enfant cet homme vouloit faire ;
   Il étoit expert en ce cas,
   En ayant bien fait pour les chats
      Pendant son ministere.

18 *Janvier* 1764. La littérature a perdu un poëte qui s'étoit distingué par sa méchanceté & par quelques ouvrages lyriques d'un genre supérieur. Chacun répond, c'est le poëte *Roy*. Accablé d'infirmités ; il s'étoit retiré dans la solitude depuis quelques années ; il y vivoit dans une obscurité où il est mort.

19 *Janvier* 1764. *Lettre d'un officier de la Louisiane à M....... commissaire de la marine. A la Nouvelle Orléans........ 1764.* Tel est le titre d'un écrit de plus de quatre-vingts pages d'impression in-12, où l'on prétend exposer la conduite de M. de Kerlec à la Louisiane, où il a été gouverneur depuis 1751. Cet ouvrage est un historique très-détaillé des dépradations commises dans cette colonie. Si les faits sont vrais, ce morceau pourra servir beaucoup à l'instruction de ceux qui feront le détail de la derniere guerre. Il est difficile d'avoir des pieces sûres d'un pays aussi éloigné & où il y a aussi peu de gens de lettres.

20 *Janvier* 1764. Il court dans le monde une prétendue *Lettre du secretaire de M. de Voltaire au secretaire de M. le Franc de Pompignan*. On sent assez que c'est encore une gaieté des *Délices* contre cette famille; mais elle manque de sel; & depuis quelque temps les plaisanteries qui en viennent contr'eux, sont froides, pour ne rien dire de plus.

22 *Janvier* 1764. Il est indubitable actuellement que l'opéra sera joué le 24 sur le nouveau théatre. On a été obligé de changer toutes les dispositions itinéraires pour en faciliter l'approche au public, d'ouvrir les issues dans les différentes cours des Tuileries, & d'y ménager de nouvelles entrées & de nouvelles sorties : quant à la salle, on est fort partagé sur ce qu'on en attend : comme on ne l'a encore vue que très-imparfaitement, on n'en peut juger sainement. Tout ce que l'on peut dire, c'est que la dépense y a été excessive, & qu'on n'a pas apporté dans son édification toute l'économie qu'on avoit droit d'en attendre. Il y a quatre jours que le feu y a pris : heureusement on y a remédié : il y a quelques jours aussi que les acteurs, chanteurs, danseurs, vouloient donner leurs démissions, n'étant pas payés.

23 *Janvier* 1764. On doit se rappeller les questions élevées au sujet des bibliothèques léguées aux ci-devant soi-disant jésuites, par M. Huet, évêque d'Avranches, & par M. du Harlay. Elles ont été réclamées depuis la dissolution de la société par les héritiers de ces familles, & leur ont été adjugées par arrêt de la cour. L'héritier de M. l'évêque d'Avranches a fait don à la bibliotheque du roi des livres qui lui reve-

noient; & M. le prince de Tingry, pour celle de M. du Harlay, en a fait présent à l'université de Paris, à laquelle il a demandé la nomination des trois bourses; elles lui ont été accordées avec la plus grande reconnoissance.

24 *Janvier* 1764. L'opéra s'est ouvert aujourd'hui par* *Castor & Pollux*, avec l'affluence qu'on présume. La garde étoit plus que triplée. La représentation a été des plus tumultueuses, & les brouhaha ont duré sans discontinuation pendant le premier acte & une partie du second. Nous parlerons du poëme une autre fois. On a trouvé différents défauts à la salle : 1. Le parterre est trop élevé pour le théatre. 2. Les premieres loges avancent de beaucoup, & ne sont point assez cintrées. 3. Les secondes loges sont écrasées par celle-là, auxquelles on paroît avoir tout sacrifié. 5. Le paradis est si reculé & si exhaussé, qu'on y est dans un autre monde, & qu'on n'y entend rien. En général, on se recrie fort contre l'architecte, M. Souflot : on est étonné qu'un homme connu par des talents aussi supérieurs, ait fait des fautes aussi énormes. On le défend, en disant qu'il a été forcé de tout sacrifier à certaines loges de protection, qui font un effet des plus désagréables, & rendent le public fort mécontent du peu d'égards qu'on a eu pour lui.

25 *Janvier* 1764. Trois nouveaux couplets sur M. l'archevêque de Paris.

---

* Conduit par la cabale,
Beaumont vient présenter
Sa lettre pastorale.

Si l'on veut l'écouter.
Jesus, c'est en faveur de votre compagnie,
Dont on vous prive injustement,
Que je soutiendrai fermement
Aux dépens de ma vie.

Joseph dit, sans l'entendre,
Vous êtes entêté,
De prétendre défendre
Cette société.
J'ai lu de Berruyer une histoire profane,
Et j'ai vu les *assertions*;
Et j'aime mieux pour compagnons
Notre bœuf & notre âne.

Autre.

En rochet, en soutane,
Vint Monsieur de Paris,
Qui d'abord fit à l'âne
Un gracieux souris.
Jesus l'appercevant, lui dit presqu'en colere:
A la Trappe retirez-vous;
L'âne est bien moins têtu que vous,
Il a cessé de braire.

26 Janvier 1764. Aujourd'hui, second jour de l'opéra, il y avoit très-peu de monde. Il est certain que le délabrement où il est par rapport aux sujets, écarte une infinité de gens. Le Sr. Pillot fait *Castor*, & le fait horriblement mal. Mlle. Arnoux joue supérieurement le rôle de l'amante; l'actrice s'y développe dans le plus grand jeu, & dans la vérité la plus parfaite des situations. Gelin est médiocre, Mlle. Chevalier

braille à l'ordinaire. Les ariettes que chante Mlle. le Mierre font très-plates, quant aux paroles, & quant à la mufique même : du refte elle a beaucoup perdu de fa voix. On admire le dernier ballet, qui vraiment eft de génie. C'eft le fyftême de Copernic mis en action ; il eft très-bien exécuté : refte à favoir, pourquoi le fyftême de Copernic dans cet opéra ? Veftris eft a fent : heureufement Mlle. Lany a reparu. Le premier jour l'opéra avoit fait 5240 livres, il n'a fait aujourd'hui que 100 Louis.

27 *Janvier* 1764. On ne tarit point en couplets : en voici fur le cardinal de Bernis, fur l'air : *où s'en vont ces gais bergers.*

Affife en un canapé,
La fouveraine Flore,
Au monarque inoccupé
Difoit : roi que j'adore,
Souviens-toi du cardinal abbé,
Le verrons-nous encore ?

Voici donc venir l'abbé
Au lever de l'aurore :
Depuis il s'eft échappé,
La raifon je l'ignore.
Où eft donc le cardinal abbé,
Le verrons-nous encore ?

29 *Janvier* 1764. On vient de publier encore un livre contre M. Rouffeau, intitulé *le Chriftianifme de Rouffeau.* Dans cet ouvrage, où l'on emprunte le rôle d'un ami de ce philofophe,

on cherche à démontrer qu'il n'est pas même chrétien, malgré la profession qu'il fait de l'être.

29 Janvier. On vient de rendre public par l'impression le requisitoire des gens du roi, concernant *l'Instruction Pastorale de M. l'archevêque de Paris*. On regarde cette piece comme une des plus victorieuses contre M. l'archevêque, & comme d'une théologie rare dans des magistrats qui ne doivent pas s'en piquer. On a condamné au feu le 21, *l'Instruction Pastorale*, ainsi qu'un écrit intitulé *les Nouvelles Observations*, &c. qui paroît avoir servi de base à ladite *Instruction Pastorale*.

30 Janvier. M. Bret a fait jouer aujourd'hui sa comédie en deux actes & en vers, sous le titre de *l'Epreuve indiscrette*: elle a le défaut contraire à celui de beaucoup d'autres grandes pieces, elle est trop chargée d'action. C'est la même que celle de Destouches en cinq actes, intitulée *le Trésor caché*. Sans la juger détestable, elle est d'une froideur intolérable, & manque sur-tout de ce velouté de style, essentiel à la réussite d'une comédie moderne.

31 Janvier 1764. *Il est temps de parler, ou Compte rendu au public des pieces légales de M. Ripert de Montclar, & de tous les événements arrivés en Provence à l'occasion de l'affaire des jésuites.* Tel est le titre d'un ouvrage en deux volumes d'environ 500 pages in-12, très-injurieux au magistrat qu'il attaque: le but de l'auteur est de tourner en ridicule la naissance, les talents & le style de M. de Montclar; de chercher à faire suspecter ses mœurs & sa religion, à le mettre en contradiction avec lui-même, dans son Plaidoyer & son Compte rendu dans cette grande affaire ; en un mot, on peut regarder cet ouvrage comme un vrai libelle.

1 *Février* 1764. Il paroît encore une suite des *noëls*, concernant MM. *de Beringhen*, *le parlement*, *le premier président*, M. *l'évêque d'Orléans*, M. *l'évêque de Digne*, *le général des Jésuites*, & M. *de Cornillon*, major des gardes.

  Le chef de l'écurie,
  Disposant des couriers,
  Au gré de son envie
  Arrive des premiers.
Place ! c'est *Beringhen* : faites place, canaille !
  Le bœuf entendant le fracas,
  Dit à Joseph, qu'il n'entre pas,
   Il mangeroit ma paille.

  En robe détroussée
  La cour de parlement,
  D'une maniere aisée
  Vient saluer l'enfant.
Venez-vous, dit Jesus, faire des remontrances ?
  Je sais que vous parlez des mieux :
  Mais tenez, je suis par trop gueux,
   Arrangez mes finances.

  Avec l'air de mystere
  Le premier président
  Offre d'un ton sincere
  Son entier dévouement:

Le poupon dit tout bas : qui s'y chauffe, s'y grille;
Je ne sais s'il dit vérité :
Mais il a l'air de fausseté ;
C'est vice de famille (*a*).

Au seul nom de pucelle
Vient monsieur *d'Orléans*,
Qui pour plaire à la belle
Brûle beaucoup d'encens.
De Foix (*b*) lui dit, Seigneur, quittons cette chaumine,
Avec l'argent bénédictin,
Je vous promets chaque matin
Une beauté divine.

Certain prélat s'avance
Et dit en Provençal :
Seigneur, ici l'on pense
Que je fais bien du mal :
Je me moque de tout ! j'ai rempli ma besace;
J'en ai donné, j'en ai vendu,
J'en ai troqué, j'en ai f...u,
Et je garde ma place.

Sous un habit modeste
Un inconnu botté,
Vient d'un air très-funeste
Un poignard au côté :

(*a*) C'étoit M. de Maupeou, depuis chancelier.
(*b*) L'abbé *de Foix*, maquereau de M. l'évêque d'Orléans.

Jesus l'appercevant, s'écrie, vîte! vîte!
Quittons ce lieu, sauvons-nous tous;
Pour nous garantir de ses coups :
C'est Ricci le jésuite.

Arriva dans l'étable
Un gros homme tout rond,
Montrant un air capable
Avec son grand cordon;
Joseph le regardant, dit d'un ton des plus âcres:
Ah! major de Biron, dindon.
Allez à l'opéra là, là,
Faire ranger les fiacres.

2 *Février* 1764. Il y a deux ans qu'il parut un volume in-8°. en quatre parties, qui a plus de 500 pages, lequel a pour titre *de la Nature*. L'auteur avoit gardé l'anonyme, & il fut alors attribué à plusieurs personnes; il s'est fait connoître depuis. Il y a quelques mois qu'il paroît une seconde partie de ce livre : il se nomme J. B. ROBINEL *Ministre du St. Evangile de Geneve*. Tel est le titre que se donne, quoique faussement, l'auteur à la tête du second volume : il est aussi profond & aussi obscur que le premier.

3 *Février* 1763. On ne doit point avoir oublié ce qui a été rapporté touchant la *Gazette Littéraire* & les raisons qui sembloient devoir la faire proscrire ; les événements survenus dans l'administration de la librairie ont concouru à faire lever les obstacles qui s'opposoient à ce qu'elle eût lieu ; elle paroîtra au premier mars

prochain, comme elle a été annoncée par son prospectus.

4 *Février* 1764. M. Thomas, qui avoit été si accueilli par M. le duc de Praslin, vient d'essuyer la disgrace inévitable à tous ceux qui veulent être honnêtes à la cour ; cette religion de perfidies & d'horreurs. On lui a su très-mauvais gré de n'avoir point postulé la place, vacante à l'académie, qu'a obtenue M. de Marmontel : malgré toutes les insinuations, les instances, les ordres qu'il a reçus là-dessus ; malgré la certitude d'être promu, il s'est constamment refusé à supplanter son ami & son maître en littérature. En conséquence, M. le duc de Praslin vient de lui ôter la place de secretaire intime.

5 *Février* 1764. M. Freron, toujours acharné contre M. de Voltaire, dans sa feuille n°. 3. donne l'histoire du conte *de ce qui plaît aux dames*. Il en rapporte une traduction en prose, d'après Dryden ; il est certain, & nous l'avions déja remarqué, que le fond est tiré de l'Anglois. Mais qu'est-ce que le fond de ces sortes d'ouvrages ? On ne peut ôter à ce grand poëte la gloire d'avoir délicieusement rendu cette fable assez puérile, & qui n'a rien de piquant par elle-même.

6 *Février* 1764. Le Sr. Grandval a reparu aujourd'hui pour la premiere fois à la comédie Françoise dans le *Misanthrope*. Le public lui a fait le plus grand accueil, & il a joué ce rôle avec toute la noblesse, tout le feu, toute la vérité dont il est capable. Il paroît se consacrer dorénavant, comme on a dit, aux rôles à manteau. On ne doute point que sa rentrée ne soit due au dérangement de ses affaires.

7 *Février* 1764. Le cri est de plus en plus général contre la nouvelle salle d'opéra. Le sieur Souflot même en rougit & rejette toute l'indignation publique sur MM. Gabriel & de Marigny. Les fautes qu'on y a faites, sont en si grand nombre, qu'on n'entre point dans le détail ; il suffit de dire qu'elle est masquée presqu'en tous points. On doit profiter du temps de pâque pour y apporter quelques changements. La dépense a été excessive, & passe de beaucoup ce qu'on devoit sacrifier : elle monte à plus de 400,000 livres.

8 *Février* 1764. Il paroît un roman philosophique, intitulé *l'Eleve de la Nature*. Ce livre, fait d'après les principes de Rousseau, a le mérite d'être écrit avec beaucoup de chaleur & d'onction. La premiere partie se lit avec le plus grand plaisir : on l'attribue à M. Diderot. Il n'en est pas de même de la seconde, elle est froide & systématique ; elle traite de l'origine des arts : on seroit tenté de la croire d'une main étrangere.

10 *Février* 1764. *Epitaphe du parlement de Normandie, par la femme d'un conseiller de cette cour.*

Ci gît sous ces sacrés portiques,
Ces marbres, ces voûtes antiques,
Un respectable corps, dont les membres épars
Courent encor mille hasards.
Passant ! de quelques pleurs arrose au moins sa cendre :
Son zele étoit si pur, son cœur étoit si tendre :
Il chérissoit le peuple, il adoroit le roi.

De son devoir, suivant la loi,
Long-temps avec honneur il servit sa patrie;
Mais menacé d'ignominie,
Accusé par la calomnie
De rebellion, d'attentat,
Il aima mieux s'ôter la vie,
Que de vivre sans gloire & de trahir l'état.

12 Février 1764. *Nouveaux couplets.*

Wurmezer (1), tout de glace,
Affectant le distrait,
Dit qu'on lui fasse place
Près de Martin Baudet.
J'aime, lui dit Jesus, qu'on se rende justice;
Vous resterez auprès de nous;
Mon Baudet apprendra de vous
A faire l'exercice.

Monseigneur l'archevêque
Est donc enfui, parti?
Il faut bien peu de tête
Pour prendre tel parti.
Indisposer Louis, & fatiguer un pape,
Pour qui?... Pour des amis bannis,
Qui le bercent d'un paradis
Et lui donnent la Trappe.

Brissac l'incomparable,
Espece de héros,

_____

(1) Officier qui a eu beaucoup de part au nouvel exercice.

En style inimitable
Raconte ses travaux :
Mais quand il eut vanté ses exploits militaires,
Ses hauts faits par-tout inconnus,
Au roi ses services rendus,
On lui dit de se taire.

Soubise, dans la presse,
S'approche du berceau,
Et malgré sa noblesse,
Joseph lui dit tout haut :
Vous êtes maréchal, & vous vous dites prince,
J'en suis charmé pour vos neveux ;
Mais malgré vos titres pompeux,
Votre altesse est trop mince.

L'Hôpital vient ensuite
Pour adorer l'enfant ;
Les Graces à sa suite
Lui portoient un présent :
Emportez vos bijoux, lui dit la Vierge mere,
Comme *Soubise* en fait les frais,
Vous pouvez garder ses bienfaits :
L'offrande est mercenaire.

Je suis, sans être vaine,
Dit la prude *Marsan*,
Princesse de Lorraine,
Et qui plus est Rohan.
Je viens pour proposer, à Joseph, à Marie,
Une fille de ma maison,

De peur que le divin poupon
Un jour se mésallie.

On vit aussi paroître
L'évêque d'Orléans :
Jesus lui dit en maître :
Paillard ! sorts de céans ;
Tu n'y rencontreras ni niece ni bergere :
Nous pensons ici pieusement,
Nous y vivons très-chastement ;
Vierge même est ma mere.

De cette remontrance
Le prélat peu contrit,
Sans nulle répentance
Répond à Jesus-Christ :
Mais c'est pour les pécheurs que vous venez sur terre ;
Prenez ce sucre de Poissy (1)
Vîte ! que j'emporte d'ici
Indulgence pléniere.

Il vient une grisette
Avec ce prestolet,
Portant une galette
Et des œufs & du lait,
Disant : de vous, Seigneur, ce présent n'est pas digne,
Mais nous vivons comme au vieux temps,
Nous couchons avec nos parents,
A Paris comme à Digne.

---

(1) M. de Jarenté a fait une niece abbesse de Poissy, & passe pour coucher avec une autre, à laquelle a trait le couplet suivant.

Courant à perdre haleine,
Bouret vient à la cour,
Offrir de Croix fontaine
L'admirable séjour,
Le pavillon du roi, qu'il nomme *ma folie*,
Louis n'en ayant pas voulu,
Jesus sera le bien venu
Avec sa compagnie.

Le *Luxembourg* s'avance
D'un air très-consterné,
Demande en survivance
Coigny au nouveau né :
Je puis, sans en rougir faire cette priere.
Jesus lui dit avec bonté,
Qu'importe ici la qualité.
Tous les hommes sont freres.

Le *Duverney* s'avance :
Si pour tout ce monde-là,
Il faut la subsistance,
Bourgade y pourvoira.
Mais s'il plaît quelque jour à notre ministere
De vouloir l'enfant rappeller,
J'offre pour le faire élever
L'Ecole Militaire.

15 *Février* 1764. On a donné avant-hier la premiere représentation d'*Idomenée*, tragédie de M. le Mierre, dans laquelle il a déployé toute la richesse de son génie pittoresque. Mlle. Clairon la très-bien secondé par les attitudes de
toute

toute espece qu'elle prend sur la scene. L'auteur & l'actrice, également peintres, n'ont su que parler aux yeux. Ce sujet, qui paroît susceptible de tout le pathos qu'on peut mettre en une tragédie, a manqué son effet en plein. M. le Mierre est décidé n'avoir point d'entrailles, non plus que la sublime héroïne du théatre. Cette tragédie porte sur des absurdités sans nombre.

17 *Février* 1764. *Vers en réponse à l'épitaphe du parlement de Normandie, faite par une dame du parlement.*

De tous les parlements, Madame, un seul a tort :
Loin de combattre, il fuit ; loin de vaincre, il abdique ;
Ainsi le vieux Caton en se donnant la mort,
Au lieu de la servir, perdit la république.

18 *Février* 1764. *Tout se dira*, ou *l'Esprit des magistrats destructeurs*, ou *Analyse dans la demande en profit de défaut de* M. *le Gouteux, procureur-général du parlement de Metz*. Tel est le titre d'un écrit de plus de 300 pages in-12 contre les procureurs-généraux & ceux qui ont dénoncé les *constitutions* des ci-devant soi-disant jésuites. Ce volume renferme une critique grammaticale des *comptes rendus*, une satire très-vive des parlements, des injures grossieres sur plusieurs membres, des accusations graves contre la magistrature, en général un mélange de pieces, qu'on ne peut apprécier par le peu d'ordre qui y regne, & dans lequel cependant l'on trouve des morceaux très-bien faits, qui dénotent que cet ouvrage est de plusieurs mains. La passion qui y domine, infirme

Tome II.   B

toute croyance. Ce livre est très-rare à Paris & fort cher.

19 Février 1764. Interdumque bonus dormitat Homerus! Voici des vers que M. l'abbé de Voisenon a faits pour son ami Caillaud : ils sont d'une plaisanterie & d'un ridicule à perpétuer. La piece est adressée à M. de Marigny : on y demande une place pour la sœur de ce comédien, marchande, obligée de quitter sa demeure sur un pont, dans le temps de l'inondation.

Protecteur des beaux arts, & de leur gloire antique,
Daignez être le mien dans ce triste moment ;
Je vois tomber ma sœur dans le débordement,
  Et pour lors adieu la boutique.
Sa réputation dont le vernis est beau,
  Est tout prêt d'aller à veau l'eau.
Je ne puis soutenir cette cruelle idée ;
  Et son mari deviendra fou
  De voir sa femme débordée,
Ne pouvant garantir son plus petit bijou,
Vous pouvez la sauver de ce danger terrible :
Trouvez-lui quelque coin dans le palais des rois,
Nous consentirions même à monter sur les toits
Pour publier le trait de votre ame sensible,
  Le sentiment augmentera ma voix ;
  Mes accents seront des offrandes,
  Et j'obtiendrai des dieux que sous vos loix
Vous ayez en détail tout le corps des marchandes,

20 *Février* 1764. *Nouveau couplet sur la salle de l'opéra.*

  Sur les pas de *Vandiere*,
  Arrive *Gabriel*,
  Et son fameux confrere,
  Cordon de saint Michel :
Il faut, dit le Marquis, que vous veniez, ma bonne,
  Pour voir la salle d'opéra :
  Vous vous moquez, on n'y verra,
   Non, l'on n'y voit personne.

21 *Février* 1764. M. Hubert vient de donner une traduction de *Daphnis* & *le premier Navigateur*, poëmes de M. *Gessner*. Le premier parut en original en 1755 ; c'est le coup d'essai de l'auteur : l'autre est de 1762. Ces especes de pastorales sont marquées au coin de l'antique, comme tous les ouvrages du poëte Allemand : peu d'invention par-tout, & une trop grande profusion d'images répétées & monotones. *Daphnis* est en trois chants ; le second poëme en deux. Le traducteur est énergique, fidele, agréable, mais peu élégant.

21 *Février*. *Ecole de Littérature tirée de nos meilleurs Ecrivains.* Cet ouvrage comprend des préceptes dans tous les genres, depuis l'inpromptu jusqu'au sermon, depuis le conte jusqu'à l'histoire générale. On y donne des préceptes fournis par les plus grands maîtres, non-seulement pour juger, mais pour composer avec succès.

22 *Février* 1764. Nous avons annoncé, il y a long-temps, que M. Rousseau s'étoit chargé de faire un mémoire en faveur de M. de Valdahon, mousquetaire, accusé de séduction à l'égard d'une demoiselle de Dole. Cet ouvrage paroît enfin.

On a rendu compte de l'aventure, & ceux qui la savent ne seront pas surpris que le philosophe Genevois ait pris un sujet si susceptible de faire valoir ses singulieres assertions. Au reste, on ne le juge point digne de ses autres ouvrages.

23 *Février* 1764. M. l'abbé de Caveirac, cet homme mercenaire, qui, n'ayant pour principe que celui de n'en point avoir, soutient également le pour & le contre, l'auteur de *l'apologie de la saint barthelemi*, ayant été accusé d'être l'auteur de *l'Appel à la Raison*, après avoir été successivement ajourné, décrété & jugé, &c. sa contumace vient d'être prononcée au Châtelet. Il est atteint & convaincu d'avoir composé un libelle, en conséquence condamné à être mis au carcan & banni à perpétuité. L'imprimeur Grangé est banni pour cinq ans.

25 *Février* 1764. Mlle. Fauconnier, courtisanne jadis célèbre, & qui depuis a donné dans le bel esprit, faisoit depuis quelques années un *Journal des Deuils*. Cet ouvrage purement mercenaire jusqu'aujourd'hui, acquiert une tournure littéraire. On se propose d'y insérer désormais le nécrologe des personnes célèbres dans les sciences ou dans les arts, mortes dans le courant de l'année. Il paroît qu'on se réserve ce détail pour la fin. On commence à fournir les vies des morts illustres de 1763 : MM. *de Marivaux*, *Pesselier*, *Bougainville* y figurent aujourd'hui. On sent combien cette superfétation est ridicule; mais par ce moyen cette gazette, qui n'étoit qu'à trois livres, monte à six francs.

26 *Février* 1764. On ne peut s'empêcher de s'in-

digner, & de rire tour-à-tour de l'affectation avec laquelle M*** embrasse les mauvaises causes, & veut louer à tort & à travers les choses les plus blâmables & les plus généralement censurées. On lit dans celui de ce mois, une description critique, dit-on, de la nouvelle salle au palais des Tuileries. Cette description critique en est l'éloge le plus complet, la réfutation la plus absurde des défauts qu'on lui reproche. On sent bien que cette apologie part d'une main mercenaire. Il n'y a que les auteurs de la salle qui puissent avoir l'impudence de faire tête au goût général qui la réprouve invinciblement.

27 *Février* 1764. On voit aujourd'hui avec étonnement la gazette de France entamer les affaires du parlement: elle rend compte pour la premiere fois des dernieres séances des pairs en cette cour, concernant M. l'archevêque de Paris & l'expulsion des jésuites. On en infere que le gouvernement avoue enfin cette grande entréprise. Il est ridicule de voir cette gazette parler brusquement d'une chose commencée depuis long-temps, sans en donner le précis: c'est une suite de la négligence & de l'impéritie avec laquelle on exécute cet ouvrage, le journal de la nation.

28 *Février* 1764. M. Dorat, sentant son impuissance à mettre les héros en action, nous annonce qu'il se bornera désormais à les affadir dans les héroïdes élégiaques. Il en donne une nouvelle, intitulée *Zeila*: c'est une sauvage abandonnée par un François qui l'a enlevée. Il y a long-temps qu'Ariadne n'a rien laissé à dire sur ce sujet. Douze élégies semblables doivent

se succéder : mais pour éviter la monotonie, l'auteur les entremêlera, par intervalle, de quelques ouvrages d'un autre genre. On aura de lui incessamment *le Pot-Pourri, épitre à qui l'on voudra,* d'environ six-cents vers.

29 *Février* 1764. Le Sr. Palissot, cet Aretin moderne, qui se donne, non pour le *flagellum principum*, mais pour le fléau des philosophes & des auteurs, vient de lancer dans le public un nouveau libelle intitulé *la Dunciade*. C'est une imitation de celle de *Pope*, c'est-à-dire, qu'avec beaucoup moins de mérite & beaucoup moins de droit, il s'est senti assez de fiel pour suffire à un ouvrage abominable, où la licence & la méchanceté la plus atroce sont développées avec toute l'impudence dont il est capable.

1 *Mars* 1764. *Macare & Theleme,* allégorie par M. de Voltaire. L'auteur dans un mot de lettre à M. le duc de la Valiere, lui apprend que Macare signifie *Bonheur,* & Theleme *Volonté,* en grec. Si ce grand poëte a voulu contraster avec les allégories de Rousseau, il a le dessous. Cette piece est très-médiocre, & n'a ni la chaleur, ni la légéreté, ni le coloris des pieces fugitives de M. de Voltaire.

2 *Mars* 1764. On a donné aujourd'hui aux François la premiere représentation de *l'Amateur,* comédie en un acte & en vers de M. Barthe. Un homme versé dans les arts revient d'Italie avec la manie des antiques. Un de ses amis se propose de lui faire épouser sa fille, qu'il n'a pas vu depuis long-temps : il fait faire la statue de la jeune personne, lui fait donner tous les caracteres propres à en attester la vétusté. L'amateur

en devient fou, & est fâché qu'on ne trouve plus de figures pareilles. Quand il est bien épris, on fait paroître la jeune personne, & il l'épouse. Ce drame, susceptible des détails les plus gracieux & de la plus douce poésie, est dénué même de ce foible mérite, & n'a que celui d'avoir été joué par des acteurs supérieurs.

5 Mars 1764. Nous revenons sur *l'école de littérature, tirée des meilleurs écrivains*. Cet ouvrage, qui pourroit être un cours complet de belles-lettres, très-utile & très-agréable, ne remplit pas son but, non plus que beaucoup d'autres. Le sordide intérêt qui fait agir toutes nos plumes littéraires, n'a pas donné le temps à l'auteur de digérer, de choisir, d'élaguer, de placer convenablement toutes ses citations : elles sont entassées sans goût & sans méthode.

6 Mars 1764. Le jeudi premier de ce mois, M. *le Gros*, haute-contre, qui n'avoit ni chanté ni représenté sur aucun théâtre, a débuté par le rôle de *Titon*. Sa voix bien timbrée & de la plus agréable qualité, flexible, touchante & légère, a fait le plus grand plaisir. Il joint la précision, la justesse, la netteté, la correction, & il scande les paroles fort régulièrement. Sa figure est agréable & sa taille théatrale : il est modéré dans ses gestes. On lui reproche seulement de n'avoir pas les hauts de la voix aussi beaux que le reste.

8 Mars 1764. *Blanche & Guiscard*, tragédie de M. Saurin, après avoir ennuyé la scène pendant quelque temps, est actuellement imprimée. L'auteur ne dissimule pas l'obligation qu'il a à Mlle. Clairon : c'est le pivot sur lequel roulent aujourd'hui toutes nos pieces modernes. Pour

mieux célébrer cette héroïne, M. Saurin, en lui envoyant un exemplaire de sa piece, lui a adressé le quatrain suivant :

Ce drame est ton triomphe, ô sublime Clairon !
Blanche doit à ton art les larmes qu'on lui donne;
 Et j'obtiens à peine un fleuron,
 Quand tu remportes la couronne.

10 Mars 1764. Avant-hier jeudi, les *Italiens* ont donné la premiere représentation de *Rose & Colas*, piece en un acte, mêlée d'ariettes. La musique est de M. Monsigny, les paroles sont de M. Sedaine. Le poëme, suivant l'usage, est peu de chose; il est trivial & d'une nature peu choisie. Une jeune fille amoureuse, voit son amant à l'insu de son pere, qui s'oppose à leur mariage, de concert avec celui du jeune homme. Les parents les trouvent trop jeunes. Le gars ardent élude l'œil vigilant du bon homme. Un accident imprévu trahit les deux amants & force les parents de conclure un hymen déja bien avancé. Tel est le fond sur lequel le musicien a adapté une musique agréable, mais peu piquante quant à la nouveauté.

11 Mars 1764. On a déja parlé de *la Dunciade*, ou *la Guerre des Sots*, c'est un poëme satirique en trois chants : la *Lorgnette*, le *Bouclier*, le *Sifflet*. La fiction n'en est ni assez ingénieuse ni assez fondue. Il y a quelques détails très-bons, le coloris en est quelquefois d'une grande vérité. On ne peut que détester le méprisable auteur qui a fait une pareille capilotade. C'est une St. Barthelemi littéraire, où tout est immolé, à la réserve de quelques personnes protégées du gouvernement : les femmes mêmes sont citées à cet infame tribunal. Parmi les héros de l'auteur, que le respect, la crainte, ou des circonstances particulieres l'avoient obligé de ménager, on voit un *le Brun*, un *de Sivry*; celui-ci est beau-frere de l'auteur, son associé & son prôneur. Une pareille accollade fait jeter les hauts cris du petit nombre que Palissot loue. M. *de Saint-Foix* sur-tout, dont il a craint la justice militaire, dédaigne un encens ainsi prostitué :

Mieux te vaudroit perdre ta renommée,
Que lors cueillir de si chétif aloy!

12 *Mars* 1764. On doit commencer incessamment la vente de la bibliotheque du college de Clermont : elle est précieuse, quant à la partie historique. Le catalogue en est imprimé, & contient 6752 articles.

13 *Mars* 1764. Les comédiens François se disposent à jouer incessamment *Olympie*, tragédie de M. de Voltaire, déja imprimée. Cette piece, à grandes machines, exige beaucoup de spectacle. La troupe a fait pour dix mille francs de frais en habits & en décorations. Il est à craindre que toute cette pompe ne puisse soutenir la piece, d'un échafaudage bizarre, monstrueux & d'un coloris lâche & foible.

14 *Mars* 1764. M. *Restaut*, l'auteur d'une grammaire qui a déja eu plusieurs éditions, est mort. Cet avocat estimable, sans être d'une métaphysique aussi profonde que M. Dumarsais, a cependant rendu quelques services à la langue, & peut être d'un grand secours aux étrangers

& à ceux qui veulent apprendre à parler ou à écrire correctement.

15 Mars 1764. *De l'autorité de Locke dans la science de l'ame, sur-tout relative à l'enfance, &c.* Discours prononcé à l'académie de Berlin le 8 janvier 1764, par M. de Prémontval.

Cet ouvrage, original pour le ridicule & les assertions impertinentes, ne fait honneur ni à l'auteur ni à l'académie. Selon ce discours, Locke est un sot, un sophiste pitoyable, un déraisonneur, un homme sans expérience, sans lumieres, sans jugement, un ignorant enfin, qui joint à l'obscurité une infidélité condamnable. Que penser d'un philosophe qui avoue avoir lu & relu pendant vingt-cinq ans Locke, & qui en parle ainsi?

17 Mars 1764. Les comédiens François ont donné aujourd'hui la premiere représentation d'*Olympie*. Cette piece n'a fait effet que sur les yeux; à deux ou trois scenes près, tout le reste a paru long, ennuyeux, languissant. Il y a très-peu de changements, quelques vers ajoutés, d'autres retouchés; en général la versification s'est trouvée éteinte, & l'on n'y a pas reconnu ce coloris qui caractérise tous les ouvrages de M. de Voltaire.

18 Mars 1764. Tous les auteurs mâles & femelles que le Sr. Palissot a indistinctement maltraités dans sa *Dunciade*, ont pris le parti le plus sage, c'est de ne point répondre à ce libelle, & de le regarder comme non avenu; ce qui paroît avoir réussi. Il n'en est presque plus question: & si le but de l'auteur a été de faire du bruit, comme il y a apparence, il est aussi dupe qu'il peut l'être.

19 *Mars* 1764. M. de la Harpe a cru devoir célébrer sa reconnoissance envers Mlle. Dumesnil par une épître peu considérable, mais fort bien faite, & où le jeu de cette actrice est dépeint avec les couleurs les plus vraies & les plus sublimes.

20 *Mars* 1764. *Olympie*, dont on ne se promettoit rien samedi, a eu le plus grand succès hier : on a prodigieusement élagué ce drame languissant; on a changé quelque chose aux décorations : enfin elle a montée aux nues. On prétend que Mlle. Clairon a fait en grande partie la dissection.

21 *Mars* 1764. Les rédacteurs de la gazette de France ont jugé à propos de mettre le 19 dans leur journal, *article de Paris*, au sujet de l'éclipse du soleil annulaire prévu pour le premier avril prochain, un *avis aux Curés*, tant des villes que de la campagne, afin qu'ils avertissent le peuple, que les éclipses n'ont sur nous aucune influence, ni morale, ni physique; qu'elles ne présagent & ne produisent ni stérilité, ni contagion, ni guerre, ni accident funeste; & que ce sont des suites nécessaires du mouvement des corps célestes, aussi naturelles que le léver & le coucher du soleil & de la lune.

22 *Mars* 1764. Malgré le silence littéraire observé sur la *Dunciade*, quelques personnalités ont engagé plusieurs personnes, sur-tout des femmes, à se plaindre criminellement de ce libelle calomnieux. Il paroît que Mde. *Riccoboni*, que l'auteur appelle plaisamment *Rubiconi*, n'a pas peu contribué à mettre en mouvement le ministere public. M. le duc de Choiseul, instruit

de ces menées, a cru devoir interposer ses bons offices : protecteur de l'auteur, dont l'ouvrage paroît s'être produit sous ses auspices, il a demandé qu'on lui laissât le soin de punir le calomniateur. Il est exilé à cinquante lieues, & ce scélérat, qui devoit être mis au cabanon pour le reste de ses jours, reçoit une nouvelle illustration de son châtiment.

23 *Mars* 1764. *Supplément aux couplets.*

Escorté de sa fille,
Duras (1) dit en entrant,
Faisons une quadrille,
Pour amuser l'enfant :
Aux plaisirs de la cour je borne mon service,
De bals Paris est ennuyé,
Mais des miens je suis bien payé
Par un bon bénéfice.

D'un ton d'impertinence,
D'un orgueil menaçant,
De Sartines s'avance :
Où donc est cet enfant ?
Qui pourroit devant moi connoître cette affaire ?
La police est en mon pouvoir,
Il est ainsi de mon devoir
De visiter la mere.

Le marquis de Poyanne (2),
Le chapeau retapé,

---

(1) Le duc de Duras, un des premiers gentilshommes de la chambre du roi.
(2) Commandant des Carabiniers.

Fit un salut à l'âne,
Car il s'étoit trompé.
Joseph dévotement, quittant sa patenôtre,
Dit, pour excuser ce seigneur :
C'est la coutume, mon sauveur,
Qu'un âne gratte l'autre.

Méditant un cantique,
Arrive Pompignan (1),
Qui d'un ton emphatique,
Fait un long compliment.
Son éloquence endort & le fils & sa mere :
Joseph réveille cet enfant ;
Je viens pour lui montrer comment
Il faut prier son pere.

24 Mars 1764. Lettre à la Grecque. Cette plaisanterie est dans le genre de l'abbé Coyer. L'auteur suppose un projet fou de salle de spectacle, pour avoir le plaisir de le tourner en plaisanterie, & de s'égayer en passant sur plusieurs de nos ridicules. Elle est légérement écrite, & porte l'empreinte d'un esprit agréable.

25 Mars 1764. La gazette de France d'avant-hier corrige l'absurdité de son énoncé au sujet de l'éclipse ; elle n'annonce qu'une obscurité légere : la cause de l'erreur provenoit d'une inexactitude d'observations de l'astronome sur la position de la lune à l'égard de la terre.

26 Mars 1764. Le Gros, le nouvel acteur de

---

(1) Auteur de la *Priere du Deïste.*

l'opéra, cette haute-contre tant célébrée, n'a pas réuſſi aujourd'hui au concert ſpirituel ; il a mal chanté, il a paru timide. Un autre accident arrivé à la harpe, dont les cordes ſe ſont caſſées, a mis ce ſpectacle en déſordre, & l'a rendu paſſablement mauvais.

27 Mars 1764. L'opéra ſe propoſe de donner pour la capitation, des *Fragments*, compoſés d'*Hylas*, de *Pygmalion* & de *Pſyché*. Cet agréable ſpectacle doit attirer du monde.

28 Mars 1764. Le miniſtere veille de très-près à ce qu'il ne ſe répande pas d'ouvrages capables d'entretenir les eſprits portés à favoriſer les ci-devant ſoit-diſant jéſuites. Il en paroît un fort eſtimé : *Lettre à M**, conſeiller au parlement de Paris* ; où l'on lui rend compte de quelques entretiens, dans leſquels un docteur en théologie découvre par quels moyens le livre des *Aſſertions* a ſurpris la ſageſſe des magiſtrats ; volume *in*-12 de 378 pages. Cet écrit, fait avec beaucoup de modération & avec tout l'art poſſible, pourroit ſéduire les gens mal inſtruits, car il n'eſt pas ſans replique pour ceux véritablement au fait de la matiere.

29 Mars 1764. *Les Baladins, & réponſe aux Baladins*. Le premier eſt un perſiflage contre le goût moderne ; la ſeconde une juſtification : l'un & l'autre ouvrages ſont fort ſuperficiels, & n'ont que le mérite d'une légere & agréable critique.

30 Mars 1764. Vers à M. Bernard ſur ſon opéra de *Caſtor & Pollux*, par M. le M. V***.

Les deux jumeaux de la fable
Font le charme de Paris,
Ils retirent tout leur prix.

Des vers d'une muse aimable :
Elle avoit chanté l'Amour,
Son ivresse & son délire,
De la beauté qui soupire,
Les plaisirs & le retour.
L'amitié monte la lyre,
Elle donne un nouveau tour
Aux transports qu'elle respire ;
Elle chante & tour à-tour,
Les éprouve, & les inspire.

31 *Mars* 1763. Les *Fragments*, composés de l'acte d'*Hylas*, de ceux de *Pygmalion* & de *Psyché*, ont été donnés aujourd'hui pour la troisieme & derniere fois. Le sieur le Gros a fait Pygmalion ; il a très-bien chanté : quant au rôle, il l'a on ne peut plus mal exécuté. Mlle. Arnoux triomphe toujours dans *Psyphé* ; elle y développe les plus nobles & les plus tendres attitudes ; c'est sans contredit son triomphe.

1 *Avril* 1764. L'Eclipse tant annoncée pour aujourd'hui, & qui avoit attiré l'attention de tout Paris, n'a pas fait une sensation considérable : l'obscurité a été de peu de durée, & très-médiocre, à peu près comme lorsqu'il va pleuvoir. Toute la cour étoit à l'observatoire. M. de Cassiny s'étoit persuadé que la nuit seroit épaisse ; en conséquence l'heure venue, & le jour pâlissant un peu, il a demandé des bougies, sous prétexte qu'on ne voyoit plus clair. Tous les spectateurs l'ont assuré qu'on voyoit très-bien : lui d'insister & d'assurer qu'il ne voyoit goutte ; & le monde de rire, & l'astronome d'être hué, &c.

2 *Avril* 1764. M. Dorat continue à employer ses revenus en belles impressions ornées de gravu-

res, &c. Il vient de nous donner à ses frais ce qu'il appelle le *Pot-pourri, Epître à qui l'on voudra*. Cet ouvrage, qui n'a que le titre de singulier, est une description en vers d'un voyage que ce poëte a fait l'année derniere à la terre de son ami *Pezay*, est versifié agréablement, plus fort de mots que d'autres choses. On sent qu'après le voyage de Chapelle, celui de M. de Pompignan, & tant de poésies légeres qui regnent sur de pareils sujets, on ne peut rien dire de bien neuf. A la suite est une épitre de M. de Pezay à M. Dorat: c'est l'auteur de *Zélis au bain*. On ne peut refuser à ce dernier le talent assez commun aujourd'hui de dire agréablement des riens, de ressasser tout ce qu'on a épuisé depuis long-temps sur le sentiment; il célebre avec raison son amitié pour M. Dorat, & finit par lui dire, que le hasard fait les freres, & la vertu fait les amis.

3 *Avril* 1764. Depuis quelque temps la fureur d'écrire sur les matieres de finance avoit passé comme une maladie épidémique: une *Déclaration de Roi* du 28 mars, enrégistrée le 31 du même mois par la grand'chambre, semble chercher à ranimer cette rage, par les défenses de rien publier sur cet objet. On ne peut rien dire d'une autorité aussi mal employée. On motive cette démarche sur la nécessité de réprimer les auteurs obscurs qui se servent d'un pareil prétexte pour répandre des calomnies & jeter l'alarme dans les esprits. La police chargée de tout temps de veiller sur la librairie, suffisoit pour arrêter les ouvrages imprimés avec permission. Quant aux autres, que peut y faire une défense aussi absurde? On voit avec peine cette déclaration signée

Laverdy. On croit y entrevoir l'empreinte d'un génie petit, étroit, minutieux & tendant au despotisme.

4 *Avril* 1764. Il paroît imprimé dans le public un *bref* du pape au roi de Pologne Stanislas, en date du 24 août dernier, par lequel sa sainteté réclame le secours & la protection de ce monarque en faveur des clercs réguliers de la compagnie de Jesus, & l'invite, lorsqu'il verra le roi très-chrétien, son gendre, de le conjurer d'unir son autorité à la sienne, pour confirmer les établissements qu'il a formé en Lorraine en faveur de cette compagnie, dont l'objet est la sanctification des ames & leur salut éternel.

5 *Avril* 1764. Le *Corneille* tant attendu est enfin arrivé dans ce pays-ci. Il est en douze volumes in-8°. coûte deux louis de souscription, trois liv. pour le transport, & trente-six francs pour la brochure. On voit en général que M. de Voltaire a visé à faire un ouvrage volumineux: il n'a rien omis de toutes les pieces qui avoient un rapport direct ou éloigné à celles de Corneille. On en parlera plus amplement, quand on aura discuté ce long ouvrage: il est dédié à messieurs de l'académie Françoise.

5 *Avril*. M. Palissot, de son exil de Joinville, a prématurément célébré la convalescence de madame la marquise de Pompadour. On se doute bien qu'un satirique aussi effronté est un adulateur bas:

> Vous êtes trop chere à la France,
> Aux dieux des arts & des amours,
> Pour redouter du sort la fatale puissance;

Tous les dieux veilloient sur vos jours,
Tous étoient animés du zele qui m'inspire ;
En volant à votre secours,
Ils ont affermi leur empire.

7 Avril 1764. M. de Richelieu avoit annoncé hier aux comédiens François que leur spectacle pouvoit être prolongé d'une semaine, & de n'en point afficher la clôture. En conséquence le sieur Auger a prononcé un compliment. Le zele des gentilshommes de la chambre n'a pas réussi, & les Italiens jouiront seuls du privilege qu'on prétend leur être échu par la réunion de l'opéra comique.

8 Avril 1764. Il court dans Paris des copies d'un *Bref* du pape à M. l'archevêque de Paris, en date du 15 février dernier, à l'occasion de son *Instruction Pastorale*, où, dit le St. pere, il venge la divine autorité de l'église avec cette force, cette solidité qui lui assurent les suffrages & les éloges de tous les gens de bien. Après l'avoir loué de sa constance & de sa fermeté, & prié le seigneur de le soutenir dans ses bonnes dispositions, il ajoute que le roi très-chrétien, en lui donnant le choix d'une retraite, a moins voulu lui prescrire un exil que lui assurer un asyle contre la tempête qui le menaçoit.

9 Avril 1764. On a déja parlé de M. *d'Eon de Beaumont*, ex-ministre plénipotentiaire de France à la cour de Londres. On a parlé de son aventure singuliere. L'asyle qu'il s'est procuré, lui assurant l'impunité, il vient de publier un in-4º. contenant les instructions & lettres particulieres de M. le duc de Praslin à M. de Nivernois, à lui adressées, & toute la correspondance relative au traité de Paix. Il y a joint des notes & des portraits, qui rendent cet écrit très-précieux; il n'y en a que très-peu d'exemplaires à Paris : il porte pour épigraphe ces vers de *Sémiramis* de M. de Voltaire :

Pardonnez, un soldat est mauvais courtisan :
Nourri dans la Scythie, aux plaines d'Arbazan,
J'ai pu servir la cour, & non pas la connoître.

11 *Avril* 1764. On répand depuis quelques jours une plaisanterie assez plate ; elle a pour titre *Décalogue du Dieu du Goût* : on la peut juger d'un partisan du sieur Palissot.

 I. Au Dieu du goût immoleras
  Tous les écrits de *Pompignan*.
 II. Chaque jour tu déchireras
  Trois feuillets de l'abbé *le Blanc*.
 III. De *Montesquieu* ne médiras,
  Ni de *Voltaire* aucunement.
 IV. L'ami des sots point ne seras,
  De fait ni de consentement.
 V. La *Dunciade* tu liras,
  Tous les matins dévotement.
 VI. *Marmontel* le soir tu prendras,
  Afin de dormir longuement.
 VII. *Diderot* tu n'acheteras,
  Si ne veux perdre ton argent.
 VIII. *Dorat* en tous lieux honniras,
  Et *Colardeau* pareillement.
 IX. *Le Mierre* aussi tu siffleras,
  A tout le moins une fois l'an.
 X. L'ami *Freron* n'applaudiras,
  Qu'à l'*Ecossoise* seulement.

12 *Avril* 1764. M. Garnier, prof. royal d'hébreu & membre de l'académie royale des inscriptions & belles-lettres, vient de publier un livre intitulé *l'Homme de Lettres*, en deux volumes. Cet auteur le dessine en grand, remonte aux principes, & paroît imbu de son Platon. Si, pour être homme de lettres, il falloit réunir l'assemblage des qualités de toute espece & surtout les vertus rares qu'exige M. Garnier, quel homme aujourd'hui seroit digne de ce titre ?

13 *Avril* 1764. Madame la marquise de Pompadour a fait présent, il y a quelques jours, à M. de Laverdy, contrôleur-général, dont on attend tant de merveilles, d'une boëte de carton enrichie du portrait de Sully ; elle a assaisonné cette galanterie de toutes les graces dont elle est capable, en disant à ce ministre que, présumant trop de sa modestie pour croire qu'il se fût fait tirer, elle lui envoyoit son portrait véritable. Ces vers étoient dans la tabatiere :

> De l'habile & sage *Sully*
> Il ne nous reste que l'image :
> Aujourd'hui ce grand personnage
> Va revivre dans *Laverdy*.

14 *Avril* 1764. Le livre de M. d'Eon de Beaumont fait une sensation très-vive dans ce pays-ci : ou y voit des lettres attribuées à messieurs de Praslin, de Nivernois, de Guerchy, avec des notes de l'infidele & perfide rédacteur. Elles ne donnent pas une idée avantageuse du génie, de l'esprit & de la politique de ceux qui les ont écrites. Il y en a de si extraordinaires, que mal-

gré leur apparente authenticité, on feroit tenté de croire qu'elles font fuppofées. On eſt ſur-tout fâché de voir M. de Nivernois, dont on avoit une idée avantageufe, montrer la corde dans tous les points. Cet écrit eſt précédé d'une préface, dans laquelle M. d'Eon expofe les motifs qui le forcent à publier ces lettres. L'indignité de fon procédé, les difparates de fa conduite & de fon ſtyle dans fes récits, dénotent un méchant homme & un fou.

15 *Avril* 1764. Ce foir eſt morte madame la marquife de Pompadour. La protection éclatante dont elle avoit honoré les lettres, le goût qu'elle avoit pour les arts, ne permettent point de paſſer fous filence un fi trifte événement. Cette femme philofophe a vu approcher ce dernier terme avec la conftance d'une héroïne. Peu d'heures avant fa mort le curé de la Magdelaine, fa paroiffe à Paris, étant venu la voir, comme il prenoit congé d'elle : *un moment*, lui dit la moribonde, *nous nous en irons enfemble.*

18 *Avril* 1764. On nous promet pour la rentrée des fpectacles une piece nouvelle en un acte, intitulée *l'Indienne*, de M. de Chamfort, jeune homme de 22 à 23 ans. Cette comédie eſt très-vantée, & a été lue à tous les coins de Paris.

On a fait l'épigramme fuivante fur un jéfuite qui s'eſt marié :

Uxorem ducis qui cornua trina gerebus,
Pondus erit levius, cornua bina geres.

18 *Avril* 1764. On doit bien s'attendre que le tombeau de madame de Pompadour fera un

objet d'hommages & de satires. L'épitaphe suivante remplit l'un & l'autre objet ; on la feint écrite au bas de son buste ; à côté sont l'Hymen & l'Amour en larmes, avec leurs flambeaux renversés :

  Ci-gît d'Etiole & Pompadour,
  Qui charmoit la ville & la cour,
Femme infidelle, & maîtresse accomplie :
  L'Hymen & l'Amour n'ont pas tort,
  Le premier de pleurer sa vie,
  Le second de pleurer sa mort.

19 *Avril* 1764. Il court des copies manuscrites de plusieurs contes nouveaux de M. de Voltaire : les *trois Manieres*, *Azolan*, *l'origine des Métiers*, *l'Education d'un Prince*. On y trouve toujours cette touche délicate, qui n'appartient qu'à lui : quoiqu'ils ne soient pas également bons, ils se font lire avec plaisir.

20 *Avril* 1764. On a fait sur madame de Pompadour une épitaphe bien différente de la premiere ; elle est simple & contient l'historique de sa vie :

  Ci-gît qui fut vingt ans pucelle,
  Quinze ans catin, & sept ans maquerelle.

Elle a été mariée à vingt ans, & est morte dans la quarante-troisieme année de son âge.

21 *Avril* 1764. On a entendu la semaine derniere au concert spirituel un *cor-de-chasse*, qui étonne tout Paris : c'est le seigneur *Rodolphe*, de la musique du duc de Wurtemberg. Jamais cet instrument n'avoit été poussé à un point si accompli : il imite tour-à-tour la flûte la plus

douce, la trompette la plus éclatante. Ses coups de langue font d'une rapidité, d'une variété, d'une précision incompréhensible. Il paroît exécuter avec hardiesse la musique la plus difficile & la plus rapide.

22 *Avril* 1764. Aujourd'hui, jour de pâque, s'est passé à Versailles une scene dont le concours des circonstances fait une singularité piquante. La manie du jour est de faire tout à la grecque. L'abbé *Torné*, chanoine d'Orléans, qui a prêché tout le carême devant le roi, ayant oublié de faire le signe de la croix, S. M. s'est retournée du côté du duc d'Ayen, son capitaine des gardes, & lui en a témoigné sa surprise : *vous verrez, Sire*, répond le plaisant, *que c'est un sermon à la Grecque*. L'orateur en effet commence : *les Grecs & les Romains*, &c. Le roi ne peut tenir son envie de rire, & le prédicateur déconcerté s'est ressenti pendant tout son discours de cette plaisanterie.

23 *Avril* 1764. Le cri est général contre la nouvelle édition de *Corneille* par M. de Voltaire. Il paroît s'être attaché à déprimer ce grand homme; &, sous le prétexte d'instruire de notre langue les jeunes gens & les étrangers, il avance sur les plus belles tragédies de ce pere du théatre des assertions qui en révoltent les partisans. Tout est croqué dans cet ouvrage de discussion; il releve des fautes grammaticales que chacun découvre au premiere coup d'œil; il se répete sans cesse, &, par une adresse qui n'est point assez cachée, il paroît adopter Racine, & le mettre en tête de son rival, pour le mieux écraser; en un mot, rien d'approfondi, point de vues générales, & nulle analyse réfléchie d'au-

cune de ces tragédies. On sent facilement que ce travail lent & coûteux ne sympathisoit pas avec l'imagination fougueuse de M. de Voltaire.

15 Avril 1764. Le sieur Palissot a écrit au duc de Praslin pour le prier d'intercéder en sa faveur & demander son rappel : ce seigneur tout débonnaire n'a point voulu solliciter pour un pareil scélérat.

25 Avril 1764. Les François se disposent à changer leur orchestre : le succès des Italiens excite leur émulation ; ils veulent se mettre en état d'exécuter quantité de petites pieces anciennes avec des divertissements ; ils veulent se proportionner au goût frivole du siecle & plaire aux sens, puisqu'on ne veut plus que le cœur soit remué.

26 Avril 1764. Les gazettes annoncent que le roi d'Angleterre a ordonné à son procureur-général de la cour du banc de poursuivre M. d'Eon de Beaumont, dont il est tant question aujourd'hui, à la requête de M. de Guerchy, ambassadeur de France ; qu'en conséquence le procès a été commencé contre lui, comme auteur du libelle le plus scandaleux & des calomnies les plus atroces.

28 Avril 1764. Le roi a donné une pension de 2,000 livres sur l'évêché de Vabres à M. l'abbé Pluquet, docteur de Sorbonne, très-connu dans le monde littéraire par son *Examen du Fatalisme* : il a aussi donné au public un *Dictionnaire des Hérésies* ; quoique les matieres qu'il a traitées ne soient pas à la portée de tout le monde, il a trouvé le moyen de s'en rapprocher & de se faire lire avec plaisir & utilité.

29 Avril 1764. Racine à M. de Voltaire, des Champs

Champs Elysées. Tel est le titre d'une épître qu'un anonyme adresse au commentateur de Corneille. C'est une plaisanterie facile & légere sur l'affectation avec laquelle M. de Voltaire oppose sans cesse ce rival à Corneille, pour le déprimer, le dégrader, le mettre au dessous de rien. Quant au style, cette fiction ingénieuse vaut toutes les dissertations qu'on pourroit faire sur cette matiere. On y donne en passant différents coups de patte aux écrits les plus répréhensibles de l'auteur. Celui d'une pareille facétie paroît avoit du talent pour ce genre d'ouvrages.

30 *Avril* 1764. Les comédiens François ont ouvert aujourd'hui leur théatre par un compliment très-suranné & très-fastidieux qu'a prononcé le sieur Augé. On a ensuite joué *Heraclius*, suivi de la petite piece annoncée, *la jeune Indienne*. Ce drame très-prôné avant la représentation, n'a que huit scenes. Le sujet est tiré du Spectateur Anglois, dont M. Dorat vient de faire un héroïde, intitulée *Zeila*.

L'auteur, M. Champfort, ne s'est pas donné la peine de rien changer. La *jeune Indienne* débite froidement tout ce qui est en action dans *Arlequin sauvage*. Le *Quaker*, principal personnage de la piece, n'est qu'une très-foible & très-mesquine copie du *Freport de l'Ecossaise* : enfin tout le pathétique des reproches que fait la jeune étrangere à son amant qui l'abandonne, outre la ressemblance avec quantité de situations pareilles, soit en tragédie soit en comédie, en a une plus directe & plus immédiate avec l'héroïde de M. Dorat. Les acteurs se trouvent exactement les mêmes : ajoutez qu'il n'a pas le mot

Tome II.   C

pour rire dans ce drame, pas la moindre intrigue, la moindre *péripétie*, la moindre entente du théatre. Le style a été goûté assez généralement : on dit que l'auteur n'a que 21 ans.

Une circonstance, qu'il ne faut point omettre, c'est que la piece ayant été très-légérement & très-médiocrement applaudie pendant la représentation, & sur-tout à la fin, les partisans de l'auteur se sont avisés de le demander. Cette puérilité ne paroissant pas convenable dans la circonstance, quelques autres voix s'y sont jointes par dérision. Le murmure plus grand a paru mériter l'attention du public : les loges, l'amphithéatre, l'orchestre, tout est resté en suspens pour voir le dénouement. Les sages ont alors pris le parti d'hurler avec les loups, & de demander l'auteur à grands cris, pour sortir de là : le tumulte est devenu si grand, que MM. les comédiens, qui d'abord ne tenoient pas grand compte des demandes du parterre, ont cru devoir y faire attention : ils ont fait semblant de se donner quelques mouvements pour chercher l'auteur. Celui-ci, à qui sa conscience reprochoit intérieurement son ineptie & son peu de mérite pour être digne de l'attention du public, s'est bien donné de garde de prendre ce persiflage pour un empressement véritable : enfin le sieur Molé a paru seul, comme pour annoncer que l'auteur n'y étoit pas. Les brouhahas ont redoublés, & cet acteur ayant fait différentes révérences, ayant ouvert plusieurs fois la bouche pour parler, sans être entendu, il s'est lassé & a disparu. Les clameurs ont continué, & les comédiens ont fait tomber la toile. Ce coup de théatre a terminé cette scene indécente & pitoyable,

& l'imbécille parterre s'est tu, ainsi vilipendé par les histrions.

1 *Mai* 1764. On prétend qu'on imprime séparément les notes de M. de Voltaire sur *Corneille*, à l'usage de ceux qui ont le théatre de cet auteur. Cette nouvelle jette encore plus de discrédit sur l'ouvrage, qui a peu de considération dans le monde littéraire.

M. Freron [dans sa feuille N°. 12] se fait adresser une lettre, où il releve sommairement les critiques générales qu'on a faites de cet ouvrage : elles sont justes; mais on voudroit que la défense de Corneille fût entre les mains d'un homme plus honnête.

2 *Mai* 1764. M. de Fouchy, secretaire de l'académie des sciences, a ouvert l'assemblée publique suivant l'usage, par l'annonce du prix remporté, & de celui à remporter.

Il a donné ensuite une courte notice des quatre arts dont quelques académiciens ont fait la description dans l'année ; savoir, du *Chamoiseur*; du *Briquetier*, du *Tonnelier*, & du *Rafineur de Sucre*.

Il a lu aussi l'Eloge de M. *Bradley*, célebre astronome Anglois, associé étranger de l'académie.

Cette lecture a été suivie de celle de cinq mémoires, par divers académiciens.

M. le Monnier a parlé sur l'*Eclipse annulaire* du soleil du 1 avril dernier, observée en divers lieux du royaume, dont les principaux lieux où l'anneau a été le plus large & le plus visible, sont Rennes, Calais, &c.

M. Tillet a lu un mémoire *sur les degrés de chaleur extraordinaires, auxquels les hommes*

& les animaux font capables de réfifter. Une fille attachée au fervice d'un four de M. Tillet, a fait fes premieres expériences, y a foutenu pendant 7, 8 à 10 minutes, jufques à 80 & enfin 130 degrés de chaleur du thermometre à efprit de vin de M. de Reaumur, & n'en a été nullement incommodée. Or il eft à remarquer que les 80 degrés de thermometre y indiquent la chaleur de l'eau bouillante.

M. de la Lande a obfervé un dérangement furprenant dans le mouvement de la planete de Saturne.

M. Chabert a fixé la latitude & la longitude de Larnéca dans l'ifle de Chypre.

Enfin M. Tenou a expliqué la nature des pierres qui fe forment dans le corps humain.

3 *Mai* 1764. On apprend avec le plus grand étonnement que les Italiens ont fait plus de cent mille écus pour la derniere année dramatique, & que les parts ont été de 15,000 livres.

4 *Mai* 1764. L'académie royale des belles-lettres a fait aujourd'hui fa rentrée publique d'après pâque.

Le premier mémoire a été lu par M. de Chabanon : il contenoit le plan de la traduction de la quatrieme ode pythique de Pindare.

Le fecond, de M. le Batteux, rouloit fur la mefure & l'harmonie confidérées par rapport à la poéfie & la profe.

Le troifieme, de M. Guibert, expliquoit un paffage d'Homere, duquel il réfulte, fuivant cet académicien, qu'il y a eu une éclipfe bien marquée par le poëte au mois d'août 1185 avant Jefus-Chrift, vers midi.

Le quatrieme, de M. Dupuy, eft fur la maniere de rallumer le feu sacré, d'après un passage de Plutarque, jusqu'ici mal entendu.

Le cinquieme *sur l'origine des Phéniciens*, par M. l'abbé Mignot.

5 *Mai* 1765. **Les Contes de Vadé**, &c. Ce nouveau volume, fait pour servir de suite aux œuvres de M. de Voltaire, contient toutes sortes de rogatons. Outre les contes, qui sont peu de chose, il y des débauches d'esprit en tout genre, où l'auteur établit des paradoxes comme bon lui semble. Ce volume est un des plus médiocres sortis de sa plume : c'est un homme d'esprit qui ne fait que ruminer aujourd'hui.

6 *Mai* 1764. On est indigné non-seulement de la critique amere & dure que M. de Voltaire fait de Pierre Corneille, mais de ce que sans nécessité il suppose qu'on a désiré voir joint à son commentaire les deux pieces de Thomas, restées au théatre, *Ariadne* & *le comte d'Essex*. Il les enveloppe dans sa critique, les dissèque, les pulvérise, & réduit presque à rien ces deux ouvrages admirés jusqu'à présent.

7 *Mai* 1764. Il se répand sur la destruction des jésuites l'épigramme suivante, qui, quoique grossiere, mérite d'être conservée comme anecdote caractéristique.

  Ils sont f...s les bons apôtres;
  Et l'on ne les plaint pas beaucoup;
  Car avant ce malheureux coup
  Ils en avoient bien f...u d'autres.

8 *Mai* 1764. M. le duc d'Orléans persistant dans le désir que la salle d'opéra incendiée le 6 avril de l'année derniere, soit reconstruite à por-

tée de son palais, & ayant bien voulu se prêter à tous les moyens nécessaires pour la rebâtir avec les sûretés & commodités possibles, a acquis plusieurs maisons à cette fin, & de concert avec la ville, contre laquelle il eût pu réclamer des dommages considérables pour ceux qu'il a essuyés par le feu, dont les directeurs commis par la ville auroient dû être responsables, les ouvriers auteurs du désordre étant envoyés par eux ; il a présenté requête au roi, qui a rendu un arrêt dans son conseil, avec des lettres-patentes, sur celui du 11 février dernier, concernant la reconstruction de cette salle de spectacle à l'usage de l'académie royale de musique. M. le duc d'Orléans s'y désiste de tous dommages & intérêts envers la ville, sous les conditions qu'elle édifiera une nouvelle salle attenant le Palais-Royal, & sur les devis présentés & annexés relativement aux bâtiments neufs que se propose de faire reconstruire M. le duc d'Orléans, & ce dans l'espace de quatre ans, & plutôt si faire se peut ; ce prince s'y réservant les mêmes droits, prérogatives, loges, &c. qu'il avoit ci-devant ; & ladite salle sera, comme l'ancienne, pour lui & ses successeurs, unie & incorporée à l'apanage même, avec l'acquisition nouvelle, faite tant par M. le duc d'Orléans que par la ville, pour procurer plus d'emplacement à cet édifice ; & dans le cas où le spectacle de l'opéra cesseroit dans ladite salle, pour quelque raison que ce pût être, la ville ne pourra, en aucun temps, en céder la jouissance à personne ; elle sera dévolue à M. le duc d'Orléans & à ses successeurs, moyennant une somme de 960,000 livres, pour prix des acquisitions faites, &c. Ces lettres-patentes ont été enregistrées le 2 du mois dernier.

La ville est tenue des réparations de toute espece de ladite salle, à la réserve de quatre gros murs, poutres, couvertures & voûtes, qui resteront à la charge de M. le duc d'Orléans.

9 *Mai* 1764. Une nouvelle Muse femelle se met sur les rangs: madame Guibert vient de publier *les Amusements Poétiques*, en un petit volume in-12, avec son portrait à la tête. C'est un recueil de pieces en tous genres: il y a entr'autres un drame en cinq scenes, intitulé la *Coquette corrigée*, tragédie contre les femmes; une comédie en un acte & en vers libres, intitulée *le Rendez-vous*. Ce qu'il y a de plus piquant dans tout cela, c'est un ton hardi, agaçant, que tout le monde ne prendra pas pour le ton philosophique. Madame Guibert paroît avoir trop secoué les préjugés.

10 *Mai* 1764. On sait que M. Vanloo, premier peintre du roi, a peint, il y a quelque temps, Mlle. Clairon en *Médée*, tenant d'une main un flambeau & de l'autre le poignard encore teint du sang de ses enfants, insultant à la douleur de *Jason* & bravant sa colere. Le roi ayant ordonné que ce tableau fût gravé, l'habile peintre en a fait un second, propre à faire plus d'effet en gravure. L'estampe a été exécutée par MM. Laurent Cars & Jaques de Beauvarlet, graveurs du roi & de son académie de peinture. La tête de *Médée*, c'est-à-dire Mlle. Clairon, est l'ouvrage de M. de Beauvarlet.

11 *Mai* 1764. Les changements faits à la nouvelle salle d'opéra sont médiocres & n'en réparent point les défauts. On a seulement reculé ces loges immenses qui offusquoient tout le reste.

12 *Mai* 1764. Il paroît dans le monde une lettre datée de Neuchâtel du 15 mars 1764, qui a pour titre : *Jean-Jacques Rousseau, citoyen de Geneve, à Jean-François Montillet, archevêque & seigneur d'Auch, primat de la Gaule, Novempopulaire & au royaume de Navarre, conseiller du roi en tous ses conseils.* Cet écrit, in-12, de 22 pages d'impression, est pour répondre à la lettre soi-disant pastorale de l'archevêque d'Auch, par laquelle ce prélat s'éleve contre *l'Emile*, & en prend occasion pour invectiver M. de Voltaire & les auteurs du siecle qui se sont écartés des maximes de l'église, & qui n'ont pas respecté, comme ils devoient, les dogmes de la religion. L'auteur, qui emprunte le nom de Rousseau, réfute assez bien la Lettre Pastorale, quant au fond ; mais il est bien éloigné du style qu'il veut imiter. On ne singe jamais bien un auteur aussi original que Rousseau.

15 *Mai* 1764. Une lettre attribuée au pere *Beauvais*, ci-devant soi-disant jésuite, expose trop bien la position où se trouvent les différents membres qui croient ne devoir pas déférer au serment, pour ne pas la rapporter ici : elle est adressée à un de ses parents.

« C'est hors du royaume, mon cher parent, qu'il faut que j'aille ; j'ai passé trente-cinq ans à former des citoyens, & je cesse de l'être. Il me faut, à soixante ans, chercher une retraite, & finir dans un pays étranger une vie dont les ans ont été consacrés au service de la patrie. Dans l'alternative rigoureuse de l'exil, ou d'un serment que je crois ne pouvoir faire, je ne balance pas, & je pars

» victime de la fidélité que je dois aux saints
» engagements que j'ai contractés, plein de res-
» pect pour la main qui frappe, soumis à celle
» qui permet, & n'implorant que celle qui
» soutient. »

16 *Mai* 1764. A mesure qu'on avance dans la lecture de Corneille par M. de Voltaire, plus on découvre son acharnement à rabaisser le grand homme. On lit à la fin de *Sertorius* une protestation des plus adroites & des plus cruelles, où le commentateur, en faisant sa profession de foi à l'égard ■ pere du théatre, ne s'humilie lui-même que pour le dégrader davantage. Il résulte de la lecture de son ouvrage, qu'il a moins prétendu faire voir le grand que le vieux Corneille.

Pour comble de cruauté, il a fait précéder sa *Bérénice* de celle de Racine. Quelle étrange disparate, quand on sort du style onctueux de Racine, & que l'on tombe dans les barbarismes, les aspérités, les fadeurs de son rival!

20 *Mai* 1764. Le roi avoit souscrit pour 2,000 exemplaires du *Corneille Commenté par M. de Voltaire*; S. M. n'en a pris que 50, & a fait remettre les autres au pere de Mlle. Corneille. L'impératrice de Russie a fait le même acte de générosité envers Mlle. Corneille, aujourd'hui Mad. Dupuis.

21 *Mai* 1764. M. l'évêque d'Alais a publié, le 16 du mois dernier, une *Ordonnance & Instruction Pastorale* au sujet des assertions extraites des livres, theses & cahiers des soi-disant jésuites, & données aux évêques par le parlement. Ce

prélat, bien éloigné de penser comme M. l'archevêque de Paris, déclare qu'ayant rapproché les assertions les unes des autres, & les ayant comparées avec celles des peres *Hardouin & Berruyer*, il s'est convaincu que ces erreurs se tiennent mutuellement, qu'elles forment un corps de doctrine lié, suivi, systématique, & que c'est proprement un cours complet de morale nouvelle & anti-chrétienne, un nouveau corps de religion, contraire à celle de l'évangile....... Que ce langage differe de celui de M. de Beaumont ! M. de Bouteville, ainsi que l'autre prélat, acc●●le son lecteur d'autorités qui semblent ne devoir pas souffrir la moindre contradiction.

22 *Mai* 1764. *Vie de Chimerande*, amphigouri où l'auteur cherche à montrer combien notre langue est susceptible de ridicule par les différentes acceptions du même mot. Rien ne prouve mieux de quel délire l'esprit humain est capable, que ces honteux excès d'un esprit tourné à la mauvaise plaisanterie.

23 *Mai* 1764. On parle d'une lettre de M. de Voltaire, où il fait dialoguer l'ame avec le corps. Il appelle la premiere Lisette, elle se révolte contre le dernier, & lui reproche de l'asservir. On sent que c'est un matérialisme déguisé, un dessein formé de faire voir combien il est ridicule de supposer un pareil assemblage. M. de Voltaire, qui a moins que jamais des idées neuves, cherche à tout colorer de son style, & s'approprie bien des choses par le charme dont il embellit les pensées des autres.

24 *Mai* 1764. Il paroît une brochure qui a pour titre : *Dissertations sur l'origine & les fonc-*

tions essentielles du parlement, sur la pairie & le droit des pairs, & sur les loix fondamentales de la Monarchie Françoise. L'auteur y suit d'abord le plan tracé, il y a quelque années, dans les Lettres historiques sur les parlements, dont il n'a paru qu'une partie dans le public : il prétend qu'il n'y a de vrais pairs aujourd'hui que les princes du sang, & que les autres ne sont que des simulacres vains, des ombres chimériques des anciens pairs qu'ils représentent : il pulvérise également le droit prétendu des pairs de n'être jugé que par la classe du parlement séant à Paris.

Ce livre, qui vient de Toulouse, a été, suivant les apparences, composé & imprimé dans ce pays-là ; il pourroit être l'ouvrage de quelque membre du parlement.

26 Mai 1764. Madame Bellot, cette femme qui avoit vécu jusqu'à présent dans une grande pénurie, & du profit très-mince de ses traductions Angloises, demeure depuis quelque temps avec le président Mesnieres, qui s'en est engoué ; elle mene sa maison, y fait la pluie & le beau temps. Ce phénomene est d'autant plus rare que cette dame est peu jeune : elle est laide, seche & d'un esprit triste & mélancolique : elle a renvoyé le chevalier d'Arcq, avec qui elle vivoit.

28 Mai 1764. On assure que le chevalier d'Eon vient de faire paroître un second volume, qui sans doute fait suite au premier.

Des lettres de Londres prétendent qu'il figure mal parmi les honnêtes gens, qu'il a eu différentes affaires, suscitées vraisemblablement, mais qui l'ont mis aux prises avec la police du pays que le gouvernement voit avec peine l'impunité dont il jouit, sans pouvoir s'assurer de sa personne, qu'il n'a pu arrêter qu'en partie la distribution de son mémoire, de ses lettres, &c. ce qui les rend cependant rares en Angleterre; qu'il en a vendu pour plus de 10,000 livres, & qu'il a fait passer le reste à Hambourg.

29 Mai 1764. Il paroît un nouveau roman en quatre parties, de madame Riccoboni, intitulé *Miss Jenni*. C'est un amas d'absurdités, écrites dans un style assez bon.

30 Mai 1764. Hier a été lu au parlement un mémoire, tendant à prouver que le roi par sa présence & celle des princes & pairs, forme, partout où il veut se rendre, la cour essentielle des pairs. C'est M. le duc de Sully qui en a fait lecture. Cette assertion n'a pas paru prouvée, & M. de Vaudeuil, conseiller à la seconde chambre des requêtes, l'a réfuté sur le champ d'une façon victorieuse & humiliante pour l'auteur, qu'il a convaincu d'ignorance & de mauvaise foi. On l'impute à un nommé Villaret, rédacteur de la suite de l'histoire de France par feu l'abbé Velly, & que les ducs ont nommé garde de leurs archives depuis quelques années, titre de nouvelle création de leur part.

31 Mai 1764. Il court des vers qu'on peut regarder comme une énigme, & qui n'ont quelque sens que par leur malignité: ils roulent sur des anecdotes scandaleuses, vraies ou fausses, mais connues à la cour, où l'on croit tout, parce qu'on s'y sent capable de tout :

Après avoir détruit l'autel de Ganimede,
Vénus a quitté l'horizon:
A tes malheurs encor, France ! il faut un remede ;
Chaffe Jupiter & Junon.

1 *Juin* 1764. On a imprimé à Londres un in-4°. de 691 pages, qui a pour titre : *Examen des lettres, mémoires & négociations particulieres du chevalier d'Eon, ministre plénipotentiaire de France auprès du roi de la Grande-Bretagne, dans une lettre à MM......* Cet écrit paroît avoir été fait en vue de venger les personnes compromises dans l'ouvrage publié par M. d'Eon; mais il ne sert qu'à éternifer le ridicule que la mal-adresse de l'auteur remet sous les yeux avec aussi peu de choix que de talent. Pour y répondre, il se livre à des injures grossieres. On peut dire en général que ceux dont il vouloit prendre la défense, n'ont pas à se louer de son zele, plus indiscret qu'éclairé.

2 *Juin* 1764. Il paroît que l'on veut employer tous les moyens possibles pour avoir raison de l'inconduite de M. d'Eon, & que la cour de Londres s'y prête : on assure qu'elle fait intervenir le corps diplomatique pour demander son extraction ; que tous les ministres étrangers, conjointement avec M. de Guerchy, ont remis un mémoire à ce sujet au lord Halifax, secretaire d'état, pour qu'il soit traduit au banc du roi ; mais tout cet éclat ne peut avoir de suite & se réaliser pour l'objet qu'on se propose, qu'autant qu'il sera autorisé par un bill du parlement.

3 *Juin* 1764. Il court une *Lettre* imprimée, de J. J. Rousseau, citoyen de Geneve, où il désavoue authentiquement celle prétendue écrite de lui à M. l'archevêque d'Auch. Il n'étoit rien moins que besoin de prendre la plume pour cela, & tous les gens de goût lui avoient déja rendu justice.

4 *Juin* 1764. *Ode sur un incendie, par une tête chauve du temps présent*. Ce titre annonce le goût fatal & dépravé du siecle, où l'on parodie les événements les plus sinistres & les plus malheureux. L'incendie dont il est question, est celui du *Palais-Royal*. L'auteur débute par la strophe la plus ridicule & la plus bouffonne. Il parle ensuite plus sérieusement ; il adule M. le duc d'Orléans ; il peint son ame tendre & sensible, ses inquiétudes à la premiere nouvelle de cet événement ; il fait dire à ce prince :

> Je ne perds point de serviteurs,
> Pour moi la perte est donc petite.
> Pour de l'argent l'on en est quitte,
> Ce ne sont point là des malheurs.

L'enthousiaste prétend que ce sont les propres mots du prince, & qu'ils n'ont pas besoin d'être parés des vains ornemens de la poésie.

9 *Juin* 1764. Nous avons lu un ouvrage de l'abbé Galiani, espece de dissertation sur l'art poétique d'Horace, dans lequel ce savant releve avec jugement une infinité de balourdises des différents traducteurs, interpretes, commentateurs du poëte Romain. Il prétend, par l'étude profonde qu'il a fait de la langue latine, par ses connoissances réfléchies du local où Horace écrivoit,

avoir découvert beaucoup d'erreurs. Il n'a encore travaillé que sur les *Satires*, les *Epîtres & l'Art poétique*; il se propose d'étendre ses observations sur tous les ouvrages de ce beau génie. Comme il ne connoît pas complétement toute la force de notre langue, M. Diderot s'est chargé de jeter un vernis sur la premiere partie qui doit paroître.

10 *Juin* 1764. Le roi de Suede vient de donner à l'Europe un exemple de la maniere dont il faut honorer les lettres, qui mérite d'être consigné dans tous les fastes de la littérature. La place de chancelier de l'université d'Upsal, la plus ancienne université du Nord, étant venue à vaquer, cette compagnie a envoyé une députation au prince royal pour le prier de vouloir bien accepter cette place très-distinguée, qui ne peut être remplie que par un membre du sénat. Ce prince y a consenti, avec la permission du roi. On voudroit pouvoir rapporter la lettre de S. M. S., par laquelle elle confirme la nomination de son fils; elle y met dans le plus beau jour la nécessité pour un souverain de protéger les arts & les lettres : elle est digne, en un mot, d'un Léon X, d'un François I, d'un Louis XIV.

11 *Juin* 1764. M. le comte Algarotti est mort à Pise la nuit du 22 au 23 du mois dernier. Cet ami des arts & des muses a laissé entr'autres choses un legs de 8,000 écus romains à M. Mauro Tosli, peintre célebre de Bologne. Il veut qu'on en emploie 2,000 à lui élever un mausolée à Pise. Il a donné lui-même le dessin de ce monument & a dicté son épitaphe, que voici : *Hic jacet Algarottus, sed non omnis.* On doit par-

donner cette inscription peu modeste à un homme qui a aussi bien mérité de la littérature & des beaux arts.

12 *Juin* 1764. Un procès porté au parlement de Bretagne pour statuer sur l'état contesté d'un enfant né à dix mois & 17 jours après la mort de son pere, vient d'occasioner un mémoire, signé de plusieurs habiles chirurgiens & rédigé par M. Louis. On y discute avec beaucoup de clarté & de précision les faits, les raisons & les autorités sur lesquels on veut fonder cette possibilité. Il décide que le temps de la gestation, & le terme de l'accouchement dans toutes les especes d'animaux, étant fixés par la nature d'une maniere invariable, l'espece humaine doit être soumise à ce même ordre, & que par conséquent tout accouchement qui passe le terme de neuf mois & de dix à douze jours, ne peut être regardé comme naturel, & ne peut se faire sans danger pour la mére & pour l'enfant. Le mémoire est profondément traité, & d'ailleurs est écrit avec toute l'élégance & la netteté que comporte le sujet.

13 *Juin* 1764. M. Villaret se défend vivement de l'imputation répandue dans le public qu'il étoit auteur du mémoire lu par M. de Sully: il prétend n'en avoir pas la moindre connoissance, & n'avoir même vu ce seigneur que pour combattre cette opinion établie dans ledit mémoire : il se déclare d'un sentiment tout-à-fait opposé.

14 *Juin* 1764. Depuis quelques années les Allemands marchent à grands pas dans la carriere de la belle poésie. MM. Haller, Gessner, Gellert, Klopstok, &c. se sont fait connoître en

France par des ouvrages dignes de nos meilleurs poëtes. On vient de nous donner un poëme héroï-comique, traduit de l'allemand de M. Zacharie, intitulé *les Métamorphoses*, que M. Zacharie publia ayant à peine dix-huit ans. Il est le prélude du *Phaéton*, du *Matin*, & de plusieurs Odes dont on a donné des traductions dans le journal étranger, contre lesquelles M. Zacharie réclame comme infidelles. Quoi qu'il en soit, ce poëme, divisé en quatre chants, est une copie de la *Boucle de cheveux enlevée*, inférieure, suivant l'usage, à son original. L'imitateur n'a ni les graces, ni le goût, ni l'invention du poëte anglois. *Les Métamorphoses* sont mal amenées, ne produisent point d'effets heureux : il n'y a point d'action, & la plaisanterie, comme généralement toutes celles des Allemands, est lourde & sans sel. La partie précieuse de cet ouvrage est une grande richesse de poésie & d'images accumulées avec profusion.

14 *Juin* 1764. On a remis à la comédie Françoise *la Magie de l'Amour*, comédie en un acte en vers libres, avec un divertissement. Cette piece, qui a eu du succès en 1755, comporte un rôle très-propre pour Mlle. Doligny. Cette actrice, fort agréable au public, a cependant le défaut essentiel de pécher par l'organe, & elle donne les inflexions de voix sourdes, qui font perdre une partie de ce qu'elle dit.

17 *Juin* 1764. *Bébé*, le nain du roi de Pologne Stanislas, étant mort depuis quelques jours de vieillesse & de caducité, à l'âge de 25 ans, M. le comte de Tressan l'a honoré d'une épitaphe.

HIC JACET
NICOLAUS FERRY, LOTHARINGIUS,
NATURÆ LUDUS,
STRUCTURÆ TENUITATE MIRANDUS;
AB ANTONINO NOVO DILECTUS.
IN JUVENTURIS ÆTATE SENEX,
QUINQUE LUSTRA PUERUNT IPSI
SÆCULUM.
OBIIT NONA JUNII
AN. M. D. C. C. LXIIII.

18 *Juin* 1764. *Histoire de la maison de Montmorency.*

>Cette race est sur toutes la plus belle,
>Race héroïque & antique, laquelle
>De pere en fils guerrier, victorieux,
>A porté son renom jusqu'aux cieux.

C'est ainsi que s'exprimoit Ronsard sur cette illustre maison, qui, suivant la fameuse généalogie d'André Duchesne, étoit connue dès 950 de l'ere chrétienne. M. Desormeaux, auteur de cette histoire, l'a distribuée en cinq volumes : les deux derniers contiennent une histoire en forme du fameux maréchal de Luxembourg. L'auteur a eu l'art de lier l'histoire générale avec l'histoire particuliere. Il paroît formé sur les bons modeles. On y remarque sur-tout une grande impartialité, & toute la véracité que demande le genre. On y trouve une épitaphe glorieuse de François de Montmorency, si regretté par Henri III, faite par le fameux de Thou :

Ultimus Hutriedum pietate insignis & armis
Franciscus jacet hoc quo Gallia tota sepulchro!

Suivant cette histoire, il y a actuellement six branches existantes de la maison de Montmorency.

19 *Juin* 1764. Suivant une lettre de Lisbonne, la nuit du 5 au 6 mars on a vu en cette capitale & dans tous les environs une aurore boréale, qui a duré plus de quatre heures. Ce phénomene a mis en mouvement tous les philosophes : ils l'ont attribué pour la plupart au passage d'un dragon, dont les gros yeux formés de deux escarboucles étincelantes, répandoient cette lumiere extraordinaire : quelques-uns ont même assuré qu'ils avoient apperçu lombre du dragon & entendu le bruit de ses ailes, d'où l'on peut juger des progrès que l'on y a fait jusqu'ici dans la météorologie, ainsi que dans les autres parties de la physique.

21 *Juin* 1764. Les feuilles de M. Freron sont un peu arriérées. Ce critique est pris en faveur par le prince des Deux-Ponts, qui l'a appellé à sa cour : il le comble de biens, & lui promet le premier bailliage vacant dans ses états : ils valent 10,000 livres de rentes. Ce qui pourroit bien dégoûter le feuilliste de son dangereux métier.

22 *Juin* 1764. Nous apprenons par une lettre de Neuchâtel que Rousseau est toujours aux environs de cette ville. Il y fait des placets & dit qu'il devient femme, puisqu'on ne veut pas qu'il soit homme : il passe les soirées avec une espece de fermier, qu'il a affectionné. Quand il entre chez ce bon homme, il souffle la chan-

delle de celui-ci, & la rallume à la sienne quand il veut revenir; sans doute pour faire tout au rebours des autres.

23 *Juin* 1764. On annonce incessamment pour nouveauté une tragédie, intitulée *les Triumvirs*. Il paroît que l'auteur veut garder l'incognito. On dit à l'ordinaire qu'il y a des très-belles choses, entr'autres une scene pompeuse où se fait le partage du monde. Le bruit le plus vraisemblable est que cette piece est de M. de Chabanon, l'auteur infortuné d'*Eponine*. Ce bel esprit, brûlant d'une soif de gloire inextinguible, veut rentrer de nouveau dans la carriere. Après avoir éprouvé que l'éclat bruyant avec lequel sa premiere piece s'étoit annoncé, n'en avoit point empêché la chûte, il veut essayer si le parfait incognito lui sera plus favorable. Le Kain, à qui le profit en est abandonné, a seul le secret. Il doit y avoir une belle décoration, dont l'auteur a fait les frais.

24 *Juin* 1764. M. Jolivet, directeur du journal de Trévoux, depuis l'expulsion des jésuites, est mort ces jours-ci. Ce triste médecin avoit jeté dans cet ouvrage une sécheresse, une insipidité, qui lui avoient donné beaucoup de discrédit. Aussi grave, aussi roide que les premiers auteurs, il n'avoit pas sû y joindre une aménité de style, dont le pere Berthier paroît son pédantisme. Un abbé Mercier, Genovefain, s'est mis sur les rangs pour la continuation.

25 *Juin* 1764. Il paroît un roman en six parties, intitulé *l'Homme*, qu'on donne pour un ouvrage posthume de M. l'abbé Prevôt. C'est un amas d'aventures bizarres, extraordinaires,

fruit d'une imagination déréglée, & qui ne peut avoir été composé que dans les accès d'une fievre brûlante.

26 *Juin* 1764. Il est arrivé ici de Vienne quelques exemplaires d'un livre intitulé *Méditations chrétiennes*. Ce livre n'étoit point destiné à devenir public : c'est le fruit des retraites de l'auteur, qui édifioit une auguste famille par une piété tendre & éclairée, ainsi qu'elle en faisoit le bonheur par ses autres vertus. Le ton de douceur, de candeur, de raison, de charité, qui anime pour ainsi dire chaque ligne de cet ouvrage, auroit seul fait connoître l'esprit & le cœur dont il est une image aussi fidelle que touchante. Voici un quatrain qui se trouve écrit à la main, à la tête de ce livre.

L'auguste auteur de cet ouvrage,
D'un monde séducteur connut la vanité,
Et dans le printemps de son âge,
Fut cueilli comme un fruit mûr pour l'éternité.

27 *Juin* 1764. *Mémoire historique & critique sur les masques.* Ce mémoire, fait en Hongrie où les bals masqués sont absolument défendus, recherche l'origine de l'usage des masques & la maniere dont il s'est perpétué. La dissertation est divisée en deux sections : la premiere contient l'histoire des masques & des déguisements; il dit que Satan en fut le premier inventeur avant le déluge : dans la seconde, il rapporte les arguments pour & contre, & il finit par en proscrire l'usage, soit sur les théâtres, soit au carnaval.

28 *Juin* 1764. *Lettres du marquis de Ro-zelle, par Madame* ✱✱✱, 2 *volumes*. Cette madame ✱✱✱ est madame Elie de Beaumont, femme d'un avocat. L'auteur paroît avoir eu pour but d'employer la fiction pour passionner & mettre en action une excellente morale. L'artifice des courtisannes de nos jours, les mouvements d'un cœur facile, ardent, impétueux, qui s'ouvre pour la premiere fois au sentiment de l'amour ; le caractere de la vraie & de la fausse amitié, les soins adroits & inquiets d'une tendresse profonde, éclairée & délicate, sont peints dans cet ouvrage avec autant d'esprit que de vérité. On reproche à l'auteur femelle de s'être trop étendu sur des matieres qu'une femme devroit s'interdire.

29 *Juin* 1764. Il paroît un *Mémoire sur l'exportation libre des grains hors du royaume*, qui fait grand bruit. Il est plein de vues profondes, philosophiques & très-propres à l'encouragement de l'agriculture, à l'accroissement de la population, à remonter la marine, enfin à la prospérité insensible & permanente de l'état. Il est d'ailleurs écrit fortement. On l'attribue à M. de Belle-Isle, attaché à M. le duc d'Orléans.

2 *Juillet* 1764. A mesure que le jour des *Triumvirs* approche, les bruits sourds se multiplient sur les différents auteurs auxquels on attribue cette tragédie. On met sur les rangs M. de Chabanon, dont on a déja parlé, M. le marquis de Ximenès, M. Poinsinet de Sivry : d'autres prétendent qu'elle est d'un ex-jésuite. A l'œuvre on reconnoîtra l'ouvrier, si c'est d'un homme déja auteur.

3 *Juillet* 1764. Il paroît un roman, prétendu traduit de l'anglois, intitulé *Lettres de Julie Mandeville*. On assure qu'il est de M. Bouchaut, agrégé en droit & déja connu par une traduction du théatre Italien. Cet ouvrage fait honneur à son cœur & indique une ame sensible.

4 *Juillet* 1764. On a donné aujourd'hui la premiere représentation des *Triumvirs*. Cette piece n'a point eu de succès. Ce drame est dénué même de l'intérêt que fournit le trait historique. Les caracteres des *Triumvirs*, dont on ne voit que deux, sont absolument manqués. Celui de *Lépide* est tracé avec force, mais il est plus aisé de peindre graphiquement qu'en action. Cette scene du partage du monde, qu'on annonçoit comme si magnifique, si auguste, est le dialogue de deux brigands qui divisent entr'eux les dépouilles des passants qu'ils ont détroussés. Nulle adresse, nulle dignité. Le style est ou trop emphatique ou plat. On y remarque sur-tout des comparaisons, figure absolument proscrite dans la tragédie. Ce dernier trait pourroit fortifier le soupçon que la piece est de M. de Chabanon, le seul auteur tragique qui ait osé faire des comparaisons.

6 *Juillet* 1764. Nous apprenons que l'auteur du recueil intitulé *Elite de Poésies Fugitives*, est M. Luneau de Boisjermain. Il seroit à souhaiter qu'il eût fait ce choix plus en homme de goût qu'en entrepreneur d'affaires.

7 *Juillet* 1764. On voit dans le *London Chronicle*, ouvrage périodique de Londres, un dialogue entre M. *Frugalité* & M. *Vérité*. Notre ambassadeur, monsieur de Guerchy, est désigné sous le

premier nom : le chevalier d'Eon de Beaumont sous le second. On sait que le mot de frugalité annonce la parcimonie sordide, que le dernier reproche à l'autre dans son ouvrage, & que les lettres de M. de Guerchy ne confirment que trop la justesse de l'imputation.

8 Juillet 1764. M. de Bougainville, frere de l'ancien secretaire de l'académie des belles lettres, est revenu depuis quelques jours, après avoir fait une découverte d'isles situées par les.... degrés de latitude sud. On croit que ce sont les *isles Malouines*, dont le nom même indique que les François en ont eu connoissance autrefois. Elles sont désertes. Il en a pris possession au nom du roi, y a bâti un château & laissé quelques familles. Il les prétend très-abondantes en poisson, gibier, fruits & autres productions de la terre.

9 Juillet 1764. Il paroît dans le public une brochure en deux parties, qui a pour titre : *Recherches sur l'histoire de la Médecine*. Cet ouvrage est rempli de beaucoup de personnalités contre différents médecins, de faux raisonnements, d'idées absurdes, & éleve le charlatanisme & l'empirisme fort au dessus de la médecine rationnelle. Tel est le jugement qu'en portent les gens de l'art. Il peut être d'autant plus suspect, qu'on attribue cette singuliere & bizarre production au docteur Bordeu.

10 Juillet 1764. *La Fortune en couche*, allégorie de près de 400 vers. Dans cet ouvrage on suppose la *Fortune* courant le monde, ayant un amant, qui est l'*orgueil*, & de cet accouplement naît un *Populo*. De toutes parts s'empressent les courtisans pour rendre hommage au nouveau

nouveau né. Cela donne lieu à une procession, dans laquelle on passe en revue à peu près les mêmes personnages déja célébrés dans les couplets ; au moyen de quoi cet ouvrage-ci n'a de nouveau que la forme. Il étoit susceptible d'être beaucoup plus piquant. Il faut convenir, à la louange de l'auteur, qu'il n'est pas méchant : les vers, en général, sont assez bien frappés.

11 *Juillet* 1764. On lit dans la gazette littéraire, N°. 23, un détail très-circonstancié & curieux sur l'académie des arcades. Elle fut fondée à Rome en 1690, dans la forme d'une république démocratique. Ses membres prennent des noms de bergers. Cette société aujourd'hui subdivisée en presqu'autant de colonies qu'il y a de villes en Italie, a été long-temps errante ; mais depuis 1727 François-Marie Ruspoli, prince de Cerveteri, les fixa sur le Mont-Aventin, où il fit construire pour leurs assemblées générales un très-bel édifice en forme d'amphithéatre.

Le but de cette société étoit dans l'origine de purger la littérature & sur-tout la poésie Italienne des absurdités & des extravagances qui depuis un siècle la défiguroient ; elle n'a malheureusement guere servi qu'à perpétuer le goût des frivolités. Les membres de cette académie ont donné dans tous les excès qu'ils devoient réprimer.

21 *Juillet* 1764. Il court un manuscrit dans le monde d'un volume assez considérable, qui a pour titre : *la Religion, tragi-comédie en cinq actes & en prose*, soi-disant *traduite de l'Anglois de* M. R. par M. J. M. 1764. Dans ce prétendu drame sont personnifiés la *Religion*, le *Fanatisme*, la *Cruauté*, l'*Imbécillité*, la *Crédulité*,

la *Philosodhie*, &c. ; & l'on met en action ces êtres moraux avec auſſi peu d'eſprit que de bon ſens. Il eſt d'autant moins dangereux, qu'il n'a point le charme ſéducteur d'une diction élégante.

13 *Juillet* 1764. Outre les différents hommes qu'on cite comme concurrents à la production des *Triumvirs*, on ne s'attendoit pas à M. de Portelance, l'ancien auteur d'*Antipater*. Après avoir fait cette piece très-jeune, il avoit paru abandonner la carriere dramatique depuis long-temps. Un amateur de la comédie prétend lui avoir entendu lire, il y a trois ans, trois actes de cette même piece, & avoir reconnu la coupe & les ſituations.

14 *Juillet* 1764. On parle depuis quelques jours d'un ouvrage qu'on attribue à M. de Voltaire : il a pour titre *Dictionnaire Philoſophique*, volume in-8°. de 300 pages. La liberté qui regne dans cet écrit & le nom impoſant de ſon auteur, le font rechercher avec autant de ſoin qu'on en prendra ſûrement pour en empêcher la diſtribution.

15 *Juillet* 1764. M. de Voltaire, dont la plume rapide ne peut s'arrêter, vient de donner une ſuite de ſon *Diſcours aux Welches*. Quoique le premier ne ſoit pas trop bon, celui-ci eſt encore inférieur.

Nous ſavons de bonne part que M. de la Dixmerie, auteur des contes du *Mercure*, ſe propoſoit de réfuter cette impertinente ſatire contre la nation.

16 *Juillet* 1764. On prétend que les *Recherches ſur l'hiſtoire de la Médecine*, attribuées à monſieur Bordeu, ne ſont autre choſe que les *Anecdotes*

sur la Médecine, livre de M. Barbeu du Bourg, dont nous avons déja parlé. Pour lui donner un air de nouveauté, on y a substitué une nouvelle feuille avec un frontispice nouveau: *Recherches sur quelques points de l'histoire de la Médecine & sur la tolérance de l'Inoculation.* L'auteur a lardé ce livre de plusieurs anecdotes scandaleuses contre son ennemi juré, M. Bouvart. Le livre est dénoncé à la faculté de médecine.

17 *Juillet* 1764. On écrit de Londres du 13 de ce mois, que l'affaire de M. d'Eon a été jugée au banc du roi le 9 ; que tous les jurés ont été réunis pour déclarer M. d'Eon coupable & son ouvrage libelle ; mais que, suivant les formes de ce pays-là, la sentence & la peine ne seront prononcées contre lui qu'au terme prochain, c'est-à-dire, dans le mois de septembre ; qu'en attendant, quoiqu'il ait fait courir le bruit qu'il avoit décampé de Londres, il continuoit à régaler le public d'écrits qu'il fait insérer dans les gazettes, & où il n'y a ni rime ni raison.

19 *Juillet* 1763. *Epître d'Alcibiade à Glycere. A la maîtresse que j'aurai.* L'auteur de *Zélis au Bain* continue à enrichir le public de ses molles productions. Ce n'est pas qu'il n'y ait quelque mérite dans son genre, mais il manque de ce feu créateur qui doit tout animer, & sans lequel la plus belle poésie n'est qu'un amas d'images sans vie, entassées avec plus de profusion que de vraie fécondité. L'*Epître à la Maîtresse que j'aurai*, a quelque chose de plus piquant, & présente une façon de voir singuliere qui réveille la curiosité du lecteur. Les ornements typographiques ne sont point épargnés dans cette double production.

20 *Juillet* 1764. On vient d'imprimer à Londres un *Recueil de pieces relatives aux lettres, mémoires & négociations particulieres du chevalier d'Eon, ministre plénipotentiaire auprès du roi de la Grande-Bretagne*, contenant la note, contre-note, lettre à M. le duc de Nivernois, & l'examen des lettres, mémoires, &c. Cela forme un volume in-12 de près de 300 pages. Ces écrits éternifent une affaire miférable.

21 *Juillet* 1764. Il paroît un ouvrage qui a pour titre : *Confidérations fur le Gouvernement ancien & préfent de la France*, par M. le marquis d'Argenfon, vol. in-8°. de plus de 300 pages. Cet écrit, dont Rouffeau parle avec éloge dans fon *Contrat Social*, traite des intérêts de la France avec fes voifins, & propofe un plan de gouvernement intérieur qui obvie aux abus qui regnent dans l'adminiftration. Cette œuvre pofthume d'un homme qui a été à même d'en connoître les vices par les places qu'il a remplies, paroît être du plus grand fens, & préfente un tableau que tout autre que lui auroit eu peine à tracer ; mais il part de la paix de 1748. Quelle différence d'époque à celle d'aujourd'hui !

On ne doit la publication de cet ouvrage qu'à une infidélité.

22 *Juillet* 1764. Il paroît une brochure de 31 pages in-12, intitulée : *Réflexions fur les arrêtés du parlement féant à Paris, des 29 mars & 7 juin* 1764. Son but eft de faire voir que les termes de la cour premiere —— de cour capitale —— de juftice —— de capitale de France —— de cour métropolitaine —— de fiege unique de

la pairie, &c. employés dans les arrêtés, supposent que les autres classes du parlement sont des cours secondes, suffragantes d'une métropole, des cours qui ne sont que des sieges de la pairie. Ce qui paroît contraire à l'unité essentielle des parlements, d'autant que les qualifications que la classe séant à Paris s'attribue, ne conviennent qu'à la collection de toutes les classes.

Qu'il s'ensuivroit de cette prétention de la classe séant à Paris, que les prérogatives dont elle jouit principalement, parce que le roi habite dans son ressort, seroient perdues pour elle, si le souverain établissoit ailleurs un domicile permanent, ce qui la priveroit d'un droit qu'elle partage & doit partager avec toutes les autres classes.

22 *Juillet* 1764. *Amusements Philosophiques.* Ce livre, en deux volumes, est la production de M. de Montagnac, ci-devant capitaine au régiment de Bresse. Ils contiennent des réflexions sur l'état militaire, &c. quelques anecdotes romanesques, des morceaux d'histoire ; enfin *la Fille de seize ans*, ou *la Capricieuse*, comédie en vers & en trois actes. Cet ouvrage fait honneur à l'ame de ce militaire ; il annonce de la bonne volonté. Comme littéraire il est médiocre. Son pinceau est mou, trivial & sans chaleur ; son style froid & languissant ; ses vers sont pitoyables & prosaïques.

24 *Juillet* 1764. Nous apprenons de Portugal que M. Freire, prêtre de l'Oratoire, déguisé jusqu'à présent sous le nom de *Candido Lusitano*, vient de faire paroître à Lisbonne une traduction de l'*Athalie* de Racine, avec un commen-

taire. Cette production, qui fait honneur au traducteur, est une des meilleures preuves des efforts que fait ce savant ecclésiastique contre le mauvais goût qui déshonore cette littérature étrangere. On lit à la tête de l'ouvrage une préface excellente, où toutes les beautés de ce drame sont approfondies & développées. Une remarque singuliere & qui paroît assurer à jamais la supériorité à Racine sur Corneille, c'est que les étrangers ne balancent pas entre ces deux auteurs; ils disent que les tragédies de Racine sont mieux *organisées*: c'est le mot dont se servent les Italiens, les Espagnols, les Portugais, c'est-à-dire, qu'elles remplissent mieux leur objet, qui est de remuer, de pénétrer, de faire fondre le cœur.

29 *Juillet* 1764. On doit donner incessamment la premiere représentation de *Timoléon*, tragédie de M. de la Harpe. Cet auteur annonce qu'il sera très-pathétique, & qu'il veut faire fondre le cœur de tous les spectateurs. Il doit se tenir ferme; une cabale étonnante s'éleve contre lui; il a pris depuis sa premiere piece un ton de morgue & de despotisme littéraire, bien fait pour révolter.

30 *Juillet* 1764. M. l'abbé de la Porte, qui ne traite les lettres que comme un genre de commerce plus honnête, a imaginé un nouveau titre, sous lequel il va produire mille choses éparses dans quantité de volumes: c'est le *porte-feuille de l'homme de goût*. Sous ce titre vague, il compte se donner carriere, & voir éclore les volumes successivement.

31 *Juillet* 1764. Freron, dans sa vingtieme lettre, fait une sortie très-vive contre M. de Voltaire.

Il attaque son nouveau volume de contes, & profite de tous les avantages que ce grand poëte donne contre lui dans cette agréable, mais volumineuse rapsodie Freron ne peut pas lui laisser passer un certain chant, accessoire à la *Pucelle*, où, dans une bande de galeriens que rencontre Charles & sa troupe dorée, se trouve Jean Freron. Il releve avec raison la critique injuste que M. de Voltaire fait de la Fontaine ; il dévoile une jalousie basse, bien indigne d'un aussi grand homme : il n'est pas jusqu'à Moliere que Freron est obligé de venger.

1 *Août* 1764. On voit depuis quelques semaines au palais des Tuileries le portrait en grand de feu madame la marquise de Pompadour, par Drouais, peintre de réputation. La ressemblance est des plus frappantes, & la composition du tableau est aussi riche que bien entendue. Cette derniere partie n'a été terminée que depuis la mort de cette femme célebre.

2 *Août* 1764. Les comédiens François ont donné hier *Timoléon*. Cette tragédie ne répond point aux espérances que le public avoit conçues des talents dramatiques de M. de la Harpe : la charpente en est absolument défectueuse. L'amour, qui en fait la cheville ouvriere, est dénué des grands ressorts qu'il doit faire jouer pour être tragique. Les trois premiers actes ont été reçus avec de grands applaudissements ; l'auteur a paru trop sacrifier aux détails, & s'être départi des principes qu'il avoit établis dans sa lettre à M. de Voltaire : la catastrophe trop ressemblante à l'histoire, laisse contre *Timoléon* une impression odieuse, que ne peut contre-balancer tout son étalage patriotique : en un mot, les reins

ont absolument manqué à l'auteur; dès le troisieme acte il n'a pu suffire à son fardeau dramatique, & la piece a paru détestable dans tout le quatrieme, & encore plus dans le cinquieme. On remarque une tête pleine de reminiscences & profondément empreinte de son Racine. Il s'est fait à la fin une scission dans le parterre, on applaudissoit & l'on huoit alternativement.

3 *Août* 1764. Le nouveau volume concernant l'affaire de M. d'Eon contient, 1°. la *note*, qui concerne un détail de la querelle de M. d'Eon avec M. de Guerchy, & ce qui a précédé, avec tous les détails relatifs au sieur de Vergy, arcboutant de cette rixe. 2°. *Contre-note*, ou *Lettre à M. le marquis de L...* Cette brochure est en faveur de M. de Guerchy, & faite par un de ses partisans: elle n'est point mal écrite, mais foible de raisonnements. 3°. *Lettre à M. le chevalier d'Eon*, fait par lui ou par un de ses défenseurs: elle est en réponse, & en subversion de la *Contre-note*. 4°. *Examen*, &c. dont on a déja parlé; & enfin *Lettre d'un patriote à son ami*, ou *Réponse à un libelle intitulé, Contre-note.* Elle est dans le même esprit que la lettre à M. le chevalier d'Eon.

4 *Août* 1764. Les comédiens consternés du mauvais sort des pieces jouées cette année, étoient indécis s'ils redonneroient *Timoléon*. L'auteur ne s'est pas jugé battu, il a entrepris de refondre cette piece incorrigible, & l'on prend le prétexte de l'indisposition d'un acteur pour gagner du temps, & donner à M. de la Harpe le loisir de remplir son dessein.

5 *Août* 1764. On vient de rendre public par la voie de l'impression un manuscrit très-singulier,

intitulé : *Caufa Societatis Jefus, contra novum Magiftratum ad gubernationem provinciarum Galliæ petitum*, anno 1689. Il a été trouvé par les commiffaires du parlement de Guyenne, dans la maifon profeffe des jéfuites de Bordeaux ; il a été dépofé au greffe dudit parlement en manufcrit, pour y fervir de preuve perpétuelle des vues de l'inftitut & des conftitutions de la fociété de Jefus.

10 *Août 1764*. On trouve le trait fuivant dans le *London Chronicle, July*. « Il vient de pa-
» roître en France un ouvrage intitulé *l'Homme*
» *de Lettres*, par le favant M. Garnier. Cet
» écrivain définit l'homme de lettres *celui dont*
» *le principal emploi confifte à cultiver fon efprit*
» *par l'étude, afin de fe rendre meilleur & plus*
» *utile à la fociété*. Nous ne favons pas à quel
» point cette définition peut être jufte en France ;
» mais en Angleterre on pourroit, à quelques
» exceptions près, prendre le revers de la pro-
» pofition, & définir l'homme de Lettres, *celui*
» *dont le principal emploi confifte à abufer des*
» *fruits de l'étude pour gagner de l'argent &*
» *corrompre ou égarer la fociété*. » Il eft malheureux qu'une trifte expérience nous faffe, à quelques exceptions près, auffi voir la même chofe en France.

11 *Août 1764*. La ville de Rheims ayant propofé une efpece de concours pour choifir la meilleure infcription au bas de la ftatue du roi, qu'elle fait exécuter depuis long-temps par le fameux Pigale, voici les vers qu'on a jugé les plus dignes de Louis XV. On doit fe rappeller que c'eft à Rheims que le roi eft facré :

C'est ici qu'un roi bienfaisant
Vint jurer d'être votre pere :
Ce monument instruit la terre
Qu'il a bien rempli son serment.

12 *Août* 1764. *Le Fanatisme des Philosophes*, capucinade contre les grands hommes de nos jours qui cherchent à répandre les lumieres de la saine philosophie & à faire germer dans tous les cœurs ces sentiments d'humanité, principes de toutes loix, de toute religion.

12 *Août* 1764. *Les Muses Françoises, premiere partie.* Cet ouvrage contient, 1°. un catalogue alphabétique de tous les auteurs qui ont écrit des pieces de théatre, depuis les mysteres jusqu'en 1764, avec la liste de leurs pieces; 2°. un autre catalogue alphabétique des pieces de théatre dont les auteurs sont inconnus ; 3°. une table alphabétique de toutes les pieces de théatre indiquées dans les deux premieres parties. On annonce une suite à cet ouvrage.

16 *Août* 764. On écrit de Londres que l'on a nouvelle de l'isle des Barbades du 14 juin, que la pendule de M. Harisson, pour trouver la longitude, y a très-bien réussi, ainsi qu'à la Jamaïque : que l'on ne doute pas, si ces rapports sont vrais, qu'on ne lui adjuge la récompense promise pour cette importante découverte.

16 *Août*. *Nécessité d'une réforme dans l'administration de la justice, & dans les loix civiles de France, avec la réfutation de quelques passages de l'Esprit des Loix.* Il y a de très-bonnes & très-sages vues dans ce livre.

17 *Août* 1763. Hier, les comédiens ordinaires

du roi ont remis à leur théatre *le Malade imaginaire*, comédie de Moliere en trois actes & en prose. On y a joint tous les agréments. Notre scrupuleuse exactitude sur les bienséances ne nous a pas permis de rire autant à cette piece qu'on faisoit du temps de *Louis XIV*.

18 *Août* 1764. L'académie Françoise a décerné le prix de poésie de cette année à M. de Chamfort, auteur de *la jeune Indienne*. Le sujet de sa piece est : *Epître d'un pere à son fils sur la naissance d'un petit-fils*. C'est au jour de saint Louis que se fera la cérémonie. Différentes pieces ont mérité des *accessit*, & tout concourt à prouver à l'académie qu'elle a très-bien fait de laisser aux poëtes une carriere libre pour choisir les sujets.

19 *Août* 1764. Tout le monde court après la nouvelle estampe de Mlle. Clairon ; elle est gravée d'après le tableau de M. Vanloo, par MM. Cars & Beauvarlet, graveurs du roi. On sait qu'elle est représentée en *Médée*. On a saisi dans le cinquieme acte de cette tragédie l'instant où *Médée* vient de poignarder ses enfants, & s'enfuit dans son char en les montrant à *Jason*. La gravure de la planche a été payée par le roi, ainsi que la bordure du tableau. Quant au tableau, madame la princesse de Gallitzin en a fait présent à Mlle. Clairon. M. Nougaret a fait les vers suivants pour être mis au bas du portrait :

Cette actrice immortelle enchaîne tous les cœurs;
Ses graces, ses talents lui gagnent les suffrages
Du critique sévere & des vrais connoisseurs :
  Et de nos jours bien des auteurs
Lui doivent le succès qui suivoit leurs ouvrages.

D 6.

20 *Août* 1764. *Richardet, Poëme* : ce poëme original italien est de M. Fortiguerra, prélat, qui n'entreprit cet ouvrage que dans la chaleur d'un pari. Il vouloit rabaisser le mérite de l'Arioste, & prétendoit qu'il composeroit un pareil ouvrage avec une rapidité qui prouveroit combien il est facile de réussir. La semaine suivante, il lut dix chants du poëme de *Richardet* : il l'acheva avec la même vitesse. Il est composé en trente chants. Le traducteur a su en réunir quinze dans six. On se doute bien que ce poëme est très-inférieur à son modele, c'est-à-dire à l'Arioste ; c'est une espece de parodie de l'autre. Le traducteur annonce beaucoup d'esprit & de facilité : il a pris le rithme du vers de cinq pieds, & s'est assujetti à des octaves suivant le goût italien, très-contraire à notre langue vive & déliée. Ce même poëme est traduit en Hollandois : il est dans le genre burlesque de Berni. Le docteur Manentis prétend que burlesque est chez les Italiens, ce qu'étoit chez les Grecs l'atticisme, & l'urbanité chez les Romains.

22 *Août* 1764. *L'éloge de la guerre. A Konigsberg.* Cet ouvrage qu'on dit être l'essai d'un jeune héros, est rempli de vues excellentes. On y remarque sur-tout avec plaisir que l'auteur aime l'humanité, au moins autant que la gloire : il envisage la guerre uniquement comme un moyen légitime & nécessaire, que l'Etre suprême a mis dans la main des souverains pour repousser la violence, réprimer l'injustice, & ramener la paix.

23 *Août* 1764. Les états-généraux vont faire essayer la pendule de M. Harisson sur le premier

vaisseau Hollandois qui partira pour les Indes Occidentales. S'il réussit aussi bien que dans le dernier essai, on ne doute pas que le gouvernement n'adjuge à M. Harisson le prix proposé pour la découverte de la longitude.

24 *Août* 1764. L'académie Françoise a tenu aujourd'hui sa séance publique pour la distribution du prix : on savoit d'avance que M. de Chamfort l'obtiendroit. Quatre pieces ont eu l'*accessit*. M. de Marmontel en a fait la lecture. La premiere est de M. Prieur, avocat : elle est adressée à un commerçant, qu'on suppose vouloir acheter des lettres de noblesse. Elle contient de très-belles choses, & a paru au gré des spectateurs emporter la préférence sur celle couronnée. La seconde, de M. Gaillard, de l'académie des belles-lettres, est la *nécessité d'aimer*. Ce sujet a plu à toute l'assemblée ; on a trouvé que l'auteur ne l'avoit qu'effleuré trop vaguement. Malgré tout l'onctueux qu'il prête, il paroît traité d'un ton sec & didactique. La troisieme est une *Epître à Quintus*, sur l'insensibilité des Patriciens, par M. des Fontaines. La quatrieme est de M. de Chabanon, *sur la Poésie & la Philosophie*. Il l'a fait imprimer avec d'autres pieces, dont nous nous réservons à parler.

M. de Marmontel a encore lu l'extrait de diverses pieces où il s'est trouvé des beautés : *Epître aux Grands*, de M. Vallier, colonel d'infanterie ; *Epître sur l'effet des passions*, d'un anonyme. Tout le monde a remarqué ces vers caustiques ; il combat le systéme de M. Helvétius qui attribue l'essor des grands talents à l'*ennui*.

L'ennui n'infpira point Platon,
N'a point produit Archimede & Milton,
Et ce n'eft pas dans le fiecle où nous fommes,
Faute d'ennui qu'on manque de grands hommes.

Enfin un poëme *fur la navigation*.

26 *Août* 1764. M. de Laverdy, contrôleur-général, a follicité la place d'académicien honoraire de l'académie des belles-lettres, vacante par la mort de M. le comte d'Argenfon. On fe doute bien qu'un contrôleur-général ne peut être refufé. Il follicitoit auffi celle d'académicien honoraire de l'académie des fciences, vacante également; mais M. de Paulmy & M. Trudaine de Montigny s'étant mis fur les rangs, il s'eft défifté, & remet fa prétention pour une autre fois.

28 *Août* 1764. Le Sr. Dauberval, qui s'étoit abfenté depuis l'incendie de l'opéra, eft de tetour de fes caravanes : il a reparu & a danfé avec des applaudiffements univerfels. Ses voyages ne lui ont point mal fait; il paroît avoir acquis plus de perfection & plus de légéreté.

29 *Août* 1764. M. de Chabanon a fait imprimer le recueil de fes opufcules, confiftant en une piece qui a remporté un *acceffit* à l'académie Françoife, fon difcours fur Homere, & une tragédie en un acte tirée d'Homere. La piece qui a eu *l'acceffit*, eft un amas de vers bourfoufflés dignes des Chapelain & des la Serre. Le difcours en profe eft fans contredit excellent & plein de vues ingénieufes & favantes. Quant à la tragédie, elle ne mérite aucun détail.

30 *Août* 1764. Un artificier Italien ayant obtenu la permiſſion d'établir un ſpectacle pyrrique ou de feux d'artifices décorés, dans un emplacement près le magaſin de la ville ſur les boulevards de la porte St. Martin, il a donné hier ce ſpectacle pour la premiere fois : il a duré une demi-heure. On a admiré la variété des couleurs & les formes ingénieuſes de ſon feu : l'exécution n'a pas été complétement parfaite, il y a même eu quelques accidents qui pourroient faire craindre que la police ne s'oppoſât à la continuation de ce ſpectacle. Pluſieurs perſonnes ont été bleſſées, quelques-unes même gravement. Le Sr. Torré prétend pouvoir remédier à ces inconvénients dangereux, & ſe flatte que la premiere fois ſon ſpectacle ſera plus ſûrement exécuté. L'emplacement eſt très-grand, & le parterre contient plus de douze cents ſpectateurs.

31 *Août* 1764. *Clef des Myſteres*, brochure contre les prélats, dans le goût de l'*Anti-Financier*. On y trouve d'excellentes choſes, & les raiſonnements de l'auteur auroient plus de poids s'ils étoient ſoutenus d'une plus grande modération, & s'il ne s'étoit pas permis des déclamations indécentes & ameres.

1 *Septembre* 1764. Le roi ayant agréé de poſer la premiere pierre d'aſſiſe hors de terre de l'égliſe de Ste. Genevieve, on ſe prépare à cette cérémonie. En conſéquence, on a cru devoir donner en cette occaſion l'idée de l'édifice. Le Sr. Souflot, l'architecte, a fait élever en décoration de toile peinte, par Machy, le portrait de ce monument. On a exhauſſé en relief de plâtre tout le contour de la place & de l'égliſe ; il étoit figuré à la hauteur de dix pieds,

Le portrait paroît magnifiquement annoncé par l'espace qui le précede; il est composé d'un seul ordre. On trouve de grands défauts à l'intérieur de l'église, la porte trop petite, les colonnades étranglées, l'escalier de l'église bas, mesquin. C'est le six du mois que se fera la cérémonie.

4 *Septembre* 1764. Mercredi 29 août, la faculté de médecine assemblée, M. de l'Epine, l'ancien des douze commissaires nommés pour rendre compte sur le fait de l'inoculation, a lu un mémoire, qui a tenu deux heures & un quart de lecture du texte, non compris les notes qu'il n'a pas eu le temps de reprendre. Ce mémoire conclut à défendre provisoirement l'inoculation, sauf à l'admettre si elle se perfectionne par la suite dans les pays étrangers, au point d'être exempte de tous les inconvénients très-grands qu'il lui reproche. Les commissaires, au nom desquels M. l'Epine parloit, sont messieurs Astruc, Bouvart, Cochu, Baron, Verdelham & Macquart. Mercredi prochain il y aura une assemblée sur le même sujet, pour écouter le mémoire en faveur de l'inoculation.

4 *Septembre.* M. le marquis de Paulmi a été élu hier honoraire de l'académie des sciences, à la place de feu M. le comte d'Argenson.

4 *Septembre.* Il paroît un livre, intitulé : *des Passions,* qu'on attribue à madame de Boufflers. L'auteur les réduit à deux classes, *l'amour* & *l'ambition.* Elle traite la premiere avec toutes les graces dont son sexe peut embellir un sujet digne d'elle. Le développement de cette passion dans le cœur d'une jeune personne est rendu

d'une façon neuve, avec une touche de pinceau également ingénieuse & sensible.

5 *Septembre* 1764. La faculté de médecine s'est assemblée ce matin pour entendre la lecture du mémoire favorable à l'inoculation. Il a été lu par M. Petit, qu'on appelle communément l'*Anatomiste*. MM. Geofroy, Lorry, Thiery & Malouart, l'avoient signé. La matiere mise en délibération, il a été arrêté *la tolérance de l'inoculation*. Cet avis a passé à la pluralité de cinquante-deux voix contre vingt-cinq.

6 *Septembre* 1764. Le roi s'est rendu aujourd'hui à Ste. Genevieve, accompagné de M. le dauphin & de plusieurs seigneurs de la cour. La cérémonie s'est faite sur les 11 heures & demie. M. de Coste a présenté les médailles : messieurs de Marigny, Souflot & Gabriel entouroient le roi. Le pere Bernard avoit préparé une ode relative à la fête, il l'a présentée au roi, qui est allé voir la bibliotheque de Ste. Genevieve, où il est resté trois quarts d'heure à se faire rendre compte des principaux ouvrages qu'elle renferme.

7 *Septembre* 1764. On voit dans l'avant-coureur du 3 septembre une lettre à M. Dorat ; elle est datée de B... signée L... & paroît écrite au nom de Mde. de Ch... On y suppose que cette madame de Ch..... est indignée de voir dans l'héroïde de *Zeila* le déshonnête procédé de Valcour. Elle ne peut concevoir qu'un François en soit capable : en conséquence on exhorte le poëte à faire venir à résipiscence l'infidele *Theséc*. On doit bien se douter que toute cette petite supercherie littéraire nous prépare une

belle héroïde de M. Dorat, où il nous peindra son héros aussi vertueux qu'il a été lache.

8 *Septembre* 1764. Le roi vient de nommer quatre commissaires à l'effet d'examiner un ouvrage immense, auquel travaille depuis long-temps M. *Barletti de Saint-Paul*, ancien secretaire du protectorat de France en cour de Rome, & membre de plusieurs académies. Le titre de cet ouvrage porte *Institution nécessaire* ou *cours complet d'Education & relative*, dans lequel on trouve la vraie méthode d'étudier & d'enseigner les différentes sciences convenables aux deux sexes, à tous les âges & à tous les états. Les commissaires choisis sont MM. *Bonami & de Guignes*, membres de l'académie des belles lettres, & MM. *de Moncarville & de Passe*, censeurs royaux.

On a demandé 1°. que ce jugement décidât, comme s'en est flatté l'auteur dans le mémoire présenté au roi, que l'ouvrage en question soit *immense, important, avantageux aux jeunes princes de la famille royale, utile à la nation, honorable pour le regne de S. M.* ; en un mot, qu'on déterminât par des raisons convaincantes ce qu'il peut avoir fait de réellement intéressant pour le roi, pour la patrie, & pour l'honneur de notre siecle.

2°. Afin que le jugement réponde par la force de l'expression à la nouveauté de ce système & aux prétendus avantages qu'on en doit retirer, il demande encore, *s'il est dans le royaume un seul citoyen qui ait déja parcouru la même carriere, ou qui osât l'ouvrir avec lui : ou autrement si l'on a déja dans le même genre quelque collection complete qui puisse approcher de* celle qu'il propofe, & fi l'on croit qu'il foit poffible de rien faire d'auffi bien & même de mieux ?

12 *Septembre* 1763. Rameau, fans contredit un des plus célebres muficiens de l'Europe, & le pere de l'école Françoife, eft mort aujourd'hui d'une fievre putride, accompagnée de fcorbut. Il avoit 83 ans. Le roi lui avoit accordé des lettres de nobleffe pour le mettre en état d'être reçu chevalier de St. Michel ; mais il étoit fi avare qu'il n'avoit pas voulu les faire enrégiftrer, & fe conftituer en une dépenfe qui lui tenoit plus à cœur que la nobleffe. Il eft mort avec fermeté. Différents prêtres n'ayant pu en rien tirer, M. le curé le St. Euftache s'y eft préfenté, a péroré long-temps, au point que le malade ennuyé, s'eft écrié avec fureur : *quel diable venez-vous me chanter-là, M. le Curé ! vous avez la voix fauffe.*

13 *Septembre* 1764. *Poéfies choifies d'Anne-Louife Karfch.* Cette femme finguliere eft née en 1722 fur les frontieres de la Baffe-Siléfie, dans un état d'indigence. Quoique n'ayant pu avoir d'autre éducation que celle d'apprendre à lire & à écrire, & accablée de malheurs, fon génie a percé de bonne heure. La nature n'agit en elle que par infpiration. Les feules pieces où elle réuffit font celles qu'elle produit dans la chaleur de l'imagination. Quand un objet l'affecte vivement, foit au milieu de la fociété, foit dans la folitude, fon efprit s'échauffe tout-à-coup : c'eft une pythoniffe fur le trépied. Depuis quelque temps elle eft réfidente à Berlin, & jouit des bienfaits d'un gentilhomme Siléfien, qui l'a tirée de fon indigence & de fes

malheurs. Par la traduction d'une piece intitulée *l'Orage pendant la nuit* du 3 août 1761, on juge que c'est effectivement un génie très-poétique, mais destitué de goût & de cette philosophie qui est nécessaire même aux poëtes. Au reste, cette femme doit tenir sans contredit un des premiers rangs parmi les *improvisateurs*.

14 *Septembre* 1764. *Dissertations sur Elie & Enoch, sur Esope fabuliste, & traité mathématique sur le bonheur*. On donne cet ouvrage pour servir de suite au *despotisme oriental*. L'auteur, par une discussion très-savante, prouve que ces personnages ne sont que des êtres très-chimériques, ou du moins jette des doutes très-fondés sur leur existence.

On voit à la tête de l'avertissement un N. B. « On a cru long-temps que les *recherches sur le despotisme oriental* & cette dissertation qui en est le pendant, étoient de Freret, auteur de la *lettre de Thrasibule à Leucyte*; mais on les croit aujourd'hui de l'auteur du manuscrit intitulé *l'Eternité du monde*, & qui se qualifie d'ancien officier de marine.

» Il étoit ingénieur des ponts & chaussées, il avoit été attaché à M. le baron de Thiers, qu'il avoit suivi en Boheme dans la guerre de 1740. »

16 *Septembre* 1764. On parle beaucoup du mariage sourd de Mlle. Clairon avec M. de Valbelle, son amant intime. On prétend que cette actrice doit se retirer à pâque, & que ce sera l'époque de la publication de son hymen. En attendant elle a toujours en titre un Russe, qui

se contente de lui baiser la main, & l'on assure que c'est ce qu'il peut faire de mieux.

C'est une fureur pour courir après l'estampe de cette célebre héroïne; on assure qu'elle en a déja fait cinq cent louis.

17 *Septembre* 1764. M. Dorat, comme on l'avoit prévu, se rend aux reproches galants de la jolie Mde. de Ch... Il convient de tous ses torts dans une lettre insérée dans l'avant-coureur d'aujourd'hui, & il promet une belle épître de *Valcour à Zeila*.

18 *Septembre* 1764. Mlle. du Miré, de l'opéra, plus célebre courtisanne que bonne danseuse, vient d'enterrer son amant. Les plaisants de Paris, qui rient de tout, lui ont fait l'épitaphe suivante, qu'on suppose gravée en musique sur son tombeau :

Mi Ré La Mi La.

22 *Septembre* 1764. Nous venons de lire le *Dictionnaire Philosophique* de M. de Voltaire. C'est un réchauffé de tout ce qu'on a écrit contre la religion. Quelques articles sont raisonnés & soutenus d'arguments forts & difficiles à résoudre, mais empruntés de différents philosophes dans plusieurs endroits. Le controversiste s'est servi du ridicule, & l'on sait que ce sont les armes que manie le plus adroitement M. de Voltaire. Cet ouvrage fait encore plus d'honneur à sa mémoire qu'à son jugement.

23 *Septembre* 1764. M. Rochon de Chabannes a donné une suite à sa premiere piece de la *Matinée à la mode*. L'avant-coureur du 17 de ce mois, en rendant compte de la *Soirée*, annonce la *Méridienne* de cet auteur. Il assure qu'on y trouvera sûrement de la bonne gaieté.

Cet auteur s'étant attaché au char de mademoiselle Dangeville, l'actrice bienfaisante l'a présenté à M. le duc de Praslin, a procuré à monsieur Rochon, par l'entremise de ce ministre, une place de 2,000 écus dans le bureau des affaires étrangeres. Il est à craindre que la politique ne refroidisse son génie comique.

25 *Septembre* 1764. On doit se rappeller qu'il a été question d'un manuscrit latin trouvé dans la bibliotheque des jésuites de Bordeaux : on vient de le traduire avec le latin à côté, sous le titre de *griefs de la compagnie de Jesus contre la demande d'un nouveau supérieur pour gouverner les provinces de France.* Il paroîtroit par cet ouvrage que Louis XIV même auroit senti la nécessité de soustraire cet ordre au régime du général, mais qu'il n'auroit pas eu la force d'exiger ce changement, de façon à l'obtenir.

26 *Septembre* 1764. *Annales de la société des soi-disant Jésuites, ou recueil historique & chronologique de tous les Actes, Ecrits, Dénonciations, Avis Doctrinaux, Requêtes, Ordonnances, Mandements, Instructions Pastorales, Décrets, Censures, Bulles, Brefs, Edits, Arrêts, Sentences, Jugements émanés des Tribunaux Ecclésiastiques & Séculiers contre la doctrine, l'enseignement, les entreprises, & les forfaits des soi-disant Jésuites, depuis* 1552, *époque de leur naissance en France, jusqu'en* 1763. Tel est le titre d'un ouvrage in-4°. de plus de 800 pages, non compris une dissertation analytique, historique, théologique & critique, qui précede : elle contient 230 pages sur l'institut, les loix, les vœux, le régime, la doctrine, l'enseignement

& la morale des prêtres se disant de la société de Jesus.

On voit assez que le plan de l'auteur, dans cette immense collection, est de présenter sous le jour le plus défavorable un institut en butte aujourd'hui à tous les traits les plus sanglants de la critique. On a mis à la tête une estampe allégorique, qui remplit cet objet. Cet écrit volumineux n'est que le premier tome de l'ouvrage entier, qui doit en former trois. Celui-ci ne va que jusqu'en 1603.

27 Septembre 1764. M. de Voltaire, suivant son usage, persifle le public & désavoue le *Dictionnaire Philosophique*. Voici une anecdote à ce sujet, que nous tenons du Sr. Cramer, son imprimeur à Geneve, & qui est à Paris.

Il nous a conté qu'il avoit écrit, il y a quelque temps, une lettre à M. de Voltaire, dans laquelle, en lui rendant compte de ce nouveau livre dont on parloit à Paris, fort scandaleux, fort connu, fort couru & très-bien fait au dire des connoisseurs, il ajoutoit qu'on le lui attribuoit, qu'il le prioit en conséquence de vouloir bien lui en envoyer un exemplaire.

M. de Voltaire lui a répondu qu'il avoit, ainsi que lui, oui parler de ce *Dictionnaire Philosophique*; qu'il ne l'avoit pas lu, mais qu'il désiroit, ainsi que M. Cramer, très-ardemment l'avoir en sa possession ; qu'il lui demandoit en grace de lui en procurer la lecture, dès que ce livre tomberoit entre ses mains.

M. Cramer a riposté à M. de Voltaire, qu'il avoit fait voir sa lettre à tout le monde, suivant ses intentions qu'il présumoit, quoiqu'il ne le lui eût pas ordonné ; qu'actuellement que la farce étoit jouée, il le supplioit de nouveau très-inſtamment de lui envoyer un exemplaire de cet ouvrage.

28 *Septembre* 1764. Hier on a célébré aux peres de l'Oratoire un ſervice pour le repos de l'ame de *Rameau*. C'eſt l'opéra qui en a fait les frais ; & comme on vouloit éviter les querelles occaſionées lors de celui fait à St Jean-de-Latran pour feu Crébillon, on a fait les invitations ſur le billet au nom de la veuve, &c. Il y avoit 1,600 billets. Le concours a été nombreux, l'orcheſtre étoit immenſe, & l'on n'a jamais vu d'exécution auſſi complete. On avoit adapté aux circonſtances différents morceaux de *Caſtor & Pollux*, & d'autres opéra de Rameau. Le fond de la meſſe étoit celle de *Gilles* : digne façon de célébrer ce grand homme. C'eſt ainſi qu'autrefois à la mort de Raphaël on expoſa ſur ſa tombe, ſon tableau *de la Transfiguration*.

29 *Septembre* 1764. *Epître d'Alcibiade à Glycere, Bouquetiere d'Athenes, ſuivie d'une Lettre de Vénus à Paris, & d'une Epître à la Maitreſſe que j'aurai*. Le premier morceau eſt piquant par la tournure & par les contraſtes dont il eſt ſuſceptible. On le ſuppoſe écrit du palais d'une reine dont il eſt l'amant. Le caractere d'Alcibiade, un peu françois, eſt très-bien peint dans cette lettre, où l'on ſent qu'il y a beaucoup de lieux communs. Le ſecond ouvrage eſt plein de répétitions, & n'offre que des images retournées. L'*Epître à la Maîtreſſe que j'aurai*, eſt une fantaiſie neuve, remplie de choſes fines & ſpirituelles. C'eſt au gré des
connoiſſeurs

connoisseurs la meilleure piece des trois. Malheureusement le cercle dans lequel se circonscrit l'auteur, est si étroit qu'il revient souvent sur ses pas. Ce recueil est de M. de Pezay, l'ami de M. Dorat, & qui, de concert avec lui, forme ainsi des couronnes poétiques pour toutes les belles.

30 *Septembre* 1764. On vient d'imprimer en Hollande un manuscrit que les curieux s'étoient procuré à grands frais : c'est la *Confession du Curé d'Etrepagny*. Voici l'anecdote. Jean Messier, curé d'Etrepagny & de Buf en Champagne, mort en 1723, âgé de cinquante-cinq ans, laissa trois copies de sa main d'un ouvrage contenant ses sentiments sur la religion. Sur le *verso* d'un papier qui servoit d'enveloppe, étoit écrit : *J'ai vu & connu les abus, les erreurs, les vanités, les folies & les méchancetés des hommes; je les ai haï & détesté : je n'ai osé le dire pendant ma vie; je le dirai au moins en mourant & après ma mort. C'est afin qu'on le sache que j'ai écrit le présent Mémoire, afin qu'il puisse servir de témoignage à la vérité à tous ceux qui le liront.*

Ce curé étoit de fort bonnes mœurs; il ne lisoit que la bible, quelques peres & des philosophes. On croit qu'il s'est laissé mourir de faim, n'ayant rien voulu prendre sur la fin de sa vie.

On a trouvé dans ses papiers en imprimé *le Traité sur l'existence de Dieu & sur ses attributs*, par M. de Fénelon; & *les réflexions du Pere Tournemine, jésuite, sur l'athéisme*; & en marge il y a des notes & des réponses signées de sa main.

Il avoit écrit deux lettres aux curés de son voisinage, pour leur faire part de ses sentiments. Il leur déclare qu'il a consigné au greffe de Sainte-Menehould, justice de sa paroisse, une copie de son écrit, mais qu'il craint qu'on ne le supprime, suivant le mauvais usage établi d'empêcher que les peuples ne soient instruits & ne connoissent la vérité.

Un jour qu'il se trouvoit à Paris, dans une compagnie où l'on parloit du nouveau *Traité de la religion*, fait par l'abbé Houtteville, un jeune libertin ayant voulu plaisanter : *Monsieur*, lui dit le curé d'un ton sévere, *il est fort aisé de tourner la religion en ridicule, mais il faut beaucoup plus d'esprit pour la défendre*.

Il étoit fort ardent pour la justice. Le seigneur de sa paroisse ayant un jour maltraité des paysans, il refusa de prier Dieu pour lui, suivant l'usage. Ce seigneur en ayant porté ses plaintes à M. de Mailly, archevêque de Rheims, celui-ci le réprimanda & l'obligea de le faire. Il le fit, en déclarant à ses paroissiens par quel ordre, & en priant le Seigneur de convertir ces riches au cœur dur (désignant son archevêque & son seigneur), & de leur donner l'humanité dont ils avoient besoin.

1 *Octobre* 1764. On croyoit l'affaire de l'inoculation finie ; mais l'assemblée s'étant assemblée le 11 septembre, a déclaré qu'elle n'étoit point assez instruite pour rendre un décret sur cette matiere ; en conséquence déclare nul celui du 5 ; & il fut arrêté qu'on ne délibéreroit sur cette affaire qu'après la lecture des notes sur les deux mémoires dont on vient de parler.

3 *Octobre* 1764. Dans la gazette littéraire d'aujourd'hui, on voit à l'article d'Angleterre la traduction d'un éloge très-complet de M. de Voltaire, comme historien : il est extrait d'un journal de cette nation, intitulé *Monthly Review*. Il dit, en parlant d'une nouvelle traduction Angloise de l'histoire de Pierre le Grand par ce célebre auteur :

« Il n'y a peut-être jamais eu d'écrivain plus propre à composer l'histoire de son temps que M. de Voltaire. A la portion extraordinaire de génie qu'il a reçu de la nature, il joint une connoissance intime du cœur humain & des mœurs. Le ton brillant, vif & rapide de son style, l'art de développer les passions, l'étude approfondie des principes des gouvernements, rendent ses écrits également utiles & agréables; il sait saisir ces détails de la vie privée, qui, quoique minutieux en apparence, expliquant souvent les princes & les personnes les plus considérables de l'Europe, lui ont fait connoître beaucoup de particularités inconnues au commun des écrivains. Né dans une monarchie, il a su concilier le respect dû au gouvernement de son pays, avec les principes d'une noble liberté, & il s'est toujours montré un ardent défenseur des droits de la nature humaine. Ses liaisons & ses principes ne l'ont rendu esclave d'aucun parti. Il juge des récits des historiens contemporains, avec cette mâle franchise, naturelle à un esprit éclairé & indépendant, & il décide sur les événements plutôt par les probabilités & le concours des circonstances, que par l'autorité d'aucun écrivain,

» quel qu'il soit. Ses écrits historiques sont une
» chartre des privileges de l'humanité, où la
» vérité n'est ni altérée par des assertions parti-
» culieres, ni obscurcie par des préventions d'un
» esprit étroit, ni trahie par un lâche attache-
» ment aux opinions des autres. L'histoire de l'em-
» pire de Russie mérite tous les éloges que nous
» donnons à M. de Voltaire: l'ignorance & la
» présomption des écrivains qui ont prétendu
» nous faire connoître la vie de Pierre le Grand,
» avoient rendu cette histoire aussi nécessaire
» qu'elle est agréable, intéressante & impartiale.

» M. de Voltaire voudra bien accepter cet hom-
» mage des auteurs du *Monthly Review*, comme
» un témoignage de la reconnoissance qu'ils lui
» doivent pour le plaisir que leur a procuré tant
» de fois la lecture de ses écrits. »

Telle est la façon dont s'expriment ces auteurs. Que diront à ces éloges les ennemis de M. de Voltaire? Oseroient-ils le regarder comme concerté, mendié, & peut-être envoyé par ce grand homme? Des hommes libres se prêteroient-ils à une charlatanerie aussi servile?

4 *Octobre* 1764. Nous tenons de la bouche de M. Goldoni que, malgré toutes les démarches que lui & ses amis ont faites pour le faire rencontrer avec M. Diderot, celui-ci a toujours éludé: en vain MM. Marmontel & Damilaville, intimement liés avec ce dernier, ont-ils promis à l'Italien de lever les difficultés, il paroît que tous deux ont échoué dans leur négociation. Il ne sait à quoi attribuer une antipathie aussi forte; il déclare qu'il n'y a que le premier acte du *Fils naturel* qui soit semblable au sien; il re-

garde le *Pere de Famille* comme tout-à-fait opposé à celui qui est dans ses œuvres; enfin, il parle de ce philosophe avec un respect, une estime, des sentiments bien différents de ceux que l'autre a témoignés dans ses repliques aux reproches qu'on lui faisoit d'avoir pillé l'Italien.

Ce grand auteur (Goldoni) travaille à la fois pour trois théatres, celui d'ici, pour le Portugal & pour l'Italie.

Ses *Inimitiés d'Arlequin & de Scapin*, piece en trois actes, font grand bruit par les incidents heureux, plaisants & variés dont elle est pleine.

6 Octobre 1764. M. l'archevêque étant à Conflans depuis quelques jours, à l'occasion d'une humeur fistuleuse dont on le croit atteint au podex, les plaisants ont fait l'épigramme suivante. On s'adresse à Moreau, son chirurgien :

Moreau! quelle est ta gloire & ta vocation!
Le ciel t'a réservé pour cette occasion:
Il anime ton zele & ton patriotisme;
Par toi s'opérera ce grand événement,
Ton bras sappera sourdement
Le fondement du fanatisme.

7 Octobre 1764. Les *Œuvres de madame du Boccage*, en trois gros volumes. A la tête on voit son portrait, avec cette inscription : *forma Venus, acto Minerva*. Il n'est de nouveau dans ce recueil que celui de ses lettres, lors de ses différents voyages en Angleterre, en Hollande & en Italie : les mœurs des peuples qu'elle a vus y sont très-superficiellement dépeintes, & ne présentent rien de neuf, ni du côté histo-

rique, ni du côté philosophique. C'est ce qui s'appelle écrire pour écrire. Du reste, on sait déja à quel rang doit être placée, comme auteur, madame du Boccage : quelques éloges que lui aient prodigué l'adulation nationale & même étrangere, la postérité ne pourra que louer ses efforts, & regretter de n'avoir pas vu les charmes de sa figure.

9 *Octobre* 1764. On a imprimé dans l'Avantcoureur du premier octobre, le rapport des commissaires nommés pour examiner le plan d'éducation proposé par M. Barletti de St. Paul, & que nous avons annoncé.

Ce rapport pulvérise de fond en comble le prétendu systême, & le fait voir tantôt comme peu neuf, tantôt comme insuffisant, souvent comme ignorant, & quelquefois comme absurde.

On finit par reprocher à l'auteur, qui ne veut point qu'on occupe de religion les enfants avant treize ans, qu'il tombe dans le dangereux systême du philosophe Genevois, qu'il ne propose pas même d'autre voie pour donner jusqu'à cet âge des mœurs aux enfants

Les commissaires sont MM. de Marconville, de Guignes, Bonami & de Passe.

11 *Octobre* 1764. On a exécuté aujourd'hui aux carmes du Luxembourg une messe en musique pour le repos de l'ame de M. Rameau. Cet ouvrage, de la minerve de M. Philidor, ne répond point à l'idée qu'on avoit conçue de lui : il n'a point déployé la composition majestueuse & terrible qu'exige le sujet. On a retrouvé l'auteur de l'opéra comique presque par-tout, & l'on a vu avec douleur qu'il ne pouvoit s'élever au sublime. D'ailleurs l'exécution a été des plus mauvaises,

tant par le petit nombre d'acteurs, que par le défaut de goût & d'organe dans la plupart de ceux qui ont chanté.

11 *Octobre* 1764. On a fait hier l'ouverture du college de Louis le Grand. On se doute bien que le concours étoit grand, sur-tout en jansénistes. Quelle gloire pour eux de voir expulsés leurs ennemis d'un lieux où ils avoient lancés tant d'anathêmes contre eux! Les commissaires du parlement, MM. Rolland, Roussel & Laverdy ont mis à cette cérémonie toute la morgue magistrale; ils ont reçu tous les honneurs, c'étoit pour eux un vrai jour de triomphe.

12 *Octobre* 1764. M. Rochon de Chabannes vient de faire un bouquet poétique dans une espece neuve & agréable; il est adressé à Madame ✱✱✱.

Lise, je t'offre un cœur au beau jour de ta fête,
Dont tu vas dédaigner la frivole conquête.
C'est un jeune inconstant, un papillon léger,
Qui d'objets en objets se plaît à voltiger.
    J'aime d'abord une femme fort sage,
    Mais vertueuse avec aménité,
    Qui ne fait pas de cette qualité
    Se targuer trop, ainsi que c'est l'usage.
Comme à voir cependant de ces femmes de bien,
    Un amoureux n'avance rien,
Je vais lorgnant une beauté piquante
    Dont la vivacité m'enchante,
Qui raisonne à ravir, déraisonne encor mieux,
Et déride mon front par maints propos joyeux.
Euterpe au même instant lui ravit la victoire :
Je ne puis résister aux chants les plus flatteurs;

J'entends ſes doigts créateurs
Raiſonner la corde & l'ivoire :
Comme ſa voix ſe marie à leurs ſons !
Quelle douceur, quelle juſteſſe !
Arrête, aimable enchantereſſe ;
Mon cœur ſe trouble à tes chanſons.
Que dis-je ? un autre objet vient le rendre infidele,
C'eſt toi, digne fille d'Appelle :
Que fais-tu ? quel mortel anime ton pinceau ?
Ah ! ſi j'étois l'amant dont ton ame eſt remplie,
Et qu'Amour m'eût caché derriere le tableau,
Que promptement écartant la copie,
Tu verrois, enivré des tranſports les plus doux,
L'original tomber à tes genoux !
Mais non, ne me crois point ; Terpſicore s'avance :
Les Graces & l'Amour accompagnent ſes pas.
La vois-tu qui marche & qui danſe ?
Adieu, bon ſoir, je vole dans ſes bras.
Voilà les trahiſons que je te fais ſans ceſſe,
Et toutefois je ſuis des plus conſtants,
Tous ces objets de ma tendreſſe,
Ce n'eſt que toi ſous des noms différents.

13 Octobre 1764. *Maiſon d'Education.* Ce projet eſt de M. de Baſtide, quoiqu'il ne ſe nomme pas. Il ſe propoſe d'avoir huit éleves à 10,000 liv. de penſion chacun, par an ; ce qui fait un revenu de 80,000 livres de rentes. Il s'engage à les nourrir, chauffer, éclairer, porter, inſtruire dans tous les arts, excepté le manege. Il les menera aux ſpectacles, aux promenades, les fera dîner avec des artiſtes célebres, &c. Enfin c'eſt un projet

fol d'éducation, mais auquel l'auteur ne perdroit sûrement pas. Si l'on doute des talents, de la bonne foi, de la capacité de l'auteur, il se renomme de M. d'Alembert, & renvoie à ce philosophe les incrédules.

14 Octobre 1764. Il court dans le monde une épître familiere de l'auteur de la *Soirée à la mode*, à une jeune femme qui lui a fait présent d'une robe de chambre. Avec des choses heureuses, on y trouve ces vers singuliers :

  Que d'autres dans Paris étalent leurs galons,
 Leur large broderie & leur frisure à l'ambre,
   Et le luxe de leurs talons ;
Dans mon bonnet de nuit, dans ma robe de chambre....

15 *Octobre 1764. Vers à M. le duc d'Aiguillon.*

 Couvert de farine & de gloire,
 De Saint-Cast héros trop fameux,
 Sois plus modeste en ta victoire,
 On peut d'un souffle dangereux
 Te les enlever toutes deux !

16 Octobre 1764. On vient de réimprimer le *Testament Politique du Cardinal de Richelieu*, sous le nom de *Maximes d'Etat*. Il paroît désormais prouvé par les faits que cet ouvrage, malgré les raisons fortes & supérieures de M. de Voltaire, est réellement de ce grand ministre : sa famille a fait des recherches dans le dépôt des affaires étrangeres, dans la Sorbonne, dans des bibliotheques particulieres, & on y trouve les différents manuscrits originaux, dont M. de Vol-

taire ignoroit l'existence. Outre les autres on en a découvert un qui sert de suite au premier chapitre, & qui est corrigé en plusieurs endroits de la propre main du cardinal.

Cette édition est ornée du portrait du cardinal, & précédée d'une préface bien écrite. Le texte est accompagné de notes critiques & historiques. L'ouvrage est terminé par une lettre de M. de Foncemagne, beaucoup plus étendue que celle qui avoit déja paru, & dans laquelle ce savant académicien prouve que ce testament est incontestablement du cardinal.

18 *Octobre* 1764. M. Robé de Beauvezais, si connu par ses ouvrages libertins & par son fameux poëme *sur le Mal de Naples*, vient de tremper sa plume dans une autre encre. Depuis quelque temps, sans être dévot, il s'est jeté dans le parti des convulsionnaires, dont il est l'apôtre le plus zélé. Il pousse la fureur au point de faire un poëme en faveur de la religion en six chants. Il paroît avoir suivi à peu près le plan de M. Racine; il se distinguera sans doute par une maniere différente; mais ce qui rendra cet ouvrage original, c'est une apologie des convulsions, par où le poëte termine son poëme, & pour laquelle tout le reste semble avoir été préparé.

19 *Octobre* 1764. M. de la Condamine ne cesse de militer en faveur de l'inoculation: de temps en temps il ranime le courage des combattants par des lettres calculées sur cette matiere. Il en paroît deux nouvelles de cet illustre défenseur: son grand argument est que plus de 30,000 personnes en France sont tous les ans victimes de la petite vérole naturelle, & qu'elle en mutile, estropie ou défigure un plus grand nombre. Au

contraire, cent personnes au plus succomberoient à la nouvelle pratique, en supposant un accident sur 300. Il ne doute point que ce raisonnement ne fasse une grande impression. Ces deux lettres doivent incessamment être suivies de deux autres du même auteur, où il rend compte des ouvrages qui ont paru pour & contre l'inoculation.

20 *Octobre* 1764. M. Dorat vient de célébrer, dans une épître agréable & légère, l'auteur des Graces & autres petites comédies naïves, qu'on vient de remettre au théatre : le peintre est digne du modele, & ces deux auteurs sont bien faits pour s'amalgamer ensemble. On remarque toujours dans l'auteur des vers la même facilité, le même agrément, la même tournure ; c'est une muse inépuisable, qui répand sans cesse sur ses traces les fleurs avec profusion.

21 *Octobre* 1764. Le Sr. Freron, dans une de ses feuilles, après avoir fait une analyse très-étendue de la piece de M. de Chamfort, qui a remporté le prix de l'académie Françoise, & de l'*Epître à un Commençant* par M. le Prieur, qui a eu un accessit, ne balance pas à donner un soufflet à l'académie, & à mettre cette derniere épître fort au-dessus de l'autre.

22 *Octobre* 1764. Le poëte Roy, chevalier de Saint Michel, très-connu par ses poëmes lyriques, par le mordant de son génie, & la causticité de son caractere, est mort de consomption. Depuis plusieurs années il s'étoit entièrement retiré du monde, & menoit un genre de vie tout opposé à celui dans lequel il avoit vécu : ce qui l'avoit fait passer pour mort. Il ne faisoit plus que végéter, il avoit 81 ans : il

laisse une fortune considérable, & un fils capitaine d'infanterie.

14 Octobre 1764. La faculté de médecine a tenu plusieurs séances pour entendre la lecture du mémoire de M. de l'Epine contre l'inoculation. Il a été arrêté aujourd'hui qu'il seroit imprimé pour être distribué aux docteurs, & que M. Petit, qui a écrit en faveur de l'inoculation, auroit toute liberté d'y répondre.

24 Octobre 1764. Le Clerc, musicien célebre & très-connu par ses sonates, ainsi que son talent pour le violon, a été assassiné il y a trois jours, à dix heures du soir en rentrant chez lui.

25 Octobre 1764. M. d'Alembert a fait insérer dans plusieurs papiers publics, & notamment dans le Journal Etranger, une note, où il avertit que s'il a consenti à être nommé dans le prospectus intitulé *Maison d'Education*, c'est uniquement comme connoissant M. de Bastide qui en est l'auteur; mais que d'ailleurs il n'a jamais prétendu se rendre responsable du projet dont il s'agit: il déclare que c'est à M. de Bastide seul qu'il faut s'adresser pour s'instruire de ce qui concerne ce projet.

26 Octobre 1764. Il vient de s'ouvrir une souscription chez M. Brouwk, pour faire avec toute la pompe possible un nouveau service pour M. Rameau, & pour lui élever une statue de marbre qui sera confiée aux soins de M. Pigale. M. de Chabanon, aussi connu par son goût pour la musique, & par ses connoissances théoriques & pratiques en ce genre, s'est chargé de faire l'éloge du grand homme dont il est question.

26 Octobre. *Lettre d'un Mendiant au Public.* Cette plaisanterie est de M. de Nogaret; elle

roule sur l'expulsion qui vient d'être faite de ces misérables.

27 *Octobre* 1764. On a donné aujourd'hui sur le théâtre de Fontainebleau, devant le roi, la premiere représentation du *Dormeur éveillé*, comédie en deux actes, mêlée d'ariettes, dont la musique est de M. de la Borde. Ce dernier lyrique n'a point eu de succès à la cour. On ne peut refuser à l'auteur du génie pour ce genre de composition; il en montre en plusieurs endroits, en général, beaucoup de réminiscences, & une profusion d'harmonie trop peu ménagée.

27 *Octobre*. M. de Voltaire ne s'est point borné à écrire à ses amis en particulier, à ses connoissances, à ses protecteurs mêmes, pour tâcher de leur persuader qu'il n'avoit aucune part au dictionnaire philosophique; il a encore écrit à l'académie Françoise (& l'on a fait hier lecture de sa lettre au comité) pour désavouer cet ouvrage que ses ennemis, suivant lui, cherchent à lui attribuer. On ne peut assez s'étonner de la confiance de ce célebre écrivain, à croire qu'il fera prendre le change sur sa parole, comme si chaque ligne de cette œuvre philosophique, ne portoit pas le caractere de son styfte & de son esprit.

28 *Octobre* 1764. Michel-Ange Slodtz, un de nos plus célebres sculpteurs, est mort avant-hier.

29 *Octobre* 1764. Hier on a donné pour la seconde fois, sur le boulevard & au même lieu que l'on a indiqué près la porte St. Martin, un spectacle pyrrique. Pour rassurer le public sur la terreur qu'on avoit cherché à lui inspirer, & prévenir tout accident fâcheux, l'entrepreneur a non-seulement reculé de beaucoup son artifice,

mais encore y a ajouté dans toute la longueur un grillage de fil de fer qui laisse jouir sans inquiétude de tout l'agrément des feux. L'exécution en a été prompte, rapide, bien servie : à la fin a subsisté une décoration en arc de triomphe transparent ; un rideau éclairé par le même feu représentoit le palais de Pluton.

Il y avoit dix quatrains distribués dans dix cartouches, soutenus par des Amours, & entremêlés de dix vases antiques sur l'architecture des côtés. Ces quatrains sont pour la plupart des vers galants en l'honneur du public.

On en a goûté deux entr'autres, auxquels les circonstances ont donné lieu :

> L'envie en vain sur mon ouvrage
> A tenté de porter ses coups ;
> Rassuré par votre suffrage
> Je braverai tous les jaloux.

> Les vents, les frimas, les orages,
> Eteindront ces feux pour un temps ;
> Mais, ainsi que les fleurs, avec plus d'avantage,
> Ils renaîtront dans le printemps.

1 *Novembre* 1764. On parle beaucoup de la tragédie de M. Dubelloy (*le Siege de Calais*), mais son exécution demande des acteurs d'une espece toute particuliere. Mlle. Clairon, qui protege la piece, en a fait débuter un dont le nom seul & la qualité ont attiré tout Paris : c'est un avocat, transfuge du barreau, qui a voulu déployer ses talents au théâtre, & chausser le cothurne. La Melpomene Françoise, enchantée de cet enléve-

ment, a fait tout ce qu'elle a pu pour étayer son début : il paroît que sa cabale n'y pourra suffire.

2 *Novembre* 1764. Les comédiens Italiens ont donné sur leur théatre un ballet, qui a pour titre *Ulysse dans l'isle de Circé*, de la composition de M. *Pitre*. Ce ballet très-bien dessiné, mais peut-être un peu trop long, attire tout Paris : on y trouve à la vérité une grande imagination & beaucoup de nouveauté. L'Opéra en conçoit de la jalousie, & ne veut pas que ce théatre inférieur jouisse de ces spectacles à grandes machines.

3 *Novembre* 1764. On peut se rappeller les instances de l'impératrice de Russie pour engager M. d'Alembert à passer en Russie, & le refus dans lequel il a persisté. Elle vient de lui envoyer une médaille d'or avec une lettre très-obligeante. Cette médaille porte d'un côté le portrait de cette souveraine, & de l'autre le palais qu'elle vient de faire construire pour y recevoir les enfants trouvés.

3 *Novembre.* On vient d'imprimer plusieurs lettres de J. J. Rousseau, ci-devant citoyen de Geneve. Ce petit recueil n'est remarquable aujourd'hui que par la premiere sans date adressée à M. de Voltaire. Elle répond à l'envoi qui lui avoit été fait des poëmes sur *la Religion Naturelle* & sur *le Désastre de Lisbonne*. Ce qui fait croire que cette épître est ancienne : elle contient plus des deux tiers de la brochure (39 pages) qui est de 56 pages in 12. Les autres sont connues. Rousseau, en applaudissant à l'art séducteur avec lequel M. de Voltaire sait présenter ses opinions, prétend qu'il n'est rien moins que d'accord sur la solidité de ses preuves, les réfute avec cette

énergie qui n'appartient qu'à lui : mais en combattant les divers syftêmes hafardés par M. de Voltaire, il tombe lui-même dans des écarts qui ne permettent pas pas au gouvernement d'en tolérer la publicité.

3 *Novembre* 1764. *Socrate, tragédie en cinq actes & en vers.* Elle eft dédiée à madame la comteffe d'Huenbecque. Cette épître n'eft point un ennuyeux panégyrique de l'héroïne ; c'eft une differtation fort bien faite fur l'art dramatique. Elle eft d'un homme qui a de l'efprit, des connoiffances, du difcernement. La tragédie eft d'un poëte des plus médiocres ; il a cependant des hardieffes qui n'appartiennent qu'à ce génie. L'auteur, pour foutenir ces cinq actes, a été forcé d'avoir recours à un amour, encore plus froid que fon héros.

4 *Novembre* 1764. Les amateurs de l'antique fe plaignoient depuis long-temps du rajeuniffement de *Tancrede* : ils prétendent qu'on auroit auffi bien fait de lui conferver fa vieilleffe refpectable, que d'y femer de côté & d'autre des airs, des chœurs, des ariettes, qui ne font pas abfolument analogues au genre majeftueux de ce temps-là. Les directeurs de l'académie, pour fe prêter aux defirs du public, fe difpofent à en fubftituer d'autres : ils ont choifi la *Magie de Pyrrhus*, opéra de feu Royer, pour remplacer celle du quatrieme acte qui n'a pas réuffi.

5 *Novembre* 1764. M. de Voltaire ne fe tient point battu ; & à l'occafion de la nouvelle édition du *Teftament du cardinal de Richelieu*, où l'on établit inconteftablement qu'il eft de ce grand miniftre, il vient de faire paroître une brochure, fous le titre de *Doutes nouveaux*, &c.

Il paroît que cet ouvrage avoit été fait anciennement pour répondre à M. de Foncemagne. Monsieur de Voltaire le tire aujourd'hui de son porte-feuille, & y a ajouté tout ce qui pouvoit le rendre intéressant pour le moment. On ne sauroit trop applaudir aux politesses & aux égards avec lesquels M. de Voltaire réplique à M. de Foncemagne.

6 Novembre 1764. Les comédiens François ont mis au théâtre *l'Homme singulier*, comédie en cinq actes & en vers, de feu M. Nericault Destouches, de l'académie Françoise : cette piece n'avoit point encore été représentée. On y a fait quelques corrections & quelques retranchements nécessaires pour la faire jouer : elle étoit imprimée depuis quelques années dans les dernieres éditions de M. Destouches. On y trouve des beautés & des traits dignes du célebre auteur du *Glorieux* & du *Philosophe marié*. En général, cette comédie ne fait pas fortune.

7 Novembre 1764. Les trois nouvelles lettres de M. de la Condamine sur l'inoculation, roulent 1°. sur ce que l'on doit attendre de l'arrêt définitif du parlement : 2°. notice des ouvrages qui ont paru depuis un an pour ou contre l'inoculation : 3°. sur les trois dernieres assemblées de la faculté de médecine. Le grand argument de l'auteur est, *Natura Decimus perit, hac Millesimus Arte*. Son zele ne se dément en aucun de ses écrits : il prétend que les contradicteurs passeront, & que l'inoculation restera.

8 Novembre 1764. Un de ces forcenés dont le génie satirique ne peut rester circonscrit dans les bornes de l'honnêteté, vient de faire une sortie affreuse contre les fermiers-généraux, dans un poëme qu'il appelle les *Antropophages*. Rien de si misérable que cette déclamation : c'est un tissu d'injures & d'invectives mal cousues, dans des vers assez plats. Pour leur intelligence on y a substitué des notes qui rappellent à peu près tous les griefs énoncés dans *l'Anti-Financier*. Ce libelle pitoyable attire la sévérité de la police, & en reçoit tout son lustre. Il y a eu des libraires de Rouen envoyés à la Bastille, des colporteurs arrêtés, &c.

9 *Novembre* 1764. M. le comte d'Argenson avoit rassemblé beaucoup de manuscrits très-curieux de tout genre & de toute espece; il avoit été à même par ses emplois de se procurer les plus rares : de ce nombre sont deux volumes de *lettres originales de Henri IV*. Il les a légués à M. le président Henault, si connu par son *abrégé de l'Histoire de France*; & M. le marquis de Voyer les lui a remis aujourd'hui.

9 *Novembre*. Par des lettres de Lisbonne on apprend qu'on a trouvé en creusant dans un vieux bâtiment brûlé dans le dernier incendie, une urne contenant trois cents médailles d'or de l'empereur *Titus*. L'inscription qu'elles portent, semble indiquer qu'elles ont été frappées après l'expédition de cet empereur contre les Juifs : *Tito Vespasiani filio, Judais subactis*.

10 *Novembre* 1764. On écrit de Parme, que le célebre Thronchin, après avoir inoculé heureusement l'infant *Ferdinand*, a reçu du prince, son pere, les honneurs les plus flatteurs; que la communauté de la ville de Parme, d'abord alarmée de cette méthode nouvelle, ayant eu part de son heureux succès, a écrit une lettre au ministre de son altesse royale, en remercie-

ment & en témoignage de reconnoissance : en conséquence, elle supplie son altesse royale de permettre d'expédier à M. Tronchin un diplôme, par lequel il seroit admis au rang de citoyen avec les cérémonies accoutumées, & d'ériger en son honneur, dans l'hôtel-de-ville, une inscription en marbre, pour perpétuer la mémoire de ce grand événement; enfin de faire frapper une médaille, sur laquelle sera représentée d'un côté la tête de ce savant médecin, & de l'autre un revers allégorique avec une devise analogue. Ce revers doit être composé sur une comparaison ingénieuse, tirée des mémoires de M. de la Condamine sur l'inoculation. D'après cette comparaison il représentera un fleuve rapide, que s'efforceront de traverser plusieurs nageurs entraînés par le torrent, tandis qu'un homme sur le rivage montre à un autre homme une petite barque, dans laquelle il pourra gagner en sûreté l'autre bord. On lira pour devise ces mots d'Ovide : *Tutissimus ibis*. L'infant a approuvé cette proposition.

11 *Novembre* 1764. M. de Voltaire, malgré la haute opinion qu'il affiche des profondes connoissances de M. de Foncemagne, est si peu disposé à se rendre aux preuves qu'il allegue en faveur du testament du cardinal de Richelieu, qu'il écrivoit dernièrement à un de ses amis qu'il étoit à ce sujet comme les hérésiarques, qui s'enracinent dans leurs erreurs à mesure qu'ils vieillissent.

12 *Novembre* 1764. Il paroît sourdement une brochure sous trois titres consécutifs : 1°. *Collection complete des Œuvres de M. de Voltaire*: 2°. *Ouvrages Philosophiques pour servir de preuves*

à la religion de l'auteur : 3°. *l'Evangile de la raison*, ouvrage posthume de M. de M....... Viennent ensuite cinq pieces : 1°. *Saül & David*, tragédie ; on a déja parlé de cet ouvrage de M. de Voltaire : 2°. *Testament de Jean Meslier*; on a également fait mention de ce manuscrit très-précieux de la part d'un prêtre de bonnes mœurs & fort instruit : 3°. *Catéchisme de l'honnête homme* ; c'est un extrait du livre de J. J. Rousseau sur l'éducation : 4°. *Sermons des Cinquante*; cette dissertation, qu'on a attribuée d'abord à M. du Marsais, le grammairien, ensuite au médecin la Metrie, se donne ici comme sortie des mains d'un prince très-instruit : 5°. *Examen de la religion dont on cherche l'éclaircissement de bonne foi* ; celui-ci est assez généralement réputé de M. de St. Evremont. On ne peut regarder que comme très-redoutable un recueil d'autorités & de raisonnements aussi forts contre la religion.

13 *Novembre* 1764. L'académie royale des inscriptions a fait aujourd'hui sa rentrée publique d'après la St. Martin. M. le Beau, secretaire de l'académie, a annoncé que le sujet proposé l'année derniere pour le prix fondé, étoit *d'examiner ce qui concerne les prêtres Egyptiens, leurs fonctions & ce qui les distinguoit des autres citoyens*. Il a été remporté par M. *Schmidt*, conseiller intime du margrave de Bade-Dourlach. C'est le neuvieme qui lui est adjugé. M. le Beau a lu ensuite *l'éloge de M. le comte d'Argenson*, ancien secretaire d'état de la guerre & ministre. Cet éloge a été fort applaudi.

M. le Beau, son frere, a lu une dissertation sur *l'âne d'or d'Apulée*, & particuliérement sur les cérémonies des initiations; il y suit son projet de tirer des anciens Romains des connoissances sur les usages de l'antiquité.

A suivi un mémoire de M. Bonami sur les *titres d'honneur donnés à nos rois, & singuliérement sur celui de Sa Majesté*, qui signifie la suprême grandeur, & qui ne se donnoit autrefois qu'à la Divinité. Cette qualification est devenue la qualité distinctive des rois depuis le traité de Munster.

Le troisieme mémoire étoit de M. Danville, sur *l'étendue de Constantinople*, comparée à celle de Paris, où cet habile géographe fait voir que la premiere de ces deux villes doit le céder à l'autre en grandeur, malgré l'opinion contraire établie sur de fausses échelles, des plans de décombres & autres.

14 *Novembre* 1764. La séance publique de l'académie royale des sciences a commencé aujourd'hui par la lecture de *l'éloge de M. le comte d'Argenson*, qu'a fait & prononcé M. de Fouchy, secretaire de l'académie.

On a lu ensuite un mémoire de M. l'abbé de Chappe, sur les *ressources de prendre les longitudes en mer*, d'après les recherches & les découvertes de feu M. l'abbé de la Caille, où il a été fait mention de tout ce que l'Angleterre & la France ont entrepris en dernier lieu sur cette importante matiere pour la marine.

M. Morand a lu le second, sur *l'histoire physique & anatomique des nains*.

Ce mémoire contient deux parties, dont l'une est toute entiere de M. le comte de Tressan, & l'autre consiste en des réflexions de M. Morand sur cette premiere partie; M. de Tressan ayant envoyé à l'académie une description exacte de la personne du nain si connu du roi de Pologne Stanislas, nommé *Bébé*; la relation de sa naissance, de sa vie, de ses mœurs & de sa mort, le tout accompagné de la statue ou plutôt de la moulure en cire de sa personne habillée de ses habits, & coëffée de son bonnet & de ses propres cheveux.

C'est à cette occasion que M. Morand a donné ses réflexions, tant historiques qu'anatomiques, sur les nains en général, qu'il subdivise en deux especes; savoir, ceux qui le sont primitivement en venant au monde, par la conformation de leurs parties; & ceux qui, étant nés tels que le commun, ne deviennent nains que par des maladies & des accidents arrivés dans leur enfance.

Ce qu'il a remarqué à ce sujet & prouvé par l'expérience, c'est que les nains de la premiere espece vivent peu, & à peu près en raison de leur stature, vingt, vingt-cinq ou trente ans tout au plus; & que les autres, toujours les plus difformes, vivent presqu'autant que les hommes ordinaires.

L'assemblée a fini par le troisieme mémoire de M. de Parcieux sur *les inondations de la Seine à Paris* (matiere des plus importantes pour cette capitale) sur les désordres qu'elles y ont causés, & sur les mesures qu'il y auroit à prendre pour les prévenir ou pour en diminuer les suites funestes.

15 *Novembre* 1764. *Discours qui a remporté le prix d'éloquence* de l'académie de Besançon en 1764, par M. Cosson. On prouve, dans ce discours éloquent, que les progrès des modernes ne doivent pas dispenser de l'étude des anciens.

On y propose avec raison ce précepte d'Horace : *Exemplaria Græca nocturna versate manu versate diurna*. M. Coffon est un jeune orateur qui donne les plus grandes espérances ; c'est un enthousiaste éclairé d'Homere, qu'il venge dignement des sarcasmes de Perrault & de la Motte. Son ouvrage est rempli de traits vigoureux, qui annoncent la trempé mâle de son goût & une profonde littérature.

15 *Novembre* 1764. Le sieur Palissot vient de rendre publique une méchanceté contre Poinsinet, intitulée *la gageure de Poinsinet*. C'est une fiction adroite, par laquelle il dévoile tous les larcins de l'auteur ; il fait voir que son drame n'est qu'un ouvrage de marqueterie, dont les différentes pieces ont été prises dans plusieurs auteurs comiques cités ; en sorte qu'il ne reste rien à ce petit homme, pas même le titre qu'il dit avoir été pris chez lui Palissot

19 *Novembre* 1763. Le Gazetier Ecclésiastique, dans sa feuille du 12 novembre 1764, fait mention, à l'article de Paris, d'un *Almanach chinois, ou coup d'œil curieux sur la religion, les sciences, les arts, les usages & les mœurs des peuples de la Chine*. Il s'exprime avec son amertume ordinaire sur cet ouvrage peu connu en France, & dont la notice lui est arrivée d'Italie. Il le regarde comme un livre émané du sein jésuitique, pour faire leur apologie, & attaquer indirectement la religion & ses vrais défenseurs. Il finit par déclarer qu'il est l'abbé de la Porte, prêtre ex-jésuite, & il ajoute l'énoncé qui suit : » le sieur Joseph de la Porte, prêtre, est connu » par diverses compositions indigestes & un nom- » bre d'écrits satiriques & autres ; tous sont mar-

» qués au coin de la frivolité : ce qui souvent
» n'est pas encore leur plus grand défaut. Sorti
» de la société des ci-devant jésuites, le Sr. Freron,
» son ancien confrere, l'accueillit & se l'associa
» dans la composition de ses feuilles périodi-
» ques.... Nous ignorons si cette association
» fut long-temps paisible : des intérêts tempo-
» rels & des reproches mutuels, qu'ils méritent
» probablement l'un & l'autre, la rompirent enfin.
» L'abbé de la Porte se croyant sans doute en
» état de marcher sur les pas du sieur Freron,
» entreprit son *Observateur littéraire*, dont le
» but est le même que de l'*Année littéraire*,
» de rendre compte des romans, comédies,
» historiettes & autres productions à peu près
» du même genre, & de censurer les ouvrages
» les plus utiles, ou du moins d'en juger suivant
» ses préventions, & sans jamais s'éloigner des
» sentiments de la société, qu'ils n'ont quittée
» l'un & l'autre qu'extérieurement.

19 *Novembre* 1764. Il paroît très-clandestine-
ment une *Lettre d'un Chevalier de Malte à
M. l'Evêque de* ✶✶✶. L'auteur, sous prétexte de
faire part du bref du pape, du 4 avril dernier à
M. de Grenoble, où le St. Pere trace le tableau
touchant de la destruction des ci-devant soi-disant
jésuites, des maux qui désolent l'église de France,
& invite, exhorte, encourage les premiers pasteurs, à s'unir entr'eux & avec le St. Siege
pour combattre les ennemis du Seigneur, traite
avec la plus grande chaleur la cause de la société
de Jesus, met sous les yeux du prélat anonyme
la conduite de feu M. de Soissons, de MM.
de Lyon, d'Angers, d'Alais & de leurs semblables, qu'il qualifie d'évêques pour le mensonge,

&

& gémit sur Israël de ne voir que les 14 prélats pour la vérité; MM. de Paris, d'Auch, du Puy, d'Usez, de Lodeve, de St. Pons, d'Amiens, de Langres, de Lavaur, de Pamiers, de Castres, de Grenoble, d'Aix & de Vannes: se plaint de la timidité de ceux qui se sont bornés à écrire au roi & à ses ministres contre les entreprises des parlements; que leurs lettres qu'ils n'ont osé publier, n'instruisent pas les peuples de leur juste réclamation, &c. Il n'est pas possible de rendre par extrait la chaleur du zele qui anime l'auteur; il suffira de dire que la brochure contient 62 pages d'impression, très-petit caractere, non compris le bref du pape: & qu'elles sont employées avec cet enthousiasme de parti d'un homme qui croit voir la cause de Dieu dans celle qu'il défend. C'est l'écrit le plus fougueux & le plus fanatique qui ait encore paru; il respire la vengeance par les voies les plus odieuses & les plus criminelles.

On attribue cette lettre au pere Patouillet, jésuite.

20 *Novembre* 1764. M. Dorat, toujours inépuisable en productions tendres & galantes, vient de régaler le public d'une nouvelle Héroïde; c'est une *Lettre du comte de Cominges à sa mere*. Elle est composée d'après les mémoires du comte de Cominges, que M. Dorat attribue faussement à madame la comtesse de Murat; ils sont de madame de Tencin, auteur du *Siege de Calais*.

Le comte de Cominges est supposé à la Trappe, où il s'est retiré par un désespoir amoureux. Sa maîtresse s'y trouve aussi; elle meurt & se déclare en ce moment. C'est quelque temps après cet événement que le comte est supposé écrire à sa mere.

A la suite de cette lettre est celle de *Philomele à Progné*; elle avoit déja paru avec succès : mais quel foible mérite !

21 *Novembre* 1764. Les noms de Jean-Jacques Rousseau & de Diderot sont si connus dans le monde qu'il n'est pas besoin de rappeller leur célébrité : il vient de se passer un fait trop singulier pour ne le pas rapporter. Les rebelles de Corse leur ont député pour les engager à leur dresser un code qui puisse fixer leur gouvernement, ayant en horreur tout ce qui leur est venu de la part des Genois. Jean-Jacques leur a répondu que l'ouvrage étoit au dessus de ses forces, mais non pas de son zele, & qu'il y travailleroit. Quant à Diderot, il s'en est défendu sur son impuissance à répondre à cette invitation, n'ayant point assez étudié ces matieres pour pouvoir les traiter relativement aux mœurs du pays, à l'esprit des habitants & au climat, qui doivent entrer pour beaucoup dans l'esprit de législation propre à la confection d'un code de loix.

Il ne paroît pas étonnant que les Corses se soient adressés à Rousseau, auteur du *Contrat Social*, où dans une note très-avantageuse il prédit la grandeur inévitable de cette république : mais à l'égard de Diderot, on ne voit pas en quoi il a pu mériter une distinction aussi flatteuse.

22 *Novembre* 1764. La littérature angloise vient de faire une perte considérable par la mort de M. Charles Churchill, que ses satires ont rendu célebre. Il avoit passé de Londres à Boulogne pour voir son ami monsieur Wilkes, devenu par

ses satires en prose encore plus célèbre que lui. Il y est mort d'une fievre militaire. Il a chargé par son testament M. Wilkes de recueillir & de publier ses ouvrages, avec des remarques & des explications. Personne n'est plus propre à bien exécuter cette commission. M. Wilkes & M. Churchill pensoient & sentoient de même. Il est dommage que les satires de M. Churchill soient trop personnelles, & que le fond tienne à des querelles de parti & à des circonstances momentanées, dont l'intérêt varie & se perd bientôt.

23 *Novembre* 1764. M. de la Harpe, auteur de *Warwick* & de *Timoléon*, quoique très-jeune, vient de se marier; il a épousé la fille du café où il avoit un logement. C'est une jeune personne très-jolie, très-honnête, très-modeste, & qui étoit grosse de plusieurs mois de ce poëte fécond. Il paroît que les muses ont fait les frais les plus considérables de cet hymen, les deux conjoints n'ont rien du tout.

24 *Novembre* 1764. M. d'Arnaud a mis en drame *l'histoire du comte de Cominges*, que monsieur Dorat n'a présentée qu'en récit. Cette tragédie est en trois actes & dans le genre le plus singulier, puisque la scene est à la Trappe: elle est en vers. On sent qu'un pareil sujet doit nécessairement être très-intéressant; mais l'auteur en a-t-il tiré tout le parti possible? Son pinceau mou & peu pittoresque, est-il propre à rendre tout le terrible d'un pareil drame? On y pouvoit réunir à la fois la simplicité des Grecs, le sombre des Anglois & le tendre de notre théatre. On doute qu'on trouve dans le *Comte de Cominges* toutes

ces qualités réunies, au point dont il étoit susceptible.

25 Novembre 1764. Le *Journal des Dames*, après avoir passé par quantité de mains différentes avec aussi peu de succès, vient de tomber entre les mains de MM. de Sauvigny & de Semperavi.

25 Novembre. Balechou, célebre graveur, vient de mourir à Avignon. Il s'étoit d'abord fait connoître par des portraits; il s'est immortalisé par ses magnifiques planches de marine de M. Vernet. La mort de l'auteur va rendre ces morceaux encore plus curieux.

26 Novembre 1764. *Lettres à M. le duc de Choiseul, ministre & secretaire d'état en France, par M. Treyssan de Vergy, avocat au parlement de Bordeaux*. in-4°. A Liege, 1764. Tel est le titre d'un écrit publié depuis peu de semaines à Londres, en faveur de M. d'Eon. C'est un tissu abominable de complots atroces dont on accuse MM. le duc de Praslin, le comte de Guerchy, & le comte d'Argental. Ce Vergy déclare que sa querelle avec M. d'Eon est la suite de ses conversations, à Paris, avec ces trois messieurs; qu'on l'a engagé à jouer ce rôle infame, sous l'espoir de remplacer cet ex-ministre plénipotentiaire; qu'il a eu la foiblesse de se laisser séduire, mais qu'il doit un témoignage authentique à la vérité. Les événements justifieront ou détruiront ces horribles accusations.

Dans une note, M. de Vergy nous apprend qu'il est auteur d'une brochure imprimée en 1762 en deux volumes, intitulée *les Usages*, & qu'elle souleva contre lui les trois quarts des sots & des femmes galantes de Paris.

27 Novembre 1764. M. le marquis d'Argens

vient de nous faire connoître un philosophe Grec païen, par une traduction fort exacte & enrichie de notes & de discussions. Cet auteur est *Ocellus Lucanus*. Ce livre très-rare, que l'auteur prétend pouvoir servir de suite à la *Philosophie du bon sens*, n'a point été composé sans dessein. Il fait corps à merveille avec cette foule de productions en tout genre, qu'on élève aujourd'hui contre la religion. Il paroît que le germe de la plupart des systêmes enfantés de nos jours sur cette matiere, est dans ce philosophe ancien. M. d'Argens, pour égayer la matiere, à l'exemple de Bayle, se repose avec complaisance sur quantité de détails obscurs, & cherche à réjouir son lecteur licencieux. Le texte est d'environ 40 pages ; & l'interprete, par sa prolixe érudition, en a fait un volume de plus de 300 pages d'un caractere très-fin.

28 *Novembre* 1764. De Londres le 22 novembre 1764: on vient de publier ici un ouvrage en 6 volumes in-12, sous le titre de *l'Espion Chinois, ou l'Envoyé secret de la cour de Pékin pour examiner l'état présent de l'Europe*. Le sentiment de l'auteur du *London Chronicle* sur ce livre fait croire qu'il est de monsieur d'Eon. Voici comme il s'exprime : « Ce ne peut être que la production d'un esprit satirique, turbulent, irréligieux, inconsidéré. Nous croyons y reconnoître la plume amere d'un certain chevalier, dont la querelle avec un ministre étranger a fait un si grand bruit dans l'Europe & particuliérement dans cette ville. Cet ouvrage embrasse plusieurs sujets relatifs au gouvernement, à la religion, à la morale, à la politique, aux vertus, aux vices, aux folies, aux

» extravagances de plusieurs nations, accompa-
» gnés de prétendues anecdotes très-peu connues
» jusqu'à présent, & de caracteres des rois,
» princes & ministres, que le lecteur sage &
» judicieux ne sauroit parcourir sans ennui. »

Nous ne pouvons encore prononcer sur cet ouvrage que nous n'avons pas lu ; nous nous contenterons d'observer qu'un pareil livre peut tout au plus exciter l'indignation : la satire doit être bien plate pour ennuyer.

19 *Novembre* 1764. *Lettres Russiennes.* L'auteur y combat le système de M. de Montesquieu sur le *Despotisme* : il prétend faire l'apologie de cette sorte de gouvernement. Le nom seul est trop révoltant pour que cet écrivain ne s'aliene pas les suffrages par un pareil début. Il établit ensuite que la Russie n'est point un état despotique, sur-tout dans le sens que l'entend le président. On ne peut refuser beaucoup d'érudition à l'auteur & une grande connoissance du droit public.

1 *Décembre* 1764. M. de Chabanon a publié depuis quelques jours son *Eloge historique de monsieur Rameau* : c'est une véritable amplification de college, & tout le monde s'accorde à regarder cette production comme l'ouvrage d'un écolier : il a pour épigraphe *eris mihi magnus Apollo*.

2 *Décembre* 1764. On doit se rappeler l'*Instruction Pastorale de M. l'évêque d'Alais, au sujet des Assertions*, dans laquelle il combat avec netteté, précision & évidence, l'erreur pernicieuse sur le principe des actions chrétiennes, & le rapport des actions à Dieu. Cette instruction, à laquelle a adhéré M. l'évêque de Soissons quelques jours avant sa mort, n'a pas été vue

du même œil par M. l'archevêque d'Aix. Ce prélat a adressé plusieurs lettres à M. d'Alais, dans lesquelles il attaque cette instruction, & les a rendu publiques par l'impression. Son adversaire y a répondu par la même voie. On ne peut assez s'étonner de voir des princes de l'église aussi peu d'accord entr'eux dans des points sur lesquels ils doivent fixer la foi des infideles.

4 *Décembre* 1764. Les directeurs de l'opéra ont remis aujourd'hui au théatre *Armide*, malgré le défaut d'acteurs; il y a espérance que ce drame leur rendra de l'argent. Mlle. Dubois joue *Armide*, & le Gros *Renaud*. L'une n'a pas assez d'étendue de voix, pour son rôle, & ses yeux de travers lui alienent le public; l'autre, malgré son bel organe, joue mal & avec une froideur révoltante. On se sauve par de beaux divertissements, & des morceaux de musique qui enlevent. Le quatrieme acte sur-tout réunit les suffrages des amateurs.

6 *Décembre* 1764. Les efforts en faveur de l'inoculation redoublent de toutes parts. Les écrits se multiplient: on voit entr'autres une *Lettre du docteur Maty*, médecin Anglois, à messieurs du Journal étranger, datée de Calais le 26 octobre, & insérée dans le supplément de la gazette littéraire. Ce docteur vient à l'appui du docteur Gaty, qui vient de publier des *Réfléxions sur les préjugés qui s'opposent aux progrès & à la perfection de l'inoculation*. Il y apporte de nouveaux arguments très-forts, & il réfute l'assertion avancée par quelques anti-inoculateurs, que cette méthode avoit été abandonnée à Londres en 1730. Il en fait la chronologie historique, & il prétend

prouver que malgré les contradictions des ignorants, l'inoculation avoit toujours été pratiquée à Londres.

7 *Décembre* 1764. M. *Dutens*, chargé des affaires de S. M. Britannique auprès du roi de Sardaigne, vient de faire imprimer un *Prospectus* sur le dessein qu'il a de donner une édition complete des Œuvres de Leibnitz. Plusieurs savants avoient déja tenté la même entreprise. M. Dutens, par ses vastes connoissances, est à même d'exécuter plus heureusement cette immense entreprise; il se propose de faire cette édition sans le secours de la souscription. On ne sauroit assez applaudir au projet de nous faire connoître dans toute son étendue un homme, qui, à son mérite étonnant en mathématiques & en philosophie, joignoit des talents dans tous les genres où l'esprit humain peut s'exercer.

7 *Décembre* 1764. *The Sugar Cane, a poesi, in four Books.... La Canne de sucre, poésie en quatre chants, avec des notes, par Jacques Grainger, docteur en médecine.* Il paroît que ce poëme, susceptible d'images neuves & intéressantes, a beaucoup de succès à Londres.

8 *Décembre* 1764. M. de Rochefort, dont nous avons annoncé un *Essai de traduction d'Homere en vers*, va faire paroître trois chants de ce poëme. Il a eu la permission de l'académie des inscriptions & belles-lettres de lui en faire la dédicace. Il y a joint un discours étendu & raisonné sur ce grand poëte, où il paroît l'envisager avec des yeux d'une espece neuve & particuliere.

9 *Décembre* 1764. La gazette de France d'avanthier parle d'un divertissement de la composi-

tion de M. Poinsinet, & exécuté à Trianon le mercredi 28 octobre pour l'amusement de nos seigneurs les enfans de France. Les interlocuteurs sont des personnages moraux, dans le goût de ceux des fables de la Motte, *Dame Mémoire*, *Dame Imagination*, &c. On conçoit combien cela doit être froid.

11 *Décembre* 1764. On parle déja d'une nouvelle édition du *Dictionnaire philosophique*, augmenté de plus d'un tiers. Ceux qui connoissent M. de Voltaire, ne sont pas surpris de cette fécondité ménagée. Le livre d'ailleurs est susceptible de toutes les additions qu'on y voudra faire : il a déja eu l'honneur d'être brûlé à Geneve. Si nous en croyons le compte ou plutôt la notice qu'en donne le sieur Freron, au lieu de son avis, il cite un prétendu extrait d'une gazette Angloise *Loyds Evening Post* du 23 novembre. Il faut avouer qu'il rend assez bien l'idée qu'on peut se former de cette production de M. de Voltaire; il est vrai qu'il ne le présente que sous le côté défavorable, & qu'il y a des éloges à joindre à cette critique amere & judicieuse.

14 *Décembre* 1764. M. de la Dixmerie, qui depuis quelques années est associé au *Mercure* pour la partie des contes, vient de les recueillir en deux volumes in-12, sous le titre de *Contes Philosophiques & Moraux*. Il est fâcheux qu'il marche dans cette carriere après M. de Marmontel.

15 *Septembre* 1764. Il paroît un volume de *Lettres Secretes* de M. de Voltaire, publiées par M. L. B. Elles sont écrites depuis 1734 jusqu'en 1744. Cette production semble cette

E 5

fois-ci vraiment une infidélité : elle contient des choses faites uniquement pour le sein de l'amitié. Quoiqu'on annonce ces lettres comme très-curieuses, comme relatives aux querelles de M. de Voltaire avec l'abbé Desfontaines, avec Rousseau, avec le Franc de Pompignan, comme contenant des anecdotes littéraires & de bons jugements sur les ouvrages du temps, on ne peut qu'attribuer à l'avidité des éditeurs cette publicité ; on y trouve peu de faits, noyés dans tous les détails, ou dans tout le verbiage auquel se livre un auteur qui écrit dans son déshabillé.

16 *Décembre* 1764. Il court une chanson manuscrite qui paroît venir de Nantes : c'est une *Paraphrase d'une lettre écrite par M. de Laverdy, controleur-général, à M. le duc d'Aiguillon*, qui tient les états en Bretagne. Cette pasquinade, nécessaire à recueillir comme piece historique, est moins que rien comme littéraire.

17 *Décembre* 1764. *Lettre de Zamon à Zelie.* Cette héroïde est remarquable par le fond de l'histoire qu'on donne comme vraie & tout récemment arrivée. Zamon est un jeune homme de 22 ans, éperduement amoureux d'une fille du même âge : celle-ci répond à sa passion ; mais la fortune les obligeant de se séparer, ils se jurent en se quittant une fidélité inviolable. L'amant apprend bientôt que sa maîtresse se marie : le désespoir de perdre ce qu'il adoroit, le porte à se marier aussi. Après la mort de Zelie, on apporte chez lui une lettre de sa maîtresse, par laquelle elle lui apprend la nouvelle de son mariage & celle de sa mort en même temps : elle s'est empoisonnée. On sent que cette situation prête infiniment à la poésie

& fournit des orages de cœur susceptibles d'une touche tendre & pittoresque.

18 *Décembre* 1764. Le prince de Conti se propose de faire jouer à l'Isle-Adam *le Comte de Cominges*, ou *les Amants malheureux*, drame de M. d'Arnaud, qui a fait pleurer tant de femmes. On assure que S. A. fait faire actuellement les décorations qui doivent accompagner ce spectacle sombre, pour nous servir de l'expression de l'auteur dans sa préface.

19 *Décembre* 1764. *Timoléon* paroît imprimé : on y lit à la fin un avertissement de l'auteur, où il s'exprime cathégoriquement sur les reproches d'ingratitude envers ses maîtres. Il paroît braver la calomnie, & cite pour sa défense le témoignage même de ceux auxquels on l'accuse d'avoir manqué de reconnoissance. Cet avertissement, qu'il appelle *nécessaire*, est suivi de *réflexions*, qu'il nomme *utiles*. Tous les lecteurs ne seront pas du même avis.

Cette piece, qui à deux reprises n'a eu que trois représentations ou quatre, est absolument inférieure au *Comte de Warwick*.

21 *Décembre* 1764. Ces Italiens ont donné aujourd'hui la premiere représentation du *Serrurier*, comédie en un acte, mêlée d'ariettes. Les paroles sont de M. Quetan, & la musique de monsieur Kohaut, Allemand, qui s'exerce pour la premiere fois dans ce genre-là. Il paroît qu'on est assez d'accord sur la méchanceté de ce drame : quant à la musique, les sentiments sont partagés : on convient pourtant en général qu'après *le Maréchal* il étoit difficile de travailler en pareil genre, sans rentrer dans la musique imitative

de cette piece. Le temps nous apprendra dans quel rang il faut fixer la production allemande.

21 *Décembre* 1764. *Lettre à M. de* ✱✱✱, *docteur en Sorbonne, sur la piece qui a remporté le prix à l'académie françoise*: brochure nouvelle, où l'auteur prétend démontrer qu'on trouve dans la piece de M. Chamfort les principes de Rousseau, de M. de Montesquieu, de M. Helvetius, &c. enfin de tous les philosophes modernes, qui s'efforcent depuis long-temps d'étendre leur complot secret contre la religion. Il s'étonne que l'académie, en couronnant cet ouvrage, paroisse en adopter tacitement la morale scandaleuse. Ce censeur, homme d'esprit, colore très-bien sa critique. On ne peut excuser le poëte que par ce lieu commun, argument ordinaire de ses confreres, qu'une piece de vers n'est pas un ouvrage théologique. Avec une pareille réponse on glisse ce qu'on veut. Cette lettre est pleine de chaleur & d'un style énergique.

22 *Décembre* 1764. On commence à exploiter fortement les mines littéraires allemandes. Un M. d'Antelmy, professeur à l'école royale militaire, vient de nous donner une traduction des fables de M. Gothold Ephraïm Lessing, & de cinq dissertations sur la nature de la fable. Les idées de l'auteur Allemand sur ce genre sont trop différentes des nôtres pour les adopter. Ces fables, pleines d'esprit & de sel en général, approchent plus de la maniere de la Motte que de celle d'aucun autre de nos fabulistes. Il y a des idées neuves, fines, philosophiques dans ses dissertations; mais il y regne une métaphysique fort déplacée dans un genre aussi simple, &

sur-tout une pédanterie révoltante. On ne peut pardonner à cet Allemand son humeur contre les Italiens, les François, & même ses compatriotes: on ne lui passe pas sur-tout ses critiques de la Fontaine. Au reste, il est curieux de voir sur cet article la façon de penser d'un étranger & sa tournure d'esprit.

24 *Décembre* 1764. On compte dans l'avant-coureur d'aujourd'hui 24 décembre les annonces de 72 almanachs de toute espece. On ne peut qu'admirer notre rare fécondité & les grands progrès que fait en France ce genre d'écrire.

25 *Décembre* 1764. On annonce dans le monde une nouvelle production de monsieur Rousseau de Geneve, *les Lettres de la Montagne*. Cet ouvrage, magnifiquement imprimé en deux volumes, roule sur le gouvernement de Geneve. On se doute bien que l'auteur y déploie toute son amertume contre une partie ingrate à laquelle il a été obligé de renoncer. Il y fait en conséquence l'apologie de ses ouvrages, sur-tout de ceux qui lui ont attiré des persécutions si violentes. On prétend qu'il n'y dément en rien ses principes hétérodoxes & sa maniere d'écrire hardie & pleine de feu.

26 *Décembre* 1764. On écrit de Londres qu'on y a publié depuis quelque temps, *Memoirs of **** ommonly known by the name of George Psalmanazar, a reputed native of Formosa, &c.* C'est-à-dire, *Mémoires de **** connu sous le nom de George Psalmanazar, cru natif de l'Isle de Formose, écrits par lui-même pour être publiés après sa mort.* Cet homme singulier fut un imposteur hardi, qui, après s'être fait passer toute sa vie pour un habitant de l'Isle

de Formose, converti par les jésuites au christianisme, en mourant à Londres l'année derniere, a fait l'aveu de ses mensonges, & en donne l'histoire dans ses mémoires. Il y cache son véritable nom & le lieu de sa naissance, mais il paroît par un grand nombre de circonstances qu'il étoit né dans quelqu'une des provinces méridionales de la France, de parents catholiques romains.

Il a fait quelques ouvrages : 1°. une traduction dans sa prétendue langue de l'Isle de Formose, du catéchisme de l'église anglicane. L'évêque de Londres a déposé dans sa bibliotheque ce manuscrit comme une rareté.

2°. *Relation de l'Isle de Formose*, roman où il n'y a rien de vrai ni même de vraisemblable, mais qui partagea les esprits pendant quelque temps, qui fut traduit en plusieurs langues, & qui n'est qu'un roman moins ingénieux que ceux de *Sadeur* & de *Massé*.

3°. Il a été un des auteurs de l'histoire universelle, & a composé la plus grande partie de l'histoire ancienne.

27 *Décembre* 1764. La nouvelle édition du *Dictionnaire philosophique portatif*, attribué à monsieur de Voltaire, paroît enrichie de huit articles nouveaux & de plusieurs changements dans les anciens. Quoique proscrit presque par-tout & même en Hollande, c'est de-là qu'il nous arrive.

Nous citerons à ce propos une anecdote relative à ce livre. Au mois de septembre dernier MM. de l'académie des belles-lettres ayant été présenter au roi leur nouveau volume..... *Eh bien !* (dit le roi au président Hénault, chef de la députation.) *voilà votre ami qui fait des siennes*. Le dictionnaire venoit de paroître. *Le malheureux*, dit le président à ses confreres, *il travailloit dans ce moment même à revenir en France*. C'est ce qui a donné lieu au désaveu envoyé par M. de Voltaire à l'académie Françoise, que personne n'a cru.

30 *Décembre* 1764. M. de la Harpe, pour soutenir sa réputation naissante, vient de publier *le recueil de ses pieces fugitives*, sous le titre de *Mélanges Littéraires*, ou *Epîtres & pieces philosophiques*. On trouve dans son troisieme discours ces vers remarquables ; après un éloge de Voltaire, à l'occasion de l'histoire de *Pierre le Grand*, il ajoute :

Souvent même ses mains reprenant les pinceaux,
Se ranimoient encor pour peindre les héros....
Et Zoïle marqué du sceau de l'infamie,
Et pour dernier affront, méprisé par l'envie,
Le cœur rongé d'un fiel qu'il prenoit soin d'aigrir,
S'agitoit dans sa fange & n'en pouvoit sortir.

On prétend que ces vers sont l'origine du dégoût de M. Freron pour la tragédie de *Warwick*, & pour tout ce qui sort de la plume du jeune poëte. On lit avec plaisir les *Réflexions sur Lucain*. M. de la Harpe cherche à détruire l'apothéose qu'on affecte de faire en ce siecle de cet auteur ; il le remet à sa véritable place, c'est-à-dire, infiniment au dessous de Virgile ; il fait sentir tout le ridicule, tout le faux des éloges que M. de Marmontel prodigue à son héros.

31 Décembre 1764. *Chanson sur l'air avez-vous vu ce héros?*

Laverdy prêche aux états
Qu'il est las
De leurs ennuyeux débats;
Il raisonne dans son style
Comme un con... comme un contrôleur habile.

Avez-vous vu son édit
Plein d'esprit?
En deux mots il a tout dit,
En moyens qu'il est fertile;
C'est un con.. c'est un contrôleur habile.

Qui l'auroit dit? qui l'eût cru?
Qu'un fétu,
Tout prêt à montrer le cu,
Auroit appris à la terre
Ce qu'un con... ce qu'un contrôleur peut faire?

La finance des Gaulois
Aux abois,
N'avoit bientôt plus de voix,
Quand le roi, dans sa détresse,
Vîte au con.. vîte au contrôleur s'adresse.

Il sait faire en un moment
Sans argent
Délirer le parlement,
Aux Choiseuls faire la nique;
C'est un con.. c'est un contrôleur unique.

La finance dans sa main
Prend un train
A faire bien du chemin ;
Les effets changent de gîte.
Ah ! qu'un con... ah ! qu'un contrôleur va vîte.

Sans ce Sully bien placé
L'an passé
Dans un carton vernissé,
Notre sort étoit sinistre.
C'est un vi... c'est un vigoureux ministre.

Celui qui nous l'a donné,
Soit loué !
Quoiqu'on le dise un roué,
Il jauge avec connoissance
Tous les con... tous les contrôleurs de France.

31 *Décembre* 1764. Les jésuites de Treves soutinrent en 1763 qu'il y avoit eu dans l'église deux grands schismes, celui des Grecs & celui des François. Le professeur a été obligé de rétracter cette assertion, & voici comme il s'énonce.

« Il n'y a point eu dans l'église de schisme
» qu'on puisse appeller *Schisme des François :*
» ainsi la these imprimée & soutenue au col-
» lege de Treves, au mois d'août 1763, est
» fausse & erronée. Le pere Kreins, professeur
» jésuite, qui en est l'auteur, n'a jamais en-
» tendu & voulu dire par cette expression,
» comme il l'a déclaré lui-même dans ses in-
» terrogatoires & dans une protestation spéciale
» qu'il a signée, que l'église gallicane ait été
» dans aucun temps, autrefois ou aujourd'hui,

» schismatique: mais qu'ayant intention de parler
» du schisme du quatorzieme siecle, il l'avoit
» nommé plutôt le *Schisme de France*, que d'une
» autre nation, uniquement parce qu'il l'avoit
» vu nommer ainsi dans un petit ouvrage dont
» il avoit oublié le titre, ainsi que le nom de
» l'auteur, &c. »

ANNÉE M. DCC. LXV.

1 *Janvier* 1765. Depuis la proscription faite à Geneve du livre d'*Emile*, & la renonciation de M. Rousseau à son titre de citoyen, la fermentation a été si grande dans cette ville, ses parents & ses amis s'y sont remués avec tant d'activité & de persévérance, qu'ils ont presque forcé le gouvernement à députer vers lui pour le prier de reprendre sa qualité de bourgeois. Le conseil a été obligé de faire son apologie par l'organe d'un M. Tronchin, procureur-général, lequel, dans des *lettres écrites de la campagne*, justifie les démarches du gouvernement, & fait voir que le livre flétri le méritoit sous toutes sortes de points de vue: qu'à l'égard de l'auteur on ne l'a point attaqué; qu'on lui a laissé toute liberté de comparoître, de se défendre, ainsi que son ouvrage, & que c'est lui-même qui s'est en quelque sorte jugé par son abdication.

M. Rousseau n'a pas vu tranquillement un pareil manifeste: il vient de publier une *Réponse* en deux volumes in-4°. dit-on. Ce livre fort rare n'a fait qu'accroître les troubles de la république, & l'on regarde avec raison le philosophe moderne comme un orateur si éloquent que tous ses ouvrages excitent des tempêtes.

5 *Janvier* 1765. M. de Marsan, le nouvel acteur dont nous avons annoncé le début, est reçu aux appointements de mille écus. On avoit besoin de lui pour jouer *le Siege de Calais*, & l'on prétend qu'il paroîtra dans cette tragédie, annoncée depuis long-temps.

6 *Janvier* 1765. M. de Rochefort, jeune homme dont nous avons annoncé l'ouvrage depuis long-temps, vient enfin de faire imprimer un *Essai de traduction de l'Iliade d'Homere*, contenant les 9e, 18e & 22e. livres, avec un discours sur ce poëte, & des remarques en forme de notes sur son original.

Le discours est très-bien écrit, fort de choses & d'une érudition profonde, mais éclairée par le goût; il peut se lire même par ceux qui connoissent celui de l'illustre Pope.

La versification du 9e. livre nous a paru quelquefois foible, lâche; celle du 18e. est plus animée, & il y a des morceaux de poésie très-bien faits. Nous n'aimerions pas autant celle du 22e. livre.

L'ouvrage, comme on l'a déja annoncé, est dédié à l'académie des belles-lettres; & par une modestie assez singuliere, l'auteur n'a signé que la premiere lettre de son nom.

7 *Janvier* 1765. L'abbé de la Porte, sentant la gravité des reproches qui lui sont faits par l'auteur des *Nouvelles Ecclésiastiques*, & ne pouvant répondre directement, cherche à les éluder, en désavouant l'*Almanach Chinois*, auquel il fait une renonciation expresse dans le

Mercure de ce mois-ci. Ceux qui savent le maquignonage de ce *partisan littéraire*, ne sont pas bien intimement convaincus de ce désaveu.

8 *Janvier* 1765. M. de Nogaret ayant fait un livre intitulé *la Capucinade*, espece de roman ordurier, dont il fait ces religieux les héros, la police a cru devoir réprimer cette licence, & l'auteur est à la Bastille.

8 *Janvier.* Par une lettre de Londres du 3 janvier, on apprend que M. d'Eon, quoique décrété de prise de corps pour son livre, n'a point comparu; qu'il est toujours dans cette capitale; & quoi qu'on fasse mine de le chercher, il ne paroît pas qu'on soit fort jaloux de se saisir de sa personne.

9 *Janvier* 1765. Nous venons de lire *les lettres écrites de la Montagne par J. J. Rousseau*, avec cette devise : *Vitam impendere vero*. L'ouvrage est divisé en neuf lettres; les six premieres roulent sur les procédures faites contre son ouvrage; l'importance de l'auteur forme tout l'intérêt du livre : la troisieme lettre est plus curieuse que les autres, elle roule sur les miracles; & l'on voit dans une note singuliere, que Rousseau se regarde comme aussi sorcier que J. C. Il rapporte un tour très-merveilleux qu'il prétend avoir fait étant premier secretaire de l'ambassadeur de France à Turin.

La seconde partie contient trois lettres, qui concernent le gouvernement de Geneve. L'auteur y chante la palinodie sur cette république, qu'il a nagueres exaltée comme le modele des gouvernements : suivant lui cette république n'a plus que le nom & une ombre de liberté :

ſes citoyens gémiſſent en effet ſous le plus affreux deſpotiſme. Toujours même énergie de ſtyle, même vigueur de ſentiments, mêmes paradoxes.

10 *Janvier* 1765. M. de Voltaire ne ceſſe de faire retentir l'Europe de ſes réclamations contre la foule d'éditions de toute eſpece qu'on donne de ſes œuvres ténébreuſes, en tout ou en partie; il a écrit au *Mercure*, au *Journal Etranger*, au *Journal Encyclopédique*, &c.; il déſavoue le livre intitulé: *Recueil complet des Œuvres de M. de Voltaire*, où ſont le *Saül* & le *Sermon des cinquante*; il déſavoue le *Dictionnaire Philoſophique*, les *Lettres ſecretes*, &c. &c.

11 *Janvier* 1764. Un anonyme vient d'envoyer dans les maiſons une brochure légere, intitulée: *Arbitrage entre M. de Foncemagne & M. de Voltaire, au ſujet du teſtament du cardinal de Richelieu*. Cet auteur ne ſemble donner gain de cauſe à M. de Foncemagne ſur un point, qu'afin de ſoutenir avec plus de vraiſemblance l'opinion du dernier, dont il paroît engoué. Il loue l'un & l'autre ſur leur façon polie de s'attaquer & de ſe défendre: il prétend que M. de Foncemagne a raiſon de regarder comme du cardinal, ou au moins comme avoué de lui, la premiere partie de l'ouvrage, qui contient une récapitulation des faſtes du regne de Louis XIII. C'eſt-là où ſe trouvent les ratures & les corrections de la main du cardinal: le reſte eſt l'ouvrage informe & mal digéré de l'abbé de Bourzeis, & ne porte en rien l'empreinte du génie de ce grand homme.

12 *Janvier* 1765. Les *Lettres ſecretes*, im-

primées, de M. de Voltaire, ne font qu'une très-petite partie de ce qu'on avoit recueilli. Monsieur *Robinet*, l'auteur ex-jésuite du livre *de la Nature*, en est l'éditeur : il a mis pour lettres initiales, *publiées par M. L. B.* voulant faire entendre *la Beaumelle*, qui n'y a aucune part. Il a supprimé toute la correspondance avec le roi de Prusse, soit qu'il n'ait pas osé la faire paroître, soit qu'il eût espéré en retirer plus de profit de ce prince ; enfin il a tronqué une infinité de lettres : ce qui rend ce recueil très-décharné & fort sec. On a vendu le manuscrit 25 louis, & c'est par une fille, maîtresse d'un homme anciennement attaché à M. de Voltaire, qu'un homme de lettres avide a fait enlever ce manuscrit.

13 *Janvier* 1765. Dans le grand nombre de chansons, pasquinades, bons mots, plaisanteries de toute espece, auxquelles M. de Laverdy est en bute, on distingue l'épigramme suivante ; elle est relative à une anecdote, qu'il faut savoir.

M. le contrôleur-général ayant indiqué un jour & une heure d'audience pour les receveurs-généraux, au commencement de cette année, il les fit entrer & les reçut en bonnet de nuit & en habit noir. M. d'Ormesson, intendant des finances, étoit à la tête :

Sait-on pourquoi le contrôleur pédant
Ces jours derniers, avec un ris mordant,
En bonnet gas, du col montrant la nuque,
Admit chez lui les publicains jaloux ?
C'est qu'il vouloit leur faire voir à tous
Qu'il n'étoit pas une tête à perruque.

15 *Janvier* 1765. On annonce un fameux médaillon, que Garrick a fait frapper pour mademoiselle Clairon. Les flatteurs ont déja fait les vers suivants :

      Sur l'inimitable Clairon,
     On va frapper, dit-on,
       Un médaillon.
Mais quel éclat qui l'environne,
Si beau qu'il soit, si précieux,
Il ne sera jamais si cher à nos yeux
Que l'est aujourd'hui sa personne.

Un caustique a fait la parodie suivante :

    De la fameuse Fretillon,
A bon marché se va vendre le médaillon :
  Mais à quelque prix qu'on le donne,
Fût-ce pour douze sous, fût-ce même pour un,
On ne pourra jamais le rendre aussi commun
    Que le fut jadis sa personne.

16 *Janvier* 1765. On a publié à Geneve une *Réponse aux Lettres de la Montagne*, sous le titre de *Sentiments de Citoyens*. Cet écrit est un libelle infame contre J. J. Rousseau, & si digne de mépris que ce célèbre proscrit n'a pas cru devoir mieux s'en venger qu'en invitant son libraire, par une lettre du 6 de ce mois, à le réimprimer avec quelques notes, qui en démontrent l'atrocité & la calomnie. Il pense que l'auteur de cet brochure est M. Vernet, ministre du St. Evangile & pasteur à Seligny. Il reproche à Rousseau les maladies les plus infames & les débauches les plus honteuses. A

la fin est un *Postscriptum*, où l'on annonce le désaveu des citoyens de Geneve, & que ce pamphlet a été jeté au feu comme un libelle.

19 *Janvier* 1765. Nous avons lu une dissertation manuscrite de M. Boulanger, l'auteur du *Despotisme Oriental*. Elle roule sur *Saint Pierre*. Il cherche à démontrer très-savamment que ce personnage n'a jamais existé individuellement : que c'est le résultat de plusieurs autres, & qu'on attribue à ce seul individu ce qui concerne des personnages très-connus chez différentes nations, & même des divinités païennes.

Le même auteur a laissé imparfait un très-grand ouvrage manuscrit, intitulé : *Nouvelle maniere d'écrire l'histoire*. Il avoit déja composé le titre sommaire de quatorze dissertations relatives à ce grand projet. On ne peut que regretter qu'il soit resté imparfait. L'auteur, aux connoissances les plus étendues, paroît joindre une force de raisonnements victorieuse. Son systême est de prendre le *déluge* pour le premier & l'unique point historique, auquel il faille rapporter toutes les fêtes, cérémonies & institutions, dont les nôtres dérivent encore.

20 *Janvier* 1765. Dans la premiere feuille de l'Année Littéraire 1765, Freron à l'occasion des *Lettres secretes de M. de Voltaire*, rend compte des démêlés de ce grand poëte avec Rousseau, l'abbé Desfontaines & M. de St. Hyacinthe. Il prétend remonter à l'origine de leurs querelles, & les attribue toutes à la grande sensibilité de M. de Voltaire, qui ne peut souffrir la plus légere critique. Il faut voir ce détail dans Freron, en se ressouvenant que c'est un auteur suspect.

20 *Janvier*

20 *Janvier* 1765. Un nouvel auteur femelle se met sur les rangs; c'est madame la marquise de Champsery : elle fait paroître un roman intitulé : *Mémoires en forme de Lettres, de deux jeunes personnes de qualité.* Cet ouvrage, dans le goût de *Clarisse*, est écrit avec élégance & naturel ; il respire les bonnes mœurs, il y regne du pathétique & des situations intéressantes.

22 *Janvier* 1765. M. Dudoyer de Gastel se met sur les rangs, & vient de publier une *Epître à la louange de Mlle. Doligny*, jeune actrice de la comédie Françoise, distinguée par ses talents & la pureté de ses mœurs. Cette épître, pleine de graces, d'aménité, roule sur la sagesse & l'ingénuité de cette comédienne. Elle fait autant d'honneur au panégyriste qu'à l'héroïne.

23 *Janvier* 1765. Nous allons insérer ici un madrigal de M. Favart à Mlle. Arnoux, parce qu'il nous a paru d'un genre particulier, & que s'il est véritablement de lui, il justifieroit ses partisans, qui soutiennent opiniâtrément qu'il est capable des choses les plus délicates, en réponse à l'avis de ceux qui lui refusent d'être auteur d'*Annette & Lubin*, de *l'Anglois à Bordeaux*, & autres ouvrages d'un sentiment très-exquis.

A *Mlle. Arnoux.*

Pourquoi, divine enchanteresse,
Me troubles-tu par tes accents?
Tu me fais sentir une ivresse
Qui ne va pas jusqu'à tes sens :
Peut-être que dans ma jeunesse

Mon bonheur eût été le tien !
Je t'aime & le temps ne me laisse
Que le desir... Desir n'est rien.
Tais.toi.. mais non.. chante encore :
Qu'avec tes sons voluptueux
Mon reste d'ame s'évapore,
Et je me croirai trop heureux.

24 *Janvier* 1765. M. Freron, dans sa feuille N°. 2, rapporte en entier la piece à Mlle. Doligny. Il ajoute ses réflexions; il fait l'éloge en prose de l'actrice. Tout cela paroît préparé pour amener le portrait le plus infame & malheureusement le plus vrai de Mlle. Clairon, qu'il fait contraster honteusement avec l'autre. Le journaliste, sans la nommer, la peint avec des couleurs si fortes & si caractérisées, qu'on ne peut la méconnoître, pour peu qu'on soit au fait de ses anecdotes & de sa célébrité.

24 *Janvier* 1765. Les Italiens ont continué avec succès les représentations du *Serrurier*. Il paroît que l'auteur Allemand a su faire goûter sa musique au public. On vante plusieurs ariettes de M. Rohaut & d'autres morceaux de musique. On trouve en général ses accompagnements agréables, légers & bien composés.

Quant au drame, nous apprenons que M. de la Ribardiere le dispute à M. Quetant; il prétend avoir traité ce sujet le premier, & avoir même présenté sa piece aux Italiens. Peu importe ce débat? les auteurs feroient mieux de se disputer à qui ne l'auroit pas fait.

25 Janvier 1765. Vers à madame Razetti, pour le jour de sa fête, par M. Poinsinet.

Chacun s'empresse à vous chanter:
Des sons brillants se font entendre.
Je ne sais trop comment m'y prendre,
Moi qui n'ai que l'art de conter:
Du moins on le dit à Versailles;
Je dois le croire; ainsi, vaille qui vaille,
Je vais rapporter de mon mieux
Une anecdote de Cythere;
Elle est d'hier. Le fait n'est pas bien vieux.
Tout en jouant, l'Amour dit à sa mere,
Je veux, maman, faire votre portrait,
C'est en pastel: La Tour, dont j'ai pris la maniere,
De mon dernier ouvrage a paru satisfait;
Un portrait de ma main est toujours sûr de plaire.
A ce discours Vénus sourit;
Je ne puis qu'approuver ton zele,
Mon cher enfant: mais, crois-moi, lui dit-elle,
Si tu peins la beauté, les graces & l'esprit,
Razetti, comme moi, peut servir de modele!

Qu'est-ce que c'est que cette madame Razetti? C'est la maîtresse de M. de la Ferté. Qu'on juge de-là avec quelle infamie M. Poinsinet prostitue sa muse. A quelle bassesse ne se dégrade-t-on pas, quand on a perdu les mœurs!

27 *Janvier* 1765. Le *Loyds Evening Post*, du 9 au 16 janvier, annonce la suite de *the genuine history of the Marchionness de Pompadour, mistress to the french King, and first Lady, of the bed chamber to his queen, containing the secret memoirs of the court of France, from her first coming into power, to her death.*

On annonce qu'il y a eu quatorze éditions

d'une traduction allemande, qu'on en avoit fait une traduction françoise en Hollande, mais que la cour de France a fait enlever tout ce qu'elle a pu.

29 *Janvier* 1765. Il va paroître un *prospectus* d'une édition nouvelle de *Racine*, en six volumes, enrichie de notes grammaticales & de commentaires dans le goût de ceux que M. de Voltaire a faits sur *Corneille*, avec des gravures de Gravelot. On y joindra une traduction des morceaux que cet auteur a imités ou empruntés des Grecs: il est à souhaiter que cet ouvrage soit fait avec plus de soin que le premier.

30 *Janvier* 1765. Nous tenons de quelqu'un, contemporain de M. de la Harpe, & qui a été au collège avec lui, que les couplets dont il se justifie & qu'il nous donne comme des amusements puérils de sa jeunesse, sont en effet des couplets infames, & pour le moins aussi abominables que ceux de Rousseau : qu'il n'a point, il est vrai, attaqué ses maîtres, dont il a provoqué le témoignage ; mais qu'il a maltraité un maître de quartier & d'autres personnages qui, s'ils ne lui avoient point fait de bien, ne lui avoient pas fait de mal. Une telle noirceur, sinon aussi criminelle que l'ingratitude, indique toujours une ame méchante & un cœur gâté.

31 *Janvier* 1765. Le sieur Freron, dans sa feuille d'aujourd'hui, rend un compte fort détaillé du *Timoléon* imprimé de M. de la Harpe. Il continue à distiller son fiel sur ce jeune auteur ; il nous cite l'épigraphe de cette pièce en grec, qui signifie *un jour viendra*..... On ne peut

justifier M. de la Harpe sur cette prophétie impudente. Le journaliste finit par ce portrait :

« M. de la Harpe n'est pas sans esprit, mais
» je ne le crois pas appellé à la poésie. Il
» manque d'invention, de dessein, de chaleur,
» de coloris, & sur-tout de sensibilité. Il ne fera
» de sa vie une seule scène, même médiocre,
» de sentiments : les émotions douces, les ten-
» dres épanchements de l'ame sont une langue
» tout-à-fait étrangere pour lui. Je suis fâché
» qu'il s'obstine à cultiver un champ qui ne
» lui produira jamais que des ronces & des
» épines ; il me semble qu'il feroit plutôt for-
» tune par la prose que par les vers : peut-être
» réussiroit-il s'il embrassoit une autre profession,
» celle d'avocat, par exemple ?...... »

1 *Février* 1765. Extrait d'une Lettre de M. de Voltaire, des *Délices*... Janvier 1765.

« Nous avons dans ce moment-ci une petite
» esquisse à Geneve de ce qu'on nomme *Li-*
» *berté*, qui me fait aimer passionnément mes
» chaînes. La république est dans une com-
» bustion violente : le peuple, qui se croit sou-
» verain, veut culbuter le pauvre petit gou-
» vernement, qui assurément mérite à peine ce
» nom. Cela fait de Ferney [château de M. de
» Voltaire] un spectacle assez agréable. Ce qui
» le rend plus piquant, est de comparer les dif-
» férentes façons de penser des hommes & les
» motifs qui les font agir ; souvent ces motifs
» ne font pas honneur à l'humanité. Le peuple
» veut une démocratie décidée ; le parti qui
» s'y oppose n'est point uni, parce que l'envie
» est le vice dominant de cette petite ruche,
» où l'on distille du fiel, au lieu de miel. La

» nature de leur querelle n'est pas prête à finir;
» la démocratie ne pouvant exister, quand la
» nature des fortunes est trop inégale. Mais je
» prédis que la ruche bourdonnera jusqu'à ce
» qu'on vienne manger le miel. C'est Rousseau
» qui a fait tout ce tapage: il trouve plaisant
» du haut de sa montagne de bouleverser une
» ville, tel que la trompette du Seigneur qui
» renversa les murs de Jéricho.... »

2 *Février* 1765. Aujourd'hui, jour de la chandeleur, le pere Elisée, carme déchaussé, fameux prédicateur, ayant eu l'honneur de prêcher devant le roi, il a fini son sermon par la péroraison suivante, dont tous les courtisans ont pris copie.

« *Sire*, vous êtes roi, mais ce n'est pas seulement pour commander aux autres, c'est encore pour faire honorer & pratiquer la loi de Dieu & pour la pratiquer vous-même. Vous le devez à la nation. L'Europe vous regarde, & Dieu sera votre juge. Rendez les hommes heureux par vos bienfaits, & vertueux par vos exemples, & soyez aussi grand devant Dieu que vous êtes cher à vos peuples ! »

Autre Leçon.

« *Sire*, la loi qui commande à tous les hommes est la regle des souverains : moins elle peut les maîtriser par la force, plus il faut qu'elle domine sur eux par l'amour de la vertu. La même grandeur qui favorise leurs passions, doit les contraindre ; & plus l'autorité semble leur laisser de licence, plus le devoir & les bienséances leur en ôtent. Personne n'a le droit de vous demander compte de vos actions ; mais vous le devez à la France qui nous chérit, à l'Europe qui vous regarde, à Dieu qui sera votre juge : vous le devez, pour ainsi dire, à vous-même, à votre ame droite, généreuse, tendre, compatissante. C'est elle qui réclame toujours les droits de la vertu, qui vous dira que la grandeur véritable est dans la soumission à la loi de Dieu; que les rois ne sont établis que pour rendre les hommes heureux par leurs bienfaits, & vertueux par leurs exemples. Vous êtes cher à vos sujets, & ma voix n'est ici que l'interprete de tous les cœurs. Ce sentiment a éclaté dans nos alarmes, dans nos prospérités, dans nos revers, & rend plus touchante la vénération de ceux qui vous approchent ; il annoblit l'hommage même du courtisan ; il fait verser des larmes de joie au pere de famille, lorsqu'assis au milieu de ses enfants, satisfait des soulagements qu'il trouve dans sa vieillesse, il leur apprend à vous chérir, ou qu'il adresse une priere commune à l'Etre suprême pour la conservation de son bon maître. Un peuple qui sait aimer ainsi, mérite votre amour ; & vous ne seriez pas digne de sa tendresse, si vous lui refusiez la vôtre.

" Vos projets bienfaisants attendirent des jours tranquilles. Déja vous avez accordé la paix à nos desirs ; achevez votre ouvrage, remplissez le vœu de votre cœur, en nous faisant goûter avec elle la joie, l'abondance, la félicité. Que votre regne soit celui de la volonté de Dieu, qu'il conserve à la religion son autorité, & qu'il maintienne le dépôt de la foi contre tous les efforts des esprits indociles. Dieu de nos peres !

exaucez les vœux si tendres d'une nation que vous avez toujours protégée, jetez des regards de miséricorde sur le prince qui la gouverne, ajoutez à ses vertus l'éclat immortel de votre justice, faites-en un roi selon votre cœur, & qu'il soit aussi saint à vos yeux, qu'il est cher à son peuple ! Ainsi soit-il ! »

3 *Février* 1765. M. Dorat verse sans relâche dans la société les différentes productions de ses loisirs, il vient de faire imprimer un nouveau volume contenant *les trois Freres* & *Combabus*, contes en vers, précédés par des réflexions sur le conte, & suivis de *Floricourt*, histoire françoise.

5 *Février* 1765. Quoique M. de Sartines & M. le vice-chancelier paroissent avoir le projet de supprimer tout-à-fait le *Journal de Trévoux*, depuis la mort du continuateur, M. Jolivet, ces magistrats se sont laissés aller aux sollicitations de MM. de Ste. Genevieve, & il paroît que cet ordre s'est emparé de la continuation : il est actuellement entre les mains de M. Mercier, bibliothécaire de Ste. Genevieve, & de M. le duc de la Valiere. C'est un littérateur de beaucoup d'érudition, & qui a un génie caustique, propre à répandre le sel nécessaire à un pareil ouvrage. On commence à en être plus content depuis qu'il est entre ses mains.

6 *Février* 1765. M. Durosoy vient de faire imprimer une tragédie, ayant pour titre *les Decius François*, ou *le Siege de Calais*. Il rend compte dans une préface assez longue des raisons qui l'ont déterminé à devancer M. de Belloy ; il affirme que sa piece, présentée aux comédiens dans le temps que celle-ci étoit en-

tore au berceau, resta long-temps entre leurs mains; & qu'après lui avoir été rendue sans qu'on lui donnât aucune raison du retard & du refus, il apprit qu'elle avoit été dans les mains d'un ami du comédien à qui il l'avoit confiée, lequel ami étoit fort lié avec M. de Belloy. Il insinue qu'il se pourroit trouver une ressemblance entre les deux drames, & qu'il veut éviter d'être accusé de plagiat. Le reste de sa préface contient deux anecdotes, dont nous avons déja fait mention, l'une concernant le *Cromwel* de M. du Clairon, & l'autre le *Titus* de M. de Belloy.

Du reste, la piece est mal écrite, & le cannevas ne présente aucun trait de génie.

7 Février 1765. Nous avons eu entre les mains un manuscrit intitulé *les Matinées du Roi de Prusse*. C'est une extention d'un petit imprimé qui parut, il y a plus de dix ans, intitulé: *Idée de la personne & de la maniere de vivre du Roi de Prusse*. On lui fait détailler au prince royal tous les principes de sa conduite secréte, civile, militaire & politique, & débiter les maximes les plus terribles dans tous les genres, ou les donner pour ressorts à ses vertus les plus brillantes. Ce pamphlet est écrit d'un style fin, spirituel & ironique.

8 Février 1765. On nous écrit de Londres, qu'il y paroît un livre intitulé *the Ghost, on a minute account of the appearance of the ghost of Johan Croxford*. Il roule sur l'apparition faite à un ecclésiastique d'un revenant, appellé le *Revenant de Coklane*: cet esprit est l'esprit d'un misérable, pendu pour avoir assassiné un petit marchand. Il revient exprès déclarer au ministre que dans un certain endroit il trouvera une bague appartenante au marchand, dans l'intérieur de laquelle sont gravés deux petits vers Anglois, qui veulent dire :

  Certainement pendu sera,
  Celui qui me dérobera... 1765

Ce ministre de l'évangile raconte très-sérieusement son entrevue avec le phantôme, &c. L'auteur étale dans cet ouvrage beaucoup de théologie. Le plus singulier, c'est que le style & le ton en sont fort au-dessus de ce qu'on devoit attendre de l'historiographe d'un revenant. Cette puérile crédulité confirme ce qu'on dit ici d'un homme de beaucoup d'esprit, & qu'on n'auroit pas cru susceptible de pareilles foiblesses.

9 *Février* 1765. *Offrande aux Autels & à la Patrie.* Cet ouvrage de M. Roustan, ministre du saint évangile, est une espece de réfutation d'un article du *Contrat Social* de Rousseau, dans lequel il prétend qu'un état composé de chrétiens ne sauroit subsister. L'auteur réfute Rousseau comme un ami : il n'a pas la véhémence & l'énergie de l'autre. Il roule sur des matieres fort délicates à manier. On y trouve des assertions fort hardies, pour ne rien dire de plus, & qui rendent ce livre très-prohibé.

Le même auteur a fait *Examen historique des quatre beaux siecles de M. de Voltaire.* Il entreprend de faire voir qu'il n'y a point eu de siecle qui ait produit plus de tyrans & de flatteurs, & moins de grands hommes.

Il y a en outre un *Discours sur la maniere*

de réformer les mœurs d'un peuple corrompu. En général, cet auteur écrit foiblement & avec peu de coloris : il y a quelques morceaux d'enthousiasme.

10 *Février* 1765. Il y a quatorze ans que M. Garrick, le plus grand acteur du théatre de Londres, vint passer quelques jours à Paris : il vit jouer Mlle. Clairon, & il reconnut ce qu'elle devoit être un jour. Il vient de faire faire un dessin par M. Gravelot, dans lequel Mlle. Clairon est représentée avec tous les attributs de la tragédie : un de ses bras s'appuie sur une pile de livres : on y lit *Corneille*, *Racine*, *Crébillon*, *Voltaire*, &c. ; & Melpomene est à côté qui la couronne. Dans le haut du dessin on lit ces mots : *Prophétie accomplie*, & ces quatre vers au bas :

J'ai prédit que Clairon illustreroit la scene,
 Et mon esprit n'a point été déçu ;
 Elle a couronné Melpomene ;
Melpomene lui rend ce qu'elle en a reçu.

Ces vers sont de M. Garrick.

Les enthousiastes de Mlle. Clairon ont saisi avec avidité cette occasion de la célébrer : on a institué *L'Ordre du Médaillon*, & l'on a frappé des médailles représentant ce portrait, dont ils se sont décorés.

11 *Février* 1765. M. le Normand d'Estioles, ayant épousé depuis quelque temps une fille d'opéra, dont il avoit fait sa maîtresse, appellée Mlle. Rem; de fort mauvais plaisants ont ainsi joué sur le mot :

G 5

Pour réparer *Miseriam*
Que Pompadour laisse à la France,
Son mari, plein de conscience,
Vient d'épouser *Rem publicam*.

12 Février 1765. Mlle. Clairon ayant paru menacer de son indignation l'auteur de la parodie rapportée à l'article du 16 janvier, il s'est fait connoître, & s'annonce par-tout pour l'avoir faite: c'est M. de Saint-Foy. Il en donne l'histoire: il rapporte qu'un jour où l'on jouoit à la cour *Olympie & les Graces*, il pria avant la piece Mlle. Clairon de trouver bon que Mlle. Doligny, qui faisoit un rôle de prêtresse, sortît de la scene un peu plutôt, afin d'être en état de paroître tout de suite & d'empêcher le roi de s'en aller suivant sa coutume, quand on met un intervalle entre les deux pieces. Elle répondit fort insolemment, qu'elle ne le vouloit point; que Mlle. Doligny se donnât bien de garde de manquer à la pompe & à la décence du spectacle, sinon qu'elle quitteroit la scene elle-même. Le Breton piqué s'est vengé par la cruelle parodie dont il est question.

13 Février 1765. Enfin a paru aujourd'hui *le Siege de Calais*, cette tragédie tant annoncée. La fureur avoit redoublé, & l'on a peu vu de foule aussi considérable.

La piece, plusieurs fois à la veille d'être sifflée jusqu'à la fin du quatrieme acte, a repris fortement par le jeu supérieur de l'acteur [*Molé*], & a fini par être très-applaudie. Quoiqu'il n'y ait, à proprement parler, qu'un caractere théatral; point de passion, point d'intérêt, point d'onction, point de vraisemblance dans tout le reste;

que les incidents en soient forcés, le style bouffi, & la plupart des tirades hors d'œuvre & pleines de pensées fausses, nous ne doutons point que cette piece n'ait le plus grands succés éphémere, par rapport aux grands noms qu'elle illustre encore, & aux éloges prodigués aux François de ce temps-là, que ceux de celui-ci veulent bien s'attribuer: en un mot, c'est un sermon monarchique, que le gouvernement doit protéger, étendre & faire entendre à toute la nation, s'il est possible.

Le grand mérite de l'auteur consiste à avoir fait, à l'exemple des Grecs, choix d'un sujet national, où il nous rappelle nos mœurs, nos coutumes, nos loix notre gouvernement: tous ces détails, quoique gauchement amenés, & froidement énoncés, feront grand plaisir à ceux qui ne regarderont point cet ouvrage avec les yeux du connoisseur.

14 Février 1765. Mlle. Clairon s'étant parfaitement reconnue dans son portrait tracé d'après nature par Freron, est allé trouver les gentilshommes de la chambre, & a menacé de se retirer si l'on ne lui faisoit pas justice de ce vil journaliste. En conséquence on a sollicité un ordre du roi pour le faire mettre au Fort-l'Evêque. Heureusement pour lui, il a la goutte, & ses amis en ont obtenu la suspension jusqu'à ce qu'il fût en état d'y aller. Toute la littérature impartiale crie contre une pareille injustice, d'autant plus grande que cette reine de théatre, quoique parfaitement ressemblante, n'est point nommée, & n'est même caractérisée par aucun trait assez particulier pour qu'on puisse dire qu'il l'ait désignée spécialement

15 *Févier* 1765. On fait en Hollande une nouvelle édition de la *Pucelle*, petit format, enrichie d'estampes très-curieuses & en grand nombre : on l'aura dans toute l'ingénuité du texte.

Un petit auteur ici, nommé Nogaret, a formé le projet assez plat de donner la continuation de ce poëme.

16 *Février* 1765. Le démêlé de Freron avec Mlle. Clairon fait grand bruit à la cour & à la ville. M. l'abbé de Voisenon ayant écrit à la sollicitation des amis de ce premier une lettre très-pathétique à M. le duc de Duras, gentilhomme de la chambre, celui-ci a répondu à l'abbé qu'il aime beaucoup, que c'étoit la seule chose qu'il croyoit devoir lui refuser ; que cette grace ne s'accorderoit qu'à Mlle. Clairon seule. Ainsi le pauvre diable, à la honte de devoir son châtiment à Mlle. Clairon, est menacé de joindre l'humiliation plus grande de lui devoir son pardon ; il dit comme le philosophe Grec : *aux Carrieres plutot*.

17 *Février* 1765. *Le Siège de Calais* prend avec la fureur que nous avions annoncé, le fanatisme gagne au point que les connoisseurs n'osent plus dire leur avis. On est réputé mauvais patriote pour oser élever la voix. L'auteur est regardé comme le *Thyrtée* de la nation, & les bas courtisans prônent avec la plus grande emphase une piece qu'ils sifflent in *petto*.

18 *Février* 1765. M. Durosoy, l'auteur du *Siege de Calais* imprimé, vient de se ressentir de sa hardiesse d'avoir osé attaquer M. de Belloy dans sa préface : il est mis au Fort-l'Evêque pour les anecdotes qu'il y a débitées, & malgré le pair

de France [le duc de Grammont] auquel elle est dédiée.

19 *Février* 1765. Nous apprenons que l'auteur de *l'Espion Chinois* est M. Gaulard. On a de lui *les intérêts de la France mal entendus*, livre bien supérieur à celui-là, où il ne fait que ressasser en détail les grands principes établis dans ce dernier. Son style est inégal, quelquefois énergique.

20 *Février* 1765. M. de Voltaire s'étant excusé dans une *Epître à* M. *le chevalier de Boufflers* sur sa vieillesse & sur le danger d'écrire encore dans un pareil âge; finit ainsi :

  C'est à vous, ô jeune Boufflers!
  A vous, dont notre Suisse admire
  Les crayons ; la prose & les vers,
  Et les petits contes pour rire ;
  C'est à vous de chanter Thémire
  Et de briller dans un festin,
  Animé du triple délire
  Des Vers, de l'Amour & du Vin.

Réponse de M. *le chevalier de Boufflers.*

Je fus dans mon printemps guidé par la folie ;
Dupe de mes desirs & bourreau de mes sens ;
  Mais, s'il en étoit encor temps
  Je voudrois bien changer de vie.
Soyez mon directeur, donnez-moi vos avis,
  Convertissez-moi, je vous prie;

Vous en avez tant pervertis.
Sur mes fautes je suis sincere,
Et j'aime presqu'autant les dire que les faire.
Je demande grace aux Amours :
Vingt beautés à la fois trahies
Et toutes assez bien servies,
En beaux momens, hélas! ont changé mes beaux jours.
J'aimois alors toutes les femmes :
Toujours brûlé de feux nouveaux,
Je prétendois d'Hercule égaler les travaux ;
Et sans cesse auprès de ces dames
Etre l'heureux rival de cent heureux rivaux.
Je regrette aujourd'hui mes petits madrigaux,
Je regrette les airs que j'ai faits pour les belles,
Je regrette vingt bons chevaux
Que courant par monts & par vaux
J'ai, comme moi, crevé pour elles ;
Et je regrette encor bien plus
Ces utiles moments qu'en courant j'ai perdus.
Les neuf Muses ne suivent gueres
Ceux qui suivent l'Amour. Dans ce métier galant
Le corps est bientôt vieux, l'esprit long-temps enfant.
Mon esprit, & mon corps, chacun pour son affaire,
Viennent chez vous sans compliment :
L'esprit, pour se former, le corps pour se refaire.
Je viens dans ce château voir mon oncle & mon pere.
Jadis les chevaliers errants
Sur terre après avoir long-temps cherché fortune,
Alloient retrouver dans la lune
Un petit flacon de bon sens :
Moi, je vous en demande une bouteille entiere ;
Car Dieu mit en dépôt chez vous
L'esprit dont il priva tous les sots de la terre,
Et toute la raison qui manque à tous les foux.

21 *Février* 1765. Freron avoit si bien fait mouvoir ses amis, que la reine avoit ordonné qu'il eût sa grace. Mlle. Clairon ne s'est point trouvée satisfaite; elle a écrit de nouveau aux gentilshommes de la chambre une lettre très-pathétique, où elle témoignoit son regret de voir que ses talents n'étoient plus agréables au roi; qu'elle le présumoit, puisqu'on la laissoit avilir impunément, &c.; qu'en conséquence elle persistoit à demander sa retraite. Elle est allée ensuite en personne chez M. le duc de Choiseul, où, après avoir épanché son cœur, elle lui a fait part de son projet : « Mademoiselle, » (a repris le duc), nous sommes, vous & moi, » chacun sur un théatre ; mais avec la diffé- » rence que vous choisissez les rôles qui vous » conviennent, & que vous êtes toujours sûre » des applaudissements du public. Il n'y a que » quelques gens de mauvais goût, comme ce » malheureux Freron, qui vous refusent leurs » suffrages. Moi, au contraire, j'ai ma tâche » souvent très-désagréable ; j'ai beau faire de » mon mieux, on me critique, on me condam- » ne, on me hue, on me bafoue, & cependant » je ne donne point ma démission. Immolons, » vous & moi, nos ressentiments à la patrie, & » servons-la de notre mieux, chacun dans no- » tre genre. D'ailleurs, la reine ayant fait gra- » ce, vous pouvez, sans compromettre votre » dignité, imiter la clémence de S. M. » La reine de théatre a souri avec noblesse à ce pro-pos, & s'est retirée fort mécontente du persiflage; elle est revenue chez elle, où s'est tenu un comité avec ses amis & la troupe des comédiens, présidé par M. le duc de Duras, & l'on est

convenu que celui-ci feroit craindre à M. de St. Florentin la défertion de toute la troupe, fi l'on ne faifoit pas raifon à la Melpomene moderne de l'infolence de Freron. Cette démarche a fort étourdi M. de St. Florentin; & ce miniftre écrit à une princeffe que l'affaire devient d'une fi grande importance, que depuis long-temps matiere auffi grave n'a été agitée à la cour; qu'elle en eft divifée, & que, malgré fon profond refpect pour les ordres de la reine, il ne fait s'il ne fera pas obligé de prendre là-deffus ceux du roi. En forte que Freron eft encore dans les tranfes.

22 *Février* 1765. *Le Siege de Calais* a été joué hier à la cour. Le roi en a paru très-flatté; il a accepté la dédicace que M. de Belloy a demandé d'en faire à S. M., & la piece doit être imprimée au Louvre; honneur que n'a jamais eu Corneille. En outre, le roi a chargé M. de Laverdy d'avifer au moyen de récompenfer cet auteur.

24 *Février*. *Lettre de M. l'abbé de Rancé à un ami, écrite de fon abbaye de la Trappe, par M. Barthe*. Cet ouvrage, annoncé depuis long-temps, paroît aujourd'hui in-8°. enrichi d'eftampes & de vignettes; luxe moderne, dans lequel M. Dorat a mis nos jeunes auteurs. Dans cette piece, qui ne repréfente aucune fituation neuve, après l'hiftoire, après le comte de Cominges, on trouve ce beau vers:

Je n'avois plus d'amante, il me fallut un Dieu.

26 *Février* 1765. Les comédiens Italiens ont donné aujourd'hui la premiere repréfentation de *Tom-Jones*, comédie en trois actes & en profe, mêlée d'ariettes, mufique du fieur Philidor, paro-

les du sieur Poinsinet. Ce sujet, plus susceptible de pathétique que des bouffonneries de ce théatre, est absolument raté. L'auteur a parsemé cette piece de toutes sortes de plaisanteries grossieres & sans aucun sel. Les deux premiers actes ont ennuyé. Le parterre s'est mis en belle humeur au troisieme, & a renouvellé la scene du troisieme acte du *Jeune Homme*, joué aux François l'été dernier : à chaque phrase c'étoit des huées, des éclats de rire, des claquements de mains, qui ont prolongé de beaucoup le spectacle, & qui l'auroient absolument fait finir, si la piece eût été plus longue. Philidor prétend que cette musique est sa meilleure ; elle est tellement noyée dans l'amas de mauvaises choses dont l'auteur l'a surchargée, qu'elle n'a trouvé aucune grace. Quelqu'indulgent qu'on soit à ce spectacle, il n'est guere possible qu'on donne deux fois une pareille piece.

Le sieur Poinsinet, très-confiant, avoit dit plaisamment qu'il alloit faire lever *le Siege de Calais*, voulant faire entendre que la foule se tourneroit vers lui.

1 *Mars* 1765. Les enfants de France, pour qui Poinsinet a fait un divertissement assez mauvais, ayant su sa disgrace au théatre Italien, en ont été si touchés que les gentilshommes de la chambre, pour faire leur cour, ont exigé des comédiens de jouer *Tom - Jones* une seconde fois. On a distribué beaucoup de billets *gratis* ; & par une révolution assez extraordinaire, cette piece, huée, baffouée la veille, hier est montée aux nues. On a demandé les auteurs, & ils ont reçu de grands applaudissements. On ne doute

pas que cette piece ne tombe inceſſamment dans l'oubli tout-à-fait.

2 *Mars* 1765. M. Craſſous, docteur en droit & profeſſeur, a reçu, il y a quelques jours, une lettre de cachet, qui l'exile, pour avoir envoyé ſans permiſſion du gouvernement à M. l'archevêque d'Utrecht la conſultation de la faculté de droit, portant que les formes canoniques ont été obſervées dans le concile d'Utrecht, dont cet archevêque a envoyé un exemplaire à la faculté de droit. Par arrêt du conſeil, le roi caſſe & annulle tout ce qui a été fait & tranſcrit ſur les regiſtres de ladite faculté à ce ſujet, en ordonne la radiation, & que ledit arrêt ſera inſéré tout entier ſur leſdits regiſtres. Pour intelligence ſommaire de cette affaire, il faut ſe rappeller qu'il s'eſt établi, il y a pluſieurs années, à Utrecht, un nombre de gens anti-conſtitutionnaires, qui ont cru pouvoir y former une petite égliſe indépendante de la cour de Rome, & qui ſe régit par elle-même.

3 *Mars* 1765. Les *Lettres écrites de la Montagne par J. J. Rouſſeau*, dont on a parlé, qui repréſentent Geneve comme gémiſſant ſous l'oppreſſion, le conſeil comme un amas de tyrans exerçant le plus dur deſpotiſme, le magnifique conſeil des deux cents comme un vil fauteur de la tyrannie, ont excité la plus grande fermentation dans cette petite république, & porté les membres, outragés par ces qualifications odieuſes, à inviter les citoyens & bourgeois à déclarer publiquement s'ils les regardoient comme bons & fideles magiſtrats? Ce que le plus grand nombre a fait, en leur donnant un témoi-

gnage de leur estime, de leur respect & de leur confiance.

5 Mars 1765. *Rapport de six des douze commissaires, nommés par la faculté de médecine à Paris, pour examiner & discuter les avantages ou les inconvénients de l'inoculation de la petite vérole, & en référer devant elle, avant qu'elle prononce son jugement sur les questions proposées par le parlement, dans son arrêt du 8 juin 1763: lu par M. de l'Epine, ancien doyen & ancien commissaire, dans les assemblées convoquées per Juramentum, les 29 août 20, 22 & 24 septembre 1764.* De ce rapport imprimé en cent vingt-cinq pages in-4°., pour être communiqué à tous les docteurs, il résulte qu'on ne doit pas même tolérer l'inoculation : rien n'est plus capable que cet écrit de jeter la terreur dans les esprits sur les suites funestes qui peuvent en arriver. Sans doute que les six autres commissaires favorables à cette pratique, rendront aussi publics leur avis & leurs motifs. Celui-là est signé de MM. *l'Epine, Astruc, Bouvart, Baron, Verdelhan* & *Macquart*.

6 Mars 1765. On débite depuis quelques jours une traduction d'un ouvrage Anglois intitulé *l'Hôpital des foux*. Cette plaisanterie ingénieuse n'est cependant pas assez originale pour mériter une distinction particuliere. M. Dorat, dans une lettre aux auteurs de *l'Avant-coureur* & dans une lettre à Freron, désavoue cette production qu'il prétend qu'on lui attribue.

7 Mars 1765. Le *Siege de Calais* continue à faire l'engouement de la cour & de la ville. Il n'est dans les talons rouges que le comte d'Ayen qui ait le courage de se déclarer, & de larder la

piece de tous les sarcasmes que lui présentent les circonstances. On lui reprochoit ces jours-ci cet acharnement contre ce monument patriotique : *Vous n'êtes donc pas bon François*, lui disoit-on ? *Bon François! à Dieu ne plaise*, s'écria-t-il, *que je ne le fusse pas meilleur que les vers de la piece*. En effet, elle est barbarement écrite.

9 *Mars* 1765. Mlle. Mazarelli, non contente d'avoir enrichi le public d'un *éloge du duc de Sully*, soi-disant éclos de sa Minerve, vient de donner au public *Camédris*, conte. C'est une féerie peu importante, quant au fond, & dénuée même de ces graces dont le sexe sait orner tout ce qu'il touche. On y décele la main flétrie & décharnée du pauvre Moncrif.

10 *Mars* 1765. La ville de Calais, enchantée de la commémoration que M. de Belloy a fait de ses antiques héros, lui a écrit une lettre fort reconnoissante, lui a fait offrir des lettres de bourgeoisie, avec un présent, & l'a supplié de trouver bon qu'on plaçât son portrait dans son hôtel-de-ville.

11 *Mars* 1765. *Lettre d'un Cosmopolite, sur le requisitoire de M. Joly de Fleury, & sur l'arrêt du parlement de Paris du 2 janvier 1764, qui condamne au feu l'Instruction Pastorale de Monsieur l'archevêque de Paris du 28 novembre 1763.* Tel est le titre d'un volume in-12. de près de quatre cents pages, où l'auteur entreprend de réfuter le censeur de tous les ordres de l'état, le censeur de M. l'archevêque ; qualités qu'il donne à M. le procureur-général. Cet écrit est dans la forme & le goût de celui-ci, *il est temps de parler* : il attaque tous les parlements qui ont

proscrit les jésuites, les *comptes rendus* à cet égard, & ceux qui y ont eu part, ainsi que les prélats qui ont condamné les *assertions* imputées aux jésuites. Il est terminé par un arrêt factice que l'auteur présume qui sera rendu contre son ouvrage, où ironiquement il le condamne au feu dans l'esprit qu'il critique.

Cette lettre, très-peu connue ici, à en juger par ce qu'elle contient, n'est pas nouvelle: il paroît qu'elle a été écrite il y a plus de dix mois, & avant que le roi eût statué sur le sort de la feue société. Quoi qu'il en soit, l'auteur fera bien de garder l'anonyme, ou de se tenir éloigné.

12 *Mars* 1765. Le *gratis* annoncé a eu lieu aujourd'hui. On ne peut rendre l'affluence du peuple qui s'est présenté à la comédie; la rue & les entours étoient pleins dès le matin. On a commencé le spectacle à une heure & demie, & il a été écouté avec une attention surprenante de la part des spectateurs. On ne doute pas qu'il n'y eût là des gagistes qui les avertissoient d'applaudir aux endroits désignés. L'auteur a été obligé de se montrer, il a été reçu avec les acclamations les plus réitérées; on lui a fait l'honneur insigne de joindre son nom à celui du roi, & l'on a crié *vivent le roi & M. de Belloy!* Des courtisans en grand nombre étoient présents à cette cérémonie: ils sont partis sur le champ pour en rendre compte à Versailles.

31 *Mars* 1765. Il paroît une nouvelle *lettre de M. de Voltaire à M. Damilaville*, où il rend compte, d'une façon très-intéressante, de la maniere dont il a pris en main la défense des Calas, de toutes les ressources dont il a eu besoin

pour se garantir de toute surprise, & pour mettre en mouvement cette grande affaire; il en annonce une nouvelle du même genre, à l'égard des Sirven. On ne peut assez applaudir au style touchant & plein d'humanité dont cette lettre est écrite, & que M. de Voltaire sait si bien employer.

14 *Mars* 1765. Entre les différents vers faits à l'honneur de M. de Belloy, on a distingué le madrigal suivant, ou plutôt l'épigramme suivante:

Belloy nous donne un Siege, il en mérite un autre;
    Graves académiciens,
    Faites-lui partager le vôtre,
Où tant de bonnes gens sont assis pour des riens.

15 *Mars* 1765. Le rapport fait sur l'inoculation de la petite vérole, dont le résultat est qu'on ne doit pas même tolérer l'inoculation, est rempli de faits & d'autorités prétendus démentis par plusieurs de ceux mêmes qu'on a cités, qui réclament dans différents journaux sur cette infidélité de la part du rédacteur (M. de l'Epine). On doit, à ce qu'on assure, publier dans peu une réfutation complete de cet écrit.

17 *Mars* 1765. M. de Voltaire a rendu aussi son hommage à M. de Belloy, aujourd'hui *de Belloy*: il finit, entr'autres choses, par lui conseiller de jouir de son bonheur; il ajoute qu'il ne manque à son triomphe que d'être critiqué par Freron. M. de Belloy a répondu, & sa lettre est peu digne du héros littétaire auquel elle est adressée.

18 *Mars* 1765. On parle beaucoup d'un écrit très-scandaleux qui a pour titre *Avis important*:
c'est

c'est un libelle infame contre M. l'évêque d'Orléans.

21 *Mars* 1765. Le parlement avant-hier a enfin accordé au *Dictionnaire Philosophique* & aux *Lettres de la Montagne*, les honneurs de la brûlure; mais on les a accouplés malheureusement à trois libelles obscurs & fanatiques, qui déparent cette apothéose : *Avis important*, le *Cosmopolite*, & les *Réflexions impartiales*. On a déja parlé des deux premiers.

21 *Mars*. On ne peut s'empêcher de consigner ici une lettre d'un militaire, grand seigneur très-respectable, qui paroît avoir entrepris de nous retracer encore les loyales & franches vertus de l'ancienne chevalerie, dont il paroît avoir conservé jusqu'au style.

Lettre de M. le duc de Brissac, à Mde. la comtesse de Gisors, qui le sollicitoit d'aller chez les juges de M. le curé de St. Sulpice, (M. Duleau d'Allemard) *au sujet de sa démission donnée, contre laquelle il veut revenir.*

" Ma seule, unique & essentielle Déité, veut
" donc que j'aille donquichotter pour les pa-
" roissiaux intérêts de sa conscience couleur de
" rose; elle m'ordonne le rôle de valet de la
" tragédie d'un schisme au fauxbourg St. Ger-
" main, moi qui galoppe une place dans *Calais
" assiégé*. L'équitable marguillier des honneurs
" d'un temple commencé doit porter par écrit
" les sollicitations fondées sur l'amour des hé-
" roïnes de nos bandieres processionales. Je
" n'ai vécu qu'avec nos drapeaux & nos éten-
" dards, nourri de détails unis avec l'honneur;
" j'ai vu démissions valoir, d'autres refusées,
" selon la volonté du chef; j'ai vu qu'autrefois

„ faire & dire étoient un terminé inviolable.
„ Sur quoi tabler dans ces climats nouveaux,
„ où les formes sont en continuelle bataille
„ avec le fonds ? Que la volonté de Dieu soit
„ satisfaite au profit de nos ames en leur di-
„ rection ! je ne la balaierai jamais la mienne,
„ ma chere Sœur, de l'amour que vous m'avez
„ inspiré. „

22 *Mars* 1765. Goldoni vient de donner un nouveau volume de ses Œuvres, qui fait le septieme. On y lit *le Pere de Famille*, & *le véritable Ami*, ces deux pieces qui ont occasioné l'accusation de plagiat intentée par Freron contre M. Diderot, & l'antipathie que ce dernier a conçue contre cet auteur Italien, qui ne savoit rien de ce qui se passoit à cet égard. M. Goldoni fait dans une préface le détail de tout ce que nous avons déja dit là-dessus, & se venge avec autant de noblesse que de justice des choses peu avantageuses que la passion avoit dictées à M. Diderot sur les ouvrages du comique Italien.

Cet auteur est attaché plus que jamais à la France ; il vient d'être fait maître de langue Italienne des enfants de France, avec deux mille écus d'appointements.

24 *Mars* 1765. On voit dans la *Gazette littéraire* une *lettre de M. de la Condamine, Don Quichotte né de l'inoculation*, où il réfute un fait qu'il se croit personnel, inféré dans le rapport des commissaires contre l'inoculation. Il déclare qu'il est prêt à accepter le défi qu'on lui a fait, & sur lequel on voudroit mettre en doute son courage, „ de se faire inoculer pour

éprouver si cette opération réussiroit sur un sujet qui a déja eu la petite vérole.

25 *Mars* 1765. Le *Siege de Calais* de M. de Belloy paroît imprimé. Cette tragédie est dédiée au roi ; elle est précédée d'une préface, & suivie de réflexions ou plutôt de notes historiques. Dans la premiere l'auteur annonce qu'il travaille depuis long-temps à une *poétique*, qui sera bien mauvaise, s'il a fait ses tragédies sur les regles qu'il a imaginées, ou s'il a tracé ses regles d'après ses tragédies. Quoi qu'il en soit, cette piece ne fait plus à la lecture la même illusion que sur la scene. On convient généralement qu'elle est barbarement écrite, & que l'auteur, faute de trouver le mot propre, estropie toutes ses pensées les plus belles ; en un mot, on la relegue dans la classe des tragédies médiocres, pour ne rien dire de plus.

29 *Mars* 1765. Plusieurs pairs, les uns disent seize, les autres dix-huit, ont signé un mémoire, par lequel ils prétendent établir que la véritable cour des pairs n'est autre que les pairs assemblés & présidés par le roi, & que cette cour subsiste sans la participation du parlement & indépendamment de cette cour, où ils ont droit d'aller siéger. Ce mémoire doit être présenté au roi par M. le duc de Sully, qui en a la permission. C'est monsieur Moreau qui paroît être le rédacteur de cet ouvrage intéressant. Peut-être M. de Villaret y a-t-il quelque part, comme on l'a déja dit.

29 *Mars*. Monsieur Dorat vient de faire imprimer une tragédie en vers & en trois actes, intitulée *Regulus*. Sans examiner le mérite de ce drame, qui a le plus grand défaut de manquer d'action, nous nous contenterons de citer ce

H 2

qu'il dit plaisamment dans sa préface : " quel ouvrage qu'une tragédie ! je ne sache rien de si embarrassant à faire, & de si embarrassant quand elle est faite. La présentera-t-on aux comédiens ? La recevront-ils ? La joueront-ils ? Réussira-t-elle ? Restera-t-elle au théâtre ? Ira-t-elle à la postérité ? Qu'en diront les Journalistes ? ,,

30 *Mars* 1765. M. *Fardeau*, prêtre habitué prêchant aux Carmélites du fauxbourg Saint-Jacques, a été arrêté & conduit à la Bastille. Il est soupçonné d'avoir eu part à l'ouvrage qui a pour titre *le Cosmopolite*, qui vient d'être brûlé par arrêt du parlement.

31 *Mars* 1765. *Histoire amoureuse de Pierre le Long & de sa très-honorée dame Blanche Baru, écrite par icelui*. Tel est le titre d'un roman moderne, où l'on a voulu imiter la naïveté de *Daphnis & Chloé*. Cet ouvrage n'est pas sans mérite, il est de M. de Sauvigny.

1 *Avril* 1765. On peut se rappeller les vers du chevalier de Boufflers, insérés au 20 février dernier. M. le comte de Choiseul la Beaume ayant réprimandé ce jeune seigneur au nom des dames de Lorraine, voici les vers qu'il a répandus :

Je le connois trop bien ce dangereux Amour ;
Dès mes plus jeunes ans il reçut mon hommage :
Il n'est le plus souvent que l'ouvrage d'un jour ;
Mais un jour ne peut pas détruire son ouvrage.
J'ai goûté ses douceurs & j'ai senti ses coups :
Je sais qu'il se nourrit de plaisirs & de larmes.
Vous ne connoissiez que ses charmes ;

Ah ! je le connois mieux que vous :
Las des mépris, des inconstances
Dont furent payés tous mes soins,
Je cherchai d'autres jouissances
Moins pures, il est vrai, mais qui me coûtoient moins :
J'eus recours, je l'avoue, à ces beautés faciles
Qui veulent de l'argent & non pas des soupirs ;
Elles ont essuyé en courtisannes habiles,
Les larmes de l'amour par la main des plaisirs.
A l'amant qui *leur* plaît, ces belles,
Pour ne les violer ne font pas de sermeits.
Que de femmes, hélas ! devroient faire comme elles
Pour ne point tromper leurs amants.
Voilà les vingt beautés que j'ai si fort trahies,
Et qui me l'ont si bien rendu ;
Voilà les Iris, les Sylvies,
Au nom de qui, Choiseul, vous m'avez répondu.
Soyez leur chevalier ; elles doivent vous rendre
Bien des faveurs pour ce bienfait ;
Mais elles trouveront que vous auriez mieux fait
De les bien attaquer que de les mal défendre.

2 *Avril* 1765. On ne peut assez s'étonner des détails que l'on voit dans la gazette de France sur l'animal qui désole le Gevaudan ; ils sont si dénués de vraisemblance, qu'on ne revient pas de la confiance des rédacteurs à les annoncer comme ils font.

3 *Avril* 1765. *Sur la destruction des Jésuites en France, par un auteur désintéressé.* Tel est le titre d'une brochure in-12 de 135 pages, qui annonce de la part de son auteur une impar-

tialité qu'il justifie dans le corps de son ouvrage. Il rend un compte succinct de tout ce qui s'est passé au sujet de cette fameuse révolution; il indique les principaux faits, les raisons politiques & morales qui ont préparé cet événement. Le précis dans lequel il entre à cet égard, est bien fait, & présente le tableau fidele de la société. On y trouve des anecdotes hardies, mais adroitement déguisées, qui rendent ce livre rare & précieux. On l'attribue à quelques gens de lettres, entr'autres à M. d'Alembert, qui s'en nie fortement l'auteur. Des critiques cependant trouvent ce livre croqué; ils sont fâchés que l'auteur y ait indistinctement ramassé les quolibets de toute espece qui ont couru dans le public sur cette société.

3 Avril 1765. On répand des copies d'une *lettre de M. de Voltaire, du 25 février 1765, à M. Berger,* l'intime ami dans le sein duquel cet auteur déposoit ses secrets, & à qui l'on a enlevé les lettres qui ont été imprimées depuis ce temps sous le nom de *Lettres Secretes.* M. de Voltaire, après avoir plaisanté M. Berger sur la pierre dont il est tourmenté, & avoir fait quelques réflexions burlesques sur la providence, le gronde de s'être laissé prendre des copies de ses lettres par un nommé Vaugé. Au reste, il prétend qu'elles sont si défigurées, qu'il ne s'y reconnoît pas lui-même: il tombe ensuite sur Freron, & finit par se féliciter de la vie délicieuse & simple qu'il mene aux Délices. On voit quelque chose de contraint dans toute cette façon de penser & de plaisanter, qui déplaît: c'est un vieillard septuagénaire qui s'efforce de rire, la rage dans le cœur.

4 *Avril* 1765. Il paroît un mémoire de monsieur Loiseau, jeune avocat, qui traite son métier plus en orateur qu'en jurisconsulte. Cet ouvrage fait grand bruit, comme littéraire. C'est l'histoire des amours de M. Bœuf de Valdahon, mousquetaire de la premiere compagnie, avec Mlle. le Monnier, fille du premier président de la chambre des comptes de Dole. Il fait parler le jeune homme, il raconte d'une maniere tendre & touchante toute son intrigue, qu'il ne releve qu'à la derniere extrémité, & contraint à le faire pour repousser les imputations atroces du pere de la demoiselle. Rien de plus agréablement écrit que ce roman, plein d'incidents & de peintures voluptueuses. C'est le même sujet qu'on avoit annoncé devoir être traité par J. J. Rousseau.

Ce jeune homme s'étoit déja laissé condamner par contumace au parlement de Franche-Comté à vingt ans d'absence, & à 20,000 livres de dommages & intérêts. M. le Monnier n'a point cru cette peine assez grande, & a voulu se pourvoir en cassation du jugement ; ce qui augmente encore l'intérêt pour le malheureux amant.

5 *Avril* 1765. Il paroît un livre en deux volumes, intitulé : *Observations sur l'histoire de France, par monsieur l'abbé Mably.* Cet auteur traite la matiere depuis le commencement de la monarchie jusqu'au regne de Charles le Bel, dernier fils de Philippe le Bel. On ne peut que louer la maniere courageuse avec laquelle il défend dans son ouvrage les droits de l'humanité contre les princes ambitieux qui regardent les autres hommes comme nés pour l'esclavage. Cette liberté n'a point plu au gouvernement ;

& le livre est proscrit. Il est écrit d'un style ferme & noble, proportionné à la chose.

5 Avril 1765. Il y a une fermentation très-grande dans le tripot comique: un acteur assez médiocre, nommé *Dubois*, s'est fait guérir d'une maladie honteuse par un chirurgien, qui s'est plaint à la compagnie de n'avoir pas été payé par cet acteur, qui a nié la dette. Mlle. Clairon, très-vive sur le point d'honneur, a émeuté toute sa cohorte, & on a parlé à M. de Richelieu, gentilhomme de la chambre. Celui-ci a traité l'affaire comme une affaire de vilains; il n'a pas voulu s'en mêler; il en a remis la décision aux comédiens, disant qu'ils étoient les pairs de Dubois, & qu'ils pouvoient le juger. En conséquence il a été chassé, lui & un nommé Blainville, qui paroissoit avoir rendu quelque faux témoignage dans l'affaire. Mlle. Dubois, fille de l'expulsé, prend la chose fortement à cœur; elle met en œuvre tous ses charmes auprès de M. le duc de Fronsac, & elle se flatte de réintégrer son pere.

8 Avril 1765. Il paroît à Leipsick une huitieme édition, en quatre parties, des *Satires de M. Rabener, in-8°*. Les deux premieres parties ont été déja traduites de l'Allemand par MM. Sellius & Boispreaux. La vérité, la force & la grace avec lesquelles ce grand homme décrit les mœurs de son pays, font desirer de voir la suite à la portée de notre nation.

9 Avril 1765. M. Quélaut répand dans le public la traduction d'un sonnet de Pétrarque, qui commence par ces mots: *S'amor non è, che dunque è quel ch'i sento?* Il peint à merveille le caractere original de cet auteur.

Si ce n'est point amour, qu'est-ce donc que je sens ?
Si c'est amour, grand Dieu ! quelle espece est la sienne ?
Pourquoi, si c'est un bien, cause-t-il mes tourments ?
D'où vient, si c'est un mal, aimé-je tant ma peine ?
Si j'aime de bon gré, d'où vient que je gémis ?
Si j'aime malgré moi, que me servent mes larmes ?
O mort vive & sensible ! ô tourment plein de charmes !
Comment à ton pouvoir me suis-je donc soumis ?
Si je l'ai bien voulu, j'ai donc tort de me plaindre.
Agité par les vents de cent côtés divers,
Je suis comme un vaisseau qui se perd sur les mers.
Hors de moi je ne sais qu'espérer ni que craindre,
J'ignore qui je suis, quelle est ma volonté,
Je brûle en plein hiver, & tremble en plein été.

10 *Avril* 1765. M. le comte de Lauraguais & Mlle. Arnoux sont deux personnages trop intéressants dans le monde littéraire, pour ne pas rassembler avec empressement tout ce qui a rapport à eux. Depuis quelque temps il a débuté à l'opéra une danseuse fort bien tournée, nommée mademoiselle *Robbe*; elle a donné dans les yeux à M. de Lauraguais, qui n'a pu s'empêcher de témoigner à Mlle. Arnoux l'impression qu'il avoit éprouvée de cette danseuse. Celle-ci a reçu cette confidence avec la même philosophie que l'amant la faisoit; elle a pris sur elle de suivre la passion nouvelle de monsieur de Lauraguais, & d'en apprendre les progrès de sa propre bouche. Un jour qu'elle lui demandoit où il en étoit, il ne put s'empêcher de lui témoigner qu'il étoit désolé de voir toujours chez la nouvelle divinité un certain chevalier de Malte, qui l'offus-

H. 5.

quoit fort : « Un chevalier de Malte ! s'écrie
„ Mlle. Arnoux : vous avez bien raison, M. le
„ Comte, de craindre cet homme-là. *Il y est pour
„ chasser les infideles.*

11 *Avril* 1765. On a laissé passer en France depuis quelque temps le livre de M. d'Argenson, intitulé : *Considérations sur le gouvernement de France*. On y a mis des cartons. Ceux qui ont eu l'ouvrage manuscrit entre les mains, & qui étoient amis de l'auteur, tels que plusieurs membres de l'académie des belles-lettres, conviennent que ni celui-là ni l'autre imprimé en Hollande, ne sont le véritable texte. Tout en a été altéré, jusqu'au titre, qui étoit : *Jusqu'où la démocratie peut s'étendre dans un état monarchique*. On prétend que c'est à Rousseau de Geneve qu'on doit cet ouvrage, tout imparfait qu'il soit, & que M. le marquis de Paulmy, fils de l'auteur, a le véritable manuscrit.

12 *Avril* 1765. Il passe pour constant que Garrick, ce fameux comédien-auteur de Londres, qui est à Paris depuis long-temps, a pour but de travailler à une piece qui puisse servir de pendant au *François à Londres*. On assure qu'il a un talent admirable pour saisir les ridicules, & qu'il joue la pantomime au suprême degré. Reste à savoir si sa composition aura la même finesse de tact, la même délicatesse de goût de M. de Boissy, qualités bien rares dans un Anglois.

13 *Avril* 1765. Mlle. Clairon ne cesse de souffler le feu de la discorde dans sa troupe; elle est furieuse, à ce qu'on prétend, du bruit qui court que Dubois aura un ordre du roi pour continuer son rôle de *Manni* dans le *Siege de Calais*, dont on avoit déja chargé un autre ac-

teur. Mlle. Dubois a si bien mis en œuvre ses charmes auprès de M. le duc de Fronsac, qu'elle a obtenu ce qu'elle vouloit. On assure qu'il y a des comités fréquents entre les comédiens: on cabale, on fait des menées, on ne sait comment finira cette histoire.

14 Avril 1765. M. Diderot s'étant trouvé obligé de vendre sa bibliotheque pour des dispositions de famille, cette nouvelle s'est répandue chez les étrangers. On en a parlé à l'impératrice des Russies; & cette princesse vient de faire écrire une lettre très-flatteuse à notre philosophe : elle lui marque qu'instruite des raisons qui le font défaire de ses livres & du prix qu'ils valent, elle desire les acheter ; qu'en conséquence elle a donné ordre qu'on lui comptât une somme de 15,000 livres, qu'on lui a assuré valoir cette acquisition, & 1,000 livres en outre en forme de gratification, dont elle prétend qu'il jouisse tous les ans : S. M. Imp. ajoute qu'elle ne veut point le priver d'un dépôt aussi précieux & aussi utile ; qu'elle le prie de garder cette bibliotheque jusqu'à ce qu'elle la lui fasse demander.

15 Avril 1765. Il s'est passé aujourd'hui à la comédie Françoise une scene dont il n'y a pas encore eu d'exemple depuis l'institution du théatre : c'est une suite de la fermentation dont nous avons annoncé les progrès. Les comédiens, instruits de la certitude de l'ordre du roi pour faire jouer Dubois, n'ont point voulu en avoir le démenti; & le complot s'étant formé chez Mlle. Clairon de ne pas jouer, il s'est exécuté de la façon suivante. Tout étant disposé, sur les quatre heures & demie est arrivé le Kain;

il a demandé aux semainiers qui joueroit le rôle de *Manni* ? " C'est Dubois, lui a-t-on répondu, „ suivant l'ordre du roi. Cela étant, a-t-il répliqué, voilà mon rôle, „ & il s'en est allé. Molé est venu ensuite, qui a fait la même chose. Brizard & Dauberval ont suivi les traces de ces mutins. Enfin est entrée l'auguste Clairon, sortant de son lit, assurant qu'elle étoit toute malade, mais qu'elle savoit ce qu'elle devoit au public, & qu'elle mourroit plutôt sur le théatre que de lui manquer. " Qui fait le rôle de „ Manni, „ a-t-elle demandé ? Ensuite, sur la réponse que c'étoit Dubois, elle s'est trouvée mal, & est retournée se mettre au lit. Grand embarras dans le reste de la troupe: point de gentilshommes de la chambre. L'heure s'approche. On consulte M. de Biron, qui se trouvoit là par hasard. On convient de donner *le Joueur*, au lieu du *Siege de Calais*; & de glisser cette annonce à la suite du compliment. Cependant la nouvelle avoit transpiré & faisoit l'entretien du parterre. On s'arrête à la vue du complimenteur, homme de mine pietre & mesquine, le sieur Bourette; il annonce sa mission, & déclare que la défection de quelques acteurs les met dans le cas de substituer *le Joueur* au *Siege de Calais*. A l'instant des huées, des sifflets; le mot de *Calais* se répete de tous les endroits de la salle; on crie : *A l'Hôpital la Clairon ; Molé , Brizard , le Kain , Dauberval, au Fort-l'Evêque.* L'orateur est obligé de se retirer, & l'on met de nouveau en délibération ce qu'on fera. Cependant le tapage continuoit, & la garde vouloit imposer silence. M. de Biron envoie dire qu'elle se contienne &

laisse le public en liberté, qui ne cessoit de répéter *la Clairon à l'Hôpital*, &c. M. de Biron, consulté de nouveau par les comédiens, leur conseille d'essayer toujours d'entrer en scene ; ce qui ayant été exécuté par Préville & Mad. Bellecour, les cris ont redoublé. Les acteurs, ne pouvant se faire entendre, rentrerent dans la coulisse, & le spectacle ne pouvant avoir lieu, un sergent vint haranguer le parterre de la part de M. le maréchal de Biron ; il annonça qu'on alloit rendre l'argent ou les billets.

Préville & l'autre semainier, le soir même ont été rendre compte de l'aventure à M. le lieutenant-général de police, qui leur a témoigné combien il étoit sensible à cela, mais qu'il ne pouvoit se dispenser d'exercer ses châtiments.

16 *Avril* 1765. Fermentation étonnante dans Paris au sujet de cette histoire, grand comité des gentilshommes de la chambre tenu chez M. de Sartines. Le résultat est d'envoyer les coupables au Fort-l'Evêque. Brizard & Dauberval y vont aujourd'hui : Molé & le Kain ensuite, se sont arrêtés à une certaine distance, & ont écrit une belle lettre, où ils rendent compte de leur conduite, & déclarent que l'honneur ne leur permet pas de jouer avec un fripon.

Mlle. Clairon reçoit des visites de la cour & de la ville, au sujet de cet événement ; elle ne peut digérer l'affront qu'on a voulu lui faire de la mettre en face de Dubois. On rapporte à ce sujet qu'ayant interpellé quelques officiers qui faisoient cercle chez elle, & leur ayant demandé si dans leurs corps ils n'useroient pas de même ? Si quelqu'un d'eux avoit fait une bassesse, ce qu'ils feroient, s'ils ne le chasseroient pas ? Et si, par extraordinaire, la cour vouloit les forcer à garder un infame, s'il ne quitteroient pas tous ? *Sans doute, Mademoiselle*, reprend l'un d'eux avec vivacité, *mais ce ne seroit pas un jour de siege*.

16 *Avril* 1765. L'académie des belles-lettres a tenu aujourd'hui sa séance publique.

M. le Beau, secretaire perpétuel, a annoncé que le prix proposé pour cette année seroit remis à pâque 1767, parce que les mémoires des concurrents ne remplissoient pas toute l'étendue du sujet. Le sujet proposé est : *par lesquelles causes & par quels degrés les loix de Lycurgue se sont-elles altérées chez les Lacédémoniens, jusqu'à ce qu'elles aient été anéanties ?*

On a proposé ensuite pour le prix de la Saint Martin 1766, l'examen de ces questions : *Quels étoient en Egypte avant le regne de Ptolemée, les habillemens des deux sexes ? Y avoit-il quelques marques extérieures pour distinguer les magistrats des autres citoyens ? Quelle étoit la forme des temples & des autres édifices ? De quels bateaux se servoit-on sur le Nil ? Quelles étoient les cérémonies usitées dans les fêtes publiques & dans les funérailles ? Quels sont les animaux, les plantes & les autres objets, que les artistes peuvent employer pour caractériser l'Egypte ?*

M. Anquetil lut ensuite la préface qui doit être mise à la tête de la traduction des différents ouvrages de Zoroastre.

M. l'abbé le Batteux lut un mémoire, qui

tend à prouver que les nations païennes civilisées n'ont jamais ignoré le vrai Dieu.

M. l'abbé Foucher publia des recherches sur l'origine de l'ancien culte religieux des Grecs.

Enfin la séance fut terminée par la lecture d'une traduction de la cinquieme ode pythique de Pindare, par M. de Chabanon.

17 *Avril* 1765. L'académie royale des sciences a tenu aujourd'hui sa séance publique: elle a partagé en quatre le prix proposé, & qui n'avoit pu être adjugé en 1763 par l'insuffisance des pieces. Le sujet étoit *la meilleure méthode de lester & d'arrimer les vaisseaux*: aucune des quatre pieces couronnées n'ayant rempli en entier son sujet, & toutes étant à un égal degré de mérite, on a cru devoir faire un pareil partage. Les couronnés sont M. l'abbé Bossut, professeur de mathématiques à Mézieres; M. Bourde de Vilhuette, officier des vaisseaux de la compagnie; M. Grognard, constructeur de vaisseaux du roi: le quatrieme n'est pas encore connu.

Le prix proposé pour 1771 est *la meilleure maniere de mesurer les temps en mer*.

M. de Sartines avoit proposé un prix de 1,000 liv. sur *la meilleure maniere d'eclairer les rues de Paris*. Les pieces n'ont pas paru suffisantes. Le prix est renvoyé à l'année prochaine, avec 1,000 livres d'augmentation.

M. de Fouchy a rendu compte des arts que l'académie a publiés depuis un an. Ils sont *l'art du tanneur*, par M. de la Lande; *l'art du drapier*, par M. Duhamel; *l'art de convertir le cuivre rouge en laiton*, par monsieur Gallon, colonel d'infanterie. Il a lu ensuite l'éloge de le marquis de Poleni, professeur à Padoue, mort en 1762.

M. le chevalier d'Arci a lu un mémoire sur la durée des impressions qui se font dans l'œil: il a trouvé qu'elle est de huit tierces de temps, ou environ le quart d'une seconde.

M. de Fouchy a repris ensuite la lecture par l'éloge de M. le marquis de Montmirail, mort au mois de décembre 1765.

M. le Monnier a lu un mémoire sur les éclipses de soleil en général, & en particulier sur celles de 1737, 1748, 1764 & 1765.

La séance a été terminée par un mémoire de M. Duhamel, sur la conservation des grains.

18 *Avril* 1765. Mlle. Clairon est au Fort-l'Evêque depuis avant-hier.

Les comédiens ont repris hier leur service: comme on craignoit que la scene fût tumultueuse, on n'a fait afficher que fort tard, en sorte qu'il y a eu très-peu de monde, comme on le desiroit, & des gens gagés qui ont fort applaudi un assez maigre compliment qu'est venu débiter Bellecourt. M. de Sartines, à qui on l'attribue, étoit présent au spectacle. Ils ont joué ensuite *le Chevalier à la mode* & *le Babillard*, & tout s'est passé fort tranquillement. Le sieur Bellecourt, en rentrant dans les foyers après son débit, a paru pénétré de la scene humiliante qu'il venoit de jouer, & a déclaré qu'il falloit avoir autant d'attachement pour sa compagnie qu'il en avoit, pour s'être prêté à un pareil rôle.

Molé & le Kain se sont rendus du lieu de leur retraite au Fort-l'Evêque.

Discours prononcé à la comédie Françoise par Bellecourt, avant la piece du Chevalier à la mode, &c.

Messieurs,

« C'est avec la plus vive douleur que nous nous présentons devant vous ; nous ressentons avec la plus grande amertume le malheur de vous avoir manqué. Notre ame ne peut être plus affectée qu'elle l'est du tort réel que nous avons. Il n'est aucune satisfaction qu'on ne vous doive : nous attendons avec soumission les peines qu'on voudra bien nous imposer, & qui ont été déja imposées à plusieurs de nos camarades. Notre repentir est sincere ; ce qui ajoute encore à nos regrets, c'est d'être forcés de renfermer au fond de notre cœur les sentiments de zele, d'attachement & de respect que nous vous devons, qui doivent vous paroître suspects dans ce moment-ci. C'est par nos soins & par les efforts que nous ferons pour contribuer à vos amusements, que nous espérons vous ôter jusqu'au moindre souvenir de notre faute ; & c'est des bontés & de l'indulgence dont vous nous avez tant de fois honorés, que nous attendons la grace que nous vous demandons, & que nous vous supplions de nous accorder. »

20 *Avril* 1765. Molé & Brizard sont sortis aujourd'hui de leur prison pour jouer dans *le Glorieux*, & *Zénéide*.

On ne peut qu'attribuer à une cabale gagée par eux les applaudissements multipliés avec lesquels ils ont été reçus. Leur insolence s'en est accrue, & l'on ne peut rendre l'indignation qu'a causé aux gens comme il faut ce contraste révoltant.

Quant à Mlle. Clairon, elle convertit en triomphe une disgrace qui devroit l'humilier. Elle a été conduite au Fort-l'Evêque par madame de Sauvigny, l'intendante de Paris ; & l'exempt n'ayant point voulu lâcher sa proie, il est monté dans le vis-à-vis de cette dame, qui a pris Mlle. Clairon sur ses genoux, tandis que l'alguazil s'est assis sur le devant. On ne peut omettre une réponse qu'il a fait à mademoiselle Clairon, en lui signifiant l'ordre de sa détention. Cette héroïne a reçu la nouvelle avec une noblesse digne d'elle ; elle a déclaré qu'elle étoit soumise aux ordres du roi, que tout en elle étoit à la disposition de S. M. ; que ses biens, sa personne, sa vie, en dépendoient ; mais que son honneur resteroit intact, & que le roi lui-même n'y pouvoit rien : *vous avez bien raison, Mademoiselle*, a-t-il repliqué, *où il n'y a rien, le roi perd ses droits.*

Cette actrice a le logement le moins désagréable de la prison : on l'a meublé magnifiquement. C'est une affluence prodigieuse de carrosses : elle y donne des soupers divins & nombreux, en un mot elle y tient l'état le plus grand.

21 *Avril* 1765. On écrit de Londres que le docteur Young, auteur *of Night Thougts* & d'autres ouvrages ingénieux, a été enterré le vendredi 12 de ce mois. Son premier ouvrage, intitulé : *the last Dai*, étoit en 1704. Avant sa mort il a fait brûler tous ses manuscrits. Il avoit été intime ami d'Adisson, & avoit travaillé au

Spectateur. Il est question de lui élever un monument à Westminster.

22 *Avril* 1765. Mlle. Clairon est sortie hier au soir du Fort-l'Evêque, sur la représentation de son chirurgien, qui a déclaré que sa santé étoit en danger. Elle est allée de là chez madame de Sauvigny, où, après les tendres amitiés ont succédé les évanouissements ; enfin elle s'est rendue chez elle. Elle y est aux arrêts, & n'y peut recevoir que trois personnes, outre ceux qui la servent : madame de Sauvigny, M. de Valbelles, & un Russe *pot au feu*.

25 *Avril* 1765. L'affaire des comédiens est toujours en suspens, & le théâtre ne va que cahin caha. On fait sortir journellement les prisonniers pour jouer, & l'on les reconduit au Fort-l'Evêque. On négocie beaucoup. M. de Belloy, pour faire plaisir à Mlle. Clairon, à laquelle il doit son existence, a retiré son *Siege de Calais*; au moyen de quoi le public n'est plus en droit d'exiger la réparation qu'il devoit naturellement attendre, de revoir cette piece avec les mêmes acteurs qui devoient la représenter le lundi 15, jour de la rentrée & de l'incartade de cette troupe.

26 *Avril* 1765. Il est question d'introduire en France un livre étranger excellent, mais où il se trouve des assertions hardies & inadmissibles sur la religion. Ce livre est de M. de Beausobre, & a pour titre : *Introduction à l'étude de la politique, de la finance & du commerce*. Il est en deux volumes. Monsieur de Sartines travaille à le faire épurer, & cet ouvrage paroîtra ensuite ici au moyen de l'édition plâtrée qu'on en fera.

28 *Avril* 1765. On annonce une suite au *Dictionnaire Philosophique*, sous le titre de *Philosophie de l'histoire, par feu l'abbé Bazin*. Ce livre est dédié à l'impératrice des Russies, avec ses qualifications. On ne peut douter que l'ouvrage ne soit de M. de Voltaire : tout y est marqué au coin de son esprit, de sa plaisanterie & de son incrédulité. Ce livre, qui paroît ressasser beaucoup de choses déja répétées mille fois, & qu'il a traitées lui-même ailleurs, va recevoir la plus grande vogue par sa rareté & le mérite du sujet embelli de tout ce que peut y ajouter le sarcasme du bel esprit. Il y a à la fin une petite note, par laquelle on annonce que c'est tout ce qu'on a pu recueillir du manuscrit de cet abbé, auquel on n'a eu garde de toucher : si l'on en recouvre la suite, on promet de la donner au public : c'est ce qu'on appelle une pierre d'attente qui nous annonce une suite prochaine, peut-être déja dans le porte-feuille de M. de Voltaire, cet auteur intarissable.

29 *Avril* 1765. On lit dans une *Vie de M. Rossillon de Bernex, évêque & prince de Geneve, par le R. P. Boudet, chanoine régulier de St. Antoine, &c.* une anecdote singuliere sur un prétendu miracle, opéré de son vivant par ce prélat. C'est un certificat, signé *J. J. Rousseau*, par lequel ce philosophe atteste d'avoir été témoin d'un feu éteint à ses yeux, cet évêque s'étant mis a genoux. Il est assez singulier de voir un homme qui écrit contre les *Miracles*, dresser un mémoire comme témoin oculaire d'un fait qui ne peut être l'ouvrage du hasard.

2 Mai 1765. Epigramme.

Quoi ! mille francs pour ma v....e,
Difoit Dubois à fon Frater ?
Fretillon, pour beaucoup moins cher,
A fait cent tours de cafferole.
Fi donc! repliqua le Keyfer,
Sandis! c'eft un exemple unique:
La belle alors de tout Paris
Etoit la meilleure pratique:
J'aurois dû la traiter *gratis* :
C'étoit l'efpoir de ma boutique.

4 Mai 1765. On lit dans le *Mercure* de ce mois une *Lettre de M. Piron au Sr. de la Place, auteur du Mercure*, où il annonce fa converfion dans fon ftyle ordinaire & avec la tournure d'efprit qui lui eft propre : on ne peut encore décider fi c'eft fincérité, hypocrifie ou perfiflage. Cette épître eft occafionée par l'envoi de la traduction d'un pfeaume. On fe doute bien que cet ouvrage, qui eft le plus édifiant, n'eft pas le meilleur de l'auteur ; quoi qu'il en foit, cette démarche eft des plus originales, & la lettre y répond on ne peut mieux.

Nous apprenons que M. Piron eft furieux de l'impreffion de fa lettre Il l'avoit jointe au pfeaume pour lui fervir d'introduction, mais il ne comptoit pas que M. de la Place la rendroit publique.

5 Mai 1765. M. Craffou, docteur & profeffeur de la faculté de droit de Paris, eft de retour de Belême au Perche, où il avoit été exilé par lettre de cachet, comme on l'a vu ci-devant,

5 Mai 1765. MM. des requêtes de l'hôtel, à la suite du jugement en faveur des *Calas*, ont arrêté que le roi seroit supplié de faire abolir une certaine procession, d'usage à Toulouse le 17 mai de chaque année. On vient de faire imprimer l'histoire de cette cérémonie, sous le titre suivant : *Histoire de la délivrance de la ville de Toulouse, arrivée le 17 mai 1562, où l'on voit la conspiration des huguenots contre les catholiques, leurs différents combats, la défaite des huguenots, & l'origine de la procession du 17 mai, le dénombrement des reliques de l'église de Cernin : le tout tiré des annales de ladite ville.* On y a mis cette épigraphe : *tantum religio potuit suadere malorum !* L'historien, dans une préface très-judicieuse & très-bien écrite, fait voir la nécessité de supprimer cette cérémonie, monument trop durable du fanatisme & de la révolte, sur-tout dans ce siecle philosophique, où l'esprit de tolérance se répand si heureusement.

6 Mai 1765. Les comédiens François ont fait aujourd'hui au public un nouveau compliment, dans lequel ils annoncent que la détention de quelques acteurs, l'absence de Mlle. Dumesnil, la maladie de Mlle. Clairon & la consternation universelle de la troupe, les mettent dans l'impossibilité de continuer des représentations suivies. En conséquence ils ont pris deux jours de congé. On ne croiroit jamais toute l'importance que l'on met à l'accommodement d'une affaire, qui n'en devoit avoir d'autre qu'une soumission servile & aveugle de la part des histrions.

7 Mai 1765. On apprend de Neuchâtel, qu'il

s'étoit assemblé un consistoire à Moutiers, où réside le célebre Rousseau, qu'il avoit été question de procéder contre lui comme l'*Anti-Christ*; mais que le gouvernement avoit décidé que ce consistoire n'avoit rien à voir à la religion de M. Rousseau, & avoit arrêté toute procédure ultérieure contre lui.

7 *Mai* 1765. Pendant la vacance de pâque, les comédiens Italiens ont ajouté à leur salle six nouvelles loges sur l'avant-scene de leur théatre, au lieu de deux colonnes qui la décoroient. Ils ont préféré leur intérêt à une magnificence vaine. La fureur de ce spectacle ne se rallentit point, & le tiers des loges est loué à l'année.

10 *Mai* 1765. L'affaire des comédiens est enfin terminée; elle s'est traitée avec une importance qu'on ne s'imagineroit pas devoir apporter à la *vilité* des personnages. Dubois a paru demander sa retraite & l'a obtenue. On lui a accordé 1,500 liv. de pension, quoi qu'il n'eût que 29 ans de service, & que selon la regle il en faille 30: en conséquence, pour ne point déroger à l'usage, il est encore censé au théatre une année, & il jouira de sa part, quoiqu'il ne joue plus. On lui accorde en outre 500 livres de pension extraordinaire, comme ayant fait une éleve (sa fille): ce qui est d'étiquette. Les détenus en prison ont été élargis hier au soir.

11 *Mai* 1765. On voit ici les fragments d'une lettre de l'impératrice des Russies, qui, joints à quantité d'autres traits, lui concilient les suffrages des philosophes & des gens de lettres. Elle s'exprime ainsi dans une lettre à madame

de ***, pour qui elle a conservé l'amitié dont elle l'honoroit autrefois.

« Si vous étiez ici, Madame, il n'y auroit d'autre distance entre vous & moi qu'une petite table. Mes ordonnances, relativement au clergé, n'ont eu pour but que de le débarrasser des soins du temporel, pour que n'étant plus occupé dorénavant que du spirituel, il puisse en paroître plus respectable aux yeux des peuples......

» Ne me nommez plus, je vous prie, le nom de *Montesquieu*, parce qu'il m'arrache des soupirs: s'il vivoit encore, je lui aurois fait des propositions, mais il m'auroit refusé.... Son livre est le vrai bréviaire des souverains, j'entends de de ceux qui ont le sens commun.

» Le roi de Prusse, ce grand prince, mon ami & mon allié, m'écrit des lettres dont chaque mot & chaque ligne mériteroient d'être imprimés, mais il n'est pas encore temps pour cela. Nous traitons de nos affaires tout haut, parce que nous ne faisons point usage des fausses finesses qui gouvernent dans les autres cours.

» C'est avec raison que vous pouvez avoir été surprise de mes manifestes; mais vous n'avez pas apparemment réfléchi, Madame, que je parlois à des Russes, & non pas à des Anglois: pour vous contenter, j'ose vous promettre que vous n'en verrez plus de ma façon. »

12 *Mai* 1755. On fait l'histoire de la maison d'Orléans; on doit trouver à la tête le portrait de S. A. S. Mgr. le duc d'Orléans, avec ces vers remarquables:

Vous, qui d'un œil surpris comptez dans cette histoire
 Tant de héros, d'exploits & de vertus,

Si vous doutez, ne doutez plus,
Ce prince vous les fera croire.

13 *Mai* 1765. Le retour de Mlle. Dumesnil a mis les comédiens en état de jouer aujourd'hui une tragédie. Ils ont donné *Sémiramis*. Le public est retourné en foule à ce spectacle, composé de gens de la plus haute distinction. Mlle. Dumesnil a été fort applaudie, mais Mlle. Dubois qui faisoit le rôle d'*Azema*, encore plus : ce qui décele la cabale ameutée en faveur de cette actrice médiocre.

Mlle. Clairon est encore incommodée, ou du moins fait valoir son état pour ne point jouer; elle veut exciter les desirs du public.

14 *Mai* 1765. *Jupiter & Danaé*, poëme héroï-comique. Il est divisé en six chants; il roule sur la fable agréable & connue de la métamorphose du maître des dieux pour triompher de cette belle princesse. Nous nous contenterons d'indiquer la maniere de l'auteur par ces deux vers caractéristiques : Danaé joue aux quilles avec sa suivante; elle se plaint de sa mal-adresse :

Hélas! que dira-t-on d'une impuissante fille
Qui n'a pu dans ce jour mettre à bas une quille?

15 *Mai* 1765. Freron, toujours acharné contre M. de Voltaire, vient de publier dans sa feuille treizieme une prétendue *lettre d'un Philosophe protestant à M****, *sur une lettre que M. de Voltaire a écrite à M. Damilaville à Paris, au sujet des Calas*.

Ce philosophe protestant réfute la maniere dont M. de Voltaire prétend avoir été autorisé à présumer l'innocence des Calas. Il est bien extraordinaire qu'on sache un mauvais gré à ce grand homme d'avoir embrassé aveuglement la cause d'un vieillard qu'il souhaitoit n'être pas trouvé coupable. Quelque peu raisonné que fût son zele, il ne lui fait que plus d'honneur. Les vrais philosophes sauront très-mauvais gré à Freron d'avoir mis sous le nom d'un autre philosophe toutes les mauvaises chicanes, tous les raisonnements scholastiques, qu'il emploie pour prouver que M. de Voltaire a eu tort.

18 *Mai* 1765. M. Clairaut, de l'académie royale des sciences, & l'un des plus grands géometres de l'Europe, est mort hier.

19 *Mai* 1765. Entre les différents ouvrages qui ont paru sur l'éducation depuis quelque temps, on distingue celui de M. Garnier, professeur royal d'hébreu, & de l'académie des inscriptions & belles-lettres; il est intitulé *de l'Education civile*. L'auteur, après avoir étalé ses recherches sur l'éducation antique, trace le meilleur plan, suivant lui, pour nos mœurs. Entre les différentes vues qu'on remarque dans cet ouvrage, on distingue le projet d'une troisieme année de philosophie, où l'on étudieroit la *morale pratique, économique & politique, qui comprendroit le droit de la nature & des gens, la science de l'homme civil.* C'est cette derniere partie qui fait l'objet de cet ouvrage, ou d'un cours d'éducation divisé en sept livres, précédés d'une introduction sur la nécessité d'apprendre à se connoître.

M. Garnier voudroit sur-tout qu'on ramenât les lettres à leur véritable institution. Nous ne les regardons plus que comme un objet d'amusement. Il fait une sortie assez vive contre les tragiques François, auxquels il reproche d'avoir dégradé leur art, & de l'avoir fait dégénérer de sa premiere institution.

20 *Mai* 1765. M. Bret vient de recueillir ses ouvrages de théatre en un volume dédié à S. A. S. Mgr. le prince de Condé. Cette collection renferme *l'Ecole amoureuse, la double extravagance, le Jaloux, l'Entêtement, l'Orpheline* ou *le faux Généreux.* Les deux premieres pieces ont eu du succès & sont restées au théatre; les trois autres n'ont pas eu le même avantage.

En général, M. Bret a du sens, de la raison, des connoissances; il connoît le ton de la bonne comédie, l'entente des scenes, la variété des caracteres: mais ses défauts sont un manque d'énergie dans ces mêmes caracteres, du romanesque dans les ressorts, trop de sagesse, qui dégenere quelquefois en froideur.

22 *Mai* 1765. *Discorso sopra l'imitatione dramatica.* Ce petit ouvrage, d'un philosophe Toscan, est fait pour prouver que les beaux arts ne peuvent atteindre leur but qu'en embellissant la nature, qu'il ne faut point le restreindre à une imitation servile qui ne feroit aucun plaisir.

On y cite l'exemple de Belvederi, qui avoit élevé à Naples un théatre, où il s'étoit proposé de rappeller tout à l'exacte vérité; il formoit ses acteurs lui-même; il ne leur donnoit jamais que des rôles convenables à leur caractere & à leur figure, &c. Cette méthode d'assimiler le rôle au caractere des acteurs, réussit tellement au Belvederi, qu'il prétend que, dans les moments de passion, l'illusion agissoit sur eux au point de les faire rougir ou pâlir suivant l'exigence de rôle. On répond à ceux qui se prévalent de cet exemple, que si le Belvederi a obtenu de si grands effets de cette maniere d'imiter la nature, il les dut sans doute à l'impuissance de l'imiter parfaitement.

24 Mai 1765. L'académie des sciences s'étant employée pour faire avoir à M. d'Alembert la pension vacante par la mort de M. Clairaut, le ministre a répondu aux députés de cette compagnie que S. M. étoit trop mécontente des derniers ouvrages de M. d'Alembert pour lui accorder aucune grace. On croit que ce discours tombe sur le livre concernant *la destruction des jésuites*.

28 Mai 1795. Les comédiens Italiens ont donné aujourd'hui une représentation extraordinaire *du Roi & du Fermier*, avec *le Sorcier* & deux ballets de Pitro. Le produit de cette représentation a été destiné à Philidor, musicien connu par ses talents, mais que des malheurs domestiques ont réduit à la nécessité d'accepter ce bienfait de la part des comédiens, pour lesquels il travaille depuis plusieurs années avec succès.

29 Mai 1765. On parle beaucoup d'avance du discours que doit prononcer à l'assemblée du clergé M. l'archevêque de Toulouse. On sait qu'il roulera sur *l'accord des deux puissances*; la division de son discours est : la puissance royale doit soutenir la puissance ecclésiastique dans toute son étendue : la puissance royale doit empêcher que la puissance ecclésiastique n'excede ses bornes légitimes. On est d'autant plus curieux de voir comment monsieur de Brienne traitera cet objet, qu'il est fort lié avec monsieur d'Alembert, &

qu'on ne doute pas qu'il n'ait consulté cet auteur.

30 *Mai* 1765. Le mandement de M. de Sarlat, quoique très-rare encore, commence à se répandre. Nous venons de le lire. Il est du 24 *novembre*: l'auteur y dévoile d'abord les raisons de son silence & celles de plusieurs évêques; il révele à cette occasion des anecdotes précieuses; il faudroit ensuite les trois mandements de feu M. de Soissons, de M. l'évêque d'Angers & de M. d'Alais, conformes aux vues des parlements. Il combat le livre des *assertions* avec une adresse singuliere; il soutient les jésuites, & prétend démontrer leur innocence. Cet ouvrage, même comme littéraire, est très-bien fait, est écrit avec autant de force que de modération, & donne un bel exemple du zele avec lequel un évêque doit dire son sentiment dans les matieres qui le concernent.

31 *Mai* 1761. M. l'archevêque de Toulouse a prononcé aujourd'hui son discours. Son texte étoit pris de *Zacharie*, chap. VI : *il s'asseyera sur son trône, & il dominera; le grand-prêtre sera aussi aussis sur le sien, & il y aura entr'eux une alliance de paix.*

Dans le premier point, l'orateur a établi que c'étoit la religion qui avoit formé les loix & les mœurs, & qu'elle avoit eu recours à l'autorité temporelle pour en maintenir l'observation.

Dans le second, il a montré que la puissance ecclésiastique ne doit pas nuire à la protection qu'elle a droit d'attendre de la puissance temporelle, en l'occupant au soin de la contenir dans les limites des fonctions qui lui sont confiées, les peuples n'étant heureux que lorsque l'une & l'autre concourent à entretenir l'harmonie pour le bonheur des sujets.

1 *Juin* 1765. *Lettre d'un théologien à un évêque, député à l'assemblée du clergé.* Tel est le titre d'une petite brochure qui, sous prétexte des projets que l'on attribue à la plupart des évêques, tendant à remettre sur la scene *le Formulaire, la Constitution Unigenitus,* sur lesquels le roi a imposé un silence absolu, *l'affaire des hospitalieres, le rétablissement des ci-devant soi-disant jésuites, à prendre la défense des assertions, enfin à épouser la querelle de* M. *l'archevêque d'Aix contre* M. *l'évêque d'Alais,* présente au public les motifs qui doivent les faire proscrire. Le peu de modération & de tolérance que présente un écrit fait pour prêcher la modération & la tolérance, décrédite tout ce qu'on pourroit y trouver de bon.

2 *Juin* 1765. *Avis important au cardinaux, archevêques & évêques, au clergé séculier, régulier, à la noblesse, &c.* Cette brochure est un tocsin général pour mettre toute la nation en mouvement, sous prétexte de la ruine imminente de la religion. On y fait un précis très-exact & circonstancié, on ne peut mieux, des différents assauts que l'église de France a éprouvés depuis la mort du cardinal de Fleury : on dévoile toutes les manœuvres exécutées pour sapper sourdement & à petit bruit l'autel & le trône : on y reproche sur-tout aux évêques leur indolence, leur inaction, leur mésintelligence. Cet ouvrage, écrit avec force & beaucoup de chaleur, est bien opposé à celui dont nous venons de rendre compte. Les jésuites n'y sont pas oubliés. On trace d'une façon effrayante les suites funestes de leur

destruction. Le jansénisme y est traité d'une façon également injurieuse & méprisante. Cet ouvrage, comme littéraire, & d'une éloquence frappante, & propre à allumer l'enthousiasme & le fanatisme dont il est empreint à chaque page.

3 *Juin* 1765. On débite sourdement un livre intitulé : *l'Ecole de l'administration maritime*, ou *le Matelot politique*. Cette brochure, dédiée à l'impératrice des Russies, & signée le *chevalier de* ***, n'est donnée que comme le projet d'un livre en deux volumes, grand in-8°. qui portera le même titre. A en juger par celui-ci, ce n'est qu'une compilation sans ordre & sans méthode de projets tronqués. L'auteur paroît sur-tout avoir puisé dans les *intérêts de la France mal entendus*. La confusion, l'obscurité, le galimathias qui regnent dans cet ouvrage, annoncent une tête étroite, mais organisée, & peu propre à former un système qui demanderoit un génie aussi lumineux que fécond. Le style est sec, dur, & ressemble à celui de M. de Mirabeau, bien supérieur cependant, quant à l'énergie.

4 *Juin* 1764. Epitaphe à M. Clairaut.

Sous cette tombe gît Clairaut, qui dans ses veilles
   De l'univers entier mesura la grandeur :
Les cieux pour son esprit n'ayant plus de merveilles,
   Il est allé contempler leur auteur.

4 *Juin* Monsieur Bret s'exerce aussi dans la carriere des *Contes Moraux & Dramatiques*, comme il les appelle. Il vient d'en publier trois. Ils ne sont remarquables que par la nouvelle forme

qu'il leur a donné ; c'est de mettre les noms des interlocuteurs à chaque couplet du dialogue. Il prétend que les jeunes écrivains pourroient s'exercer utilement dans un semblable genre, & se préparer aux grandes compositions.

5 *Juin* 1765. Madame Riccoboni ne cesse de semer de fleurs sa carriere littéraire, elle vient de répandre dans le public un *Recueil de pieces détachées*, aussi agréable que piquant. Il commence par une continuation de *Marianne*, écrite dans le style de Marivaux. Ce morceau, curieux par la ressemblance de la copie, présente jusqu'aux défauts du modele ; mais la piece la plus curieuse est un *Romanet*, qui a pour titre *Ernestine*. Il nous paroît d'un goût exquis : les caracteres y sont vrais, quoique singuliers, & les incidents neufs, sans être romanesques.

6 *Juin* 1765. Il paroît enfin une critique du *Siege de Calais*. Il s'est trouvé un écrivain assez hardi pour dire la vérité, & remettre cette tragédie à la place qu'elle mérite, c'est-à-dire, au rang des plus médiocres.

8 *Juin* 1765. M. l'abbé Frugoni, célebre poëte Italien, vient de publier à Parme un volume sur *l'Inoculation du prince héréditaire*. Cet ouvrage est plein de richesses de la poésie & de fictions ingénieuses. On admire sur-tout la maniere pittoresque dont l'auteur a rendu l'analyse des ouvrages de l'abbé de Condillac, précepteur du jeune prince, & qui, ayant pensé périr de la petite vérole peu de temps après, méritoit d'occuper une place dans ce poëme.

10 *Juin* 1765. *Lettre à un ami sur le livre de M. d'Alembert sur la destruction des Jésuites en France*. Cette brochure éclose sous la plume

du plus fanatique janséniste, est marquée au sceau d'une passion si caractérisée, qu'elle ne peut faire aucun tort à l'ouvrage du philosophe. Il suffira de dire pour démontrer à quelle extravagance on se porte quand on n'est plus guidé par une raison judicieuse, que cet auteur compare M. d'Alembert à l'*Hyene*. La fureur qu'il déploie, discrédite la critique plus sensée de cet ouvrage, qu'il fait en d'autres endroits, tant sur le fonds que sur la forme qui en sont également susceptibles. On lui dit entr'autres choses qu'il a voulu être le singe de Pascal, & qu'il n'est qu'un Pasquin : ce qui est assez vrai.

11 *Juin* 1765. M. d'Arnaud intente une accusation de plagiat contre M. Bret. Il prétend que le trait de ce comique, qui dans son *faux généreux* représente un fils vendant sa liberté pour son pere, a été employé long-temps avant que le dernier en fît usage dans sa comédie du *Mauvaise Riche*, composée dès 1745, & représentée depuis en 1750 sur un théatre particulier. Il soutient même qu'il y a d'autres ressemblances entre son drame & celui de M. Bret. Quoi qu'il en soit, il écrit à cette occasion une lettre à monsieur Freron, insérée au n°. 16, aussi plate que vaine & puérile ; il cite une grande scene de sa piece ; qui ne signifie rien & n'en donne aucune idée.

12 *Juin* 1765. M. le comte de St. Florentin vient d'écrire à l'académie royale des sciences une lettre, par laquelle il lui marque que le roi agréoit l'élection faite l'année derniere du chevalier Turgot, & qu'on procédât à la nomination de quatre nouvelles places d'associés libres.

Le roi n'a point encore prononcé sur la peusion vacante par la mort de M. Clairaut, dont M. d'Alembert a été exclu.

14 *Juin* 1765. On répand deux nouveaux chapitres des *matinées du roi de Prusse*, faisant la le six & le sept. Ils sont plus étendus, & développés d'une façon moins ironique & plus grave. On seroit tenté de croire qu'ils ne sont point de la même plume : ils sont manuscrits, ainsi que les autres.

15 *Juin* 1765. Mlle. Clairon continue à ne point paroître. Il y a même à parier qu'elle ne jouera plus. Malgré toutes ses lettres hypocrites où elle parle de son attachement & de son zele pour le public, elle vient de tenter l'impossible auprès de M. le duc de Richelieu pour obtenir une retraite absolue. Ce supérieur n'a point voulu ; il lui a seulement accordé un congé jusqu'à pâque, afin qu'elle eût le temps d'aller à Geneve & de s'y faire raccommoder ce qu'elle a de malade, sauf à voir ensuite si sa santé exige absolument cette grace.

16 *Juin* 1765. Dans le *London Chronicle* du 10 au 11 de ce mois, on voit le détail d'une comédie jouée pour la premiere fois à Londres, sur le théatre de *Haymarket* (marché au foin). Cette piece est intitulée le *Commissaire*. Elle est de M. Foote, c'est-à-dire, gaie & satirique.

16 *Juin*. Sur la réponse du roi, M. Perronet, directeur des ponts & chaussées, & M. Andouillé, premier chirurgien du roi, ont été admis, de l'agrément du roi, associés libres par l'académie royale des sciences.

17 *Juin* 1795. On voit dans Freron, n°. 16, une lettre signée *Chary*, où l'on s'étend fort au long sur le pere *Feijo*, bénédictin Espagnol,

général de son ordre & membre du conseil de sa majesté catholique, mort au mois d'octobre de l'année derniere. C'est le fameux auteur du *Théatre critique & universel sur les erreurs communes en tout genre de matieres*, au nombre de quatorze volumes. Plusieurs ouvrages périodiques, & sur-tout le *Journal Etranger*, ont parlé avec éloge de cet ouvrage savant. Mais ce qui rend le Sr. Feijo encore plus célebre & digne d'une gloire immortelle, c'est la hardiesse avec laquelle il a osé s'opposer aux progrès de la superstition, & lever les voiles de l'ignorance dont elle couvroit son pays. Si l'Espagne a fait quelques pas vers la vérité, elle les doit au zele intrépide de ce philosophe, qui sans cesse en bute aux traits de la cabale & de la calomnie, s'est sacrifié pour instruire sa nation, extirper la fausse philosophie & les préjugés de toute espece dont ses compatriotes étoient imbus. On y cite, pour mettre le sceau à son courage héroïque, la maniere ingénieuse & juridique dont il détrompa les spectateurs d'un faux miracle, qui se renouvelloit tous les ans depuis plusieurs siecles, & qui n'étoit qu'un effet naturel, ménagé à propos.

19 *Juin* 1765. Par le *London Chronicle* du 12 au 13 juin, on apprend qu'il y avoit une action intentée à Londres contre M. Foote, pour un caractere connu introduit dans sa nouvelle comédie du *Commissaire*.

19 *Juin*. M. de la Harpe est actuellement à Geneve. M. de Voltaire accueille tour-à-tour les différents éleves des Muses, qui veulent bien lui faire leur cour.

20 *Juin* 1765. *Le jésuitisme, hérésie nouvelle,*

ou *histoire abrégée des héréfies formées dans l'églife depuis fon établiffement.*

C'eſt l'ouvrage de quelque famélique auteur, qui a cru pouvoir, dans ce moment-ci, fe faire une reſſource de raſſembler dans un très-petit volume l'hiſtorique des diverſes héréſies qui ont affligé l'églife; & pour piquer la curioſité il y a joint celles du prétendu *Janſéniſme*, des *Quiétiſtes*, du *Jéſuitiſme*, du *Pirhoniſme*, de l'*Hardouiniſme* & du *Berruyéniſme*. Cette collection abrégée eſt commode pour ceux qui n'ont pas le temps de lire les détails dans les énormes ouvrages qui en traitent.

22 *Juin* 1765. M. de Mondonville s'étant aviſé de remettre en muſique, d'un bout à l'autre, l'opéra de *Theſée*, M. le maréchal de Richelieu a jugé à propos d'en faire faire une répétition aujourd'hui ſur le théatre de l'hôtel des Menus, où ont été convoqués tous les connoiſſeurs & amateurs. Cette repréſentation n'a point eu de ſuccès : on a trouvé les airs de ſymphonie admirables, mais le récitatif bien inférieur à celui de Lully. On doute que cet opéra ſoit donné l'automne à Fontainebleau, comme on l'avoit projeté.

23 *Juin* 1765. Il eſt arrivé de Bretagne deux pieces curieuſes dans ce pays-ci; l'une eſt la *parodie* en vers d'une lettre de M. de St. Florentin, en félicitation aux douze membres du parlement qui n'ont pas donné leur démiſſion : l'autre eſt une gravure faite par monſieur l'abbé *Luſgais*, gentilhomme Breton, repréſentant les douze bardés de I & de F. Ces deux pieces à conſerver comme hiſtoriques ſont fort rares : la premiere eſt appellée la *Laverdique*, dont on

a déja parlé. La seconde se nomme la gravure des *Ifs*. L'auteur de cette derniere est à la Bastille.

24 Juin 1765. On écrit d'Allemagne que le margrave de Bade-Dourlach vient d'établir une société littéraire, à laquelle il veut présider en personne, & que, fût-il simple particulier, il auroit droit à cette présidence. On ajoute qu'il ne se livre à ses occupations littéraires qu'après avoir fait tout ce qu'il falloit pour rendre ses peuples heureux.

On apprend encore que le duc régnant de Wurtemberg a consacré cette année à la dédicace d'une bibliotheque publique, qui donne son nom à une société savante ou qui aspire à l'être ; que cette cérémonie s'est faite avec toute la solemnité possible : en un mot, que ce prince cherche à donner à ses états une secousse violente par un luxe prodigieux & les fêtes les plus splendides, dans l'espoir qu'il en sortira tout ce qui est propre à y faire fleurir les arts & les sciences.

26 Juin 1765. M. l'abbé de la Tour-du-Pin, prédicateur célebre, dont on a quelques ouvrages imprimés dans ce genre, vient d'être arrêté au milieu de sa carriere : il est mort ces jours-ci d'une fievre maligne, plus en philosophe qu'en orateur chrétien. La chronique scandaleuse publie qu'il n'a point reçu ses sacrements ni voulu les recevoir.

29 Juin 1765. On mande de Londres que les délais étant expirés au sujet de M. *d'Eon*, dont il a été question, on avoit prononcé qu'il étoit *hors de loi*.

30 Juin 1765. Dans ce siecle philosophique, où l'on court encore plus après l'argent que la science, il n'est rien qu'on ne réduise en art, dont on ne donne de prétendus principes : un nouveau maître se met sur les rangs, & veut réduire le commerce à des points de doctrine, dont il offre de mettre au fait ceux qui voudront faire un cours sous lui : M. Cormiere répand un *prospectus* très-étendu sur cette matiere ; il considere ses éleves sous trois points de vue généraux, *comme entrant dans le commerce, comme faisant le commerce, comme quittant le commerce*. Il a quintessencié les plus habiles auteurs qui ont travaillé sur cette matiere, & vendra son élixir pour 72 liv. par an.

1 *Juillet* 1765. Il répand une *Requête des Bénédictins au roi*, imprimée, & qui a été présentée à S. M. par M. le duc d'Orléans. C'est une feuille de 4 pages, signée par un grand nombre de religieux de St. Germain-des-Prez & autres : elle paroît être l'ouvrage des plus savants de l'ordre. Ils se plaignent sommairement d'être astreints à des pratiques minutieuses, à des formules puériles, à une regle gênante & qui n'est d'aucune utilité à l'état. Ils demandent à n'être plus tondus, à faire gras, à porter l'habit court, à ne plus aller à matines à minuit, &c. en un mot, à être comme séculiers. Ils prétendent la réunion des petites maisons en grandes, & se regardent dès-lors comme plus en état d'être utiles au public ; ils offrent d'éduquer & entretenir *gratis* 60 gentilshommes. Cette requête fait grand bruit.

2 *Juillet* 1765. On voit dans le commencement du *Mercure* de juillet une correspondance entre M. Vernet, ministre du St. Evangile, & le fameux J. J. Rousseau. Celui-ci avoit paru

regarder le premier comme auteur du *libelle* intitulé *Sentiments des Citoyens*. Ce ministre en a envoyé à M. Rousseau une rétractation authentique, à laquelle il a répondu laconiquement, & comme n'étant pas persuadé. Replique de monsieur Vernet, &c. Il résulte de ce commerce que celui-ci a fait tout ce qu'il a pu pour se réconcilier avec l'autre, qui s'est toujours refusé aux différents termes d'un accommodement. On ne peut connoître le fond de ce procès, & quelles raisons rendent M. Rousseau si *récalcitrant*.

3 Juillet 1765. Un théologien a dénoncé la *Gazette Littéraire* à M. l'archevêque de Paris comme un ouvrage tendant à établir la tolérance, à favoriser les progrès de l'incrédulité. M. l'abbé Morlaix a pris en main la cause des auteurs de cet ouvrage périodique; il a fait des *Observations sur cette dénonciation*, où il prétend les venger. Nous doutons que beaucoup de gens lisent & le théologien & le réfutateur. Son écrit est sec, froid & triste. Il falloit y répandre le sarcasme à pleines mains, & c'étoit le cas du *ridiculum acri*.

4 Juillet 1765. L'université de Paris, par un privilege particulier, ayant joui de tout temps du droit des messageries & des postes, le roi jugea à propos, en 1719, de réunir ce privilege aux messageries & postes royales, & accorda à l'université pour indemnité le 28e. du bail général des postes, faisant alors 120,000 livres. Le bail ayant augmenté par la suite, l'université a réclamé son droit : M. le contrôleur-général lui fit accorder 20,000 livres d'augmentation. Cette année, que le bail de la ferme est porté à 7,000,000 de liv., l'université vient d'exposer par une requête au roi ses privileges, & sur quoi elle fonde sa réclamation du 28e. du prix du bail, dont l'objet est de subvenir à la dépense des frais de l'université & de ses membres pour l'instruction gratuite.

5 *Juillet* 1765. La république des lettres vient de perdre M. *Panard*, âgé de 74 ans. Il est mort à Paris le 13 juin dernier. On peut le regarder comme le pere du vaudeville François. M. de Marmontel l'a surnommé le *La Fontaine du vaudeville*. M. Favart l'a très-bien caractérisé dans ce vers heureux :

Il chansonna le vice & chanta la vertu.

Ce philosophe poëte vivoit de 300 livres de pension, que lui faisoient madame Carré de l'Orme, Mad. de *** & M. de.... Il avoit sur-tout enrichi de ses productions le théatre Italien, & encore plus l'opéra comique.

6 *Juillet* 1765. On vient de donner un extrait de Bayle, en 2 volumes in-8°. Cet ouvrage, qui présente en raccourci tout le poison répandu dans les in-folio de ce savant, est prohibé avec la plus grande sévérité. On l'attribue au roi de Prusse, c'est-à-dire le projet, qui du reste ne présente qu'une exécution très-servile. La préface est la seule chose qui paroisse y appartenir à l'auteur : on auroit pu même apporter encore plus de chose dans ce recueil, & concentrer davantage l'esprit pestiféré qu'il renferme.

7 *Juillet* 1765. Le sieur Monnet vient de mettre au jour son *Anthologie Françoise*. Il a prétendu donner un choix des chansons faites en France depuis le 13e. siecle jusqu'à présent. Rien de plus mal fait. Il est une preuve combien il faut un goût exquis pour faire un pareil ouvrage, qui

ne peut sortir des mains d'un homme dont l'intérêt guide la plume. On y voit à la tête un mémoire historique sur la chanson en général, & en particulier sur la chanson françoise. C'est sans contredit ce qu'il y a de mieux dans l'ouvrage. Il est de monsieur Meunier de Querlon. Le portrait de l'éditeur précede tout cela, avec ces trois mots, dans lesquels se dilate son ingénieuse vanité : *Mulcet, Movet, Monet*. Il avoit trouvé cette devise si belle, qu'il l'avoit mise à son théatre de l'opéra comique, dont il étoit directeur. Du reste, cet ouvrage est très-agréable pour la partie typographique.

9 *Juillet* 1765. M. de la Dixmerie vient de faire imprimer des *Lettres sur l'état présent de nos spectacles*. On y trouve une critique judicieuse, des vues neuves ; ce qu'il dit sur-tout par rapport aux pieces qu'on a tant de peine à faire recevoir & qui tombent si facilement, seroit adopté de tous les auteurs avec grande joie.

10 *Juillet* 1765. Le concours à l'académie Françoise au sujet du prix d'éloquence proposé pour cette année, a été si nombreux qu'elle a compté jusqu'à 200 pieces présentées : elle en a élagué un grand nombre, mais il en reste 14 qui toutes méritent une discussion particuliere : on sait que le sujet est *l'Eloge de Descartes*.

11 *Juillet* 1765. *Le Sottisier*, supplément aux trois volumes de chansons du sieur Monnet, paroît : il ne vaut pas mieux que les autres. Il devoit contenir les chansons les plus gaillardes ; mais il n'y a que des ordures, sans sel, sans graces, sans esprit. Toute la littérature est révoltée contre l'audace de cet intrus.

13 *Juillet* 1765. *La requête des Bénédictins* n'a

point eu le succès qu'ils s'en promettoient. On n'a vu dans cet ouvrage qu'un desir effréné de secouer le joug, & sans un examen bien réfléchi. M. de St. Florentin en a témoigné le mécontentement du roi aux supérieurs dans une lettre, qui se voit imprimée à la suite de celle de ces mêmes supérieurs, qui en font part à toutes les communautés. Dom pernetti, dom Lemaire, qui avoient la plus grande part à cet ouvrage très-bien fait, sont exilés.

14 *Juillet* 1765. M. Barletti de St. Paul, mécontent du jugement des commissaires nommés pour l'examen de son *Système d'éducation*, présenté à la cour, à l'usage des enfants de France, vient d'exhaler sa fureur dans un libelle lancé de Bruxelles, où il a établi sa résidence. Cet ouvrage est intitulé: *le Secret révélé*, ou *Dialogues*. Il introduit pour interlocuteurs les censeurs de son ouvrage, MM. de Moncarville, de Guines, Bonami & de Passe; ils se chargent réciproquement d'injures grossieres, & le magistrat, qui préside à la librairie, n'est pas épargné dans ce pamphlet, sans sel, sans esprit, sans raison.

15 *Juillet* 1765. M. Carle Vanloo, premier peintre du roi, vient de mourir. Ses ouvrages connus dispensent d'en parler.

16 *Juillet* 1765. On écrit d'Italie qu'on prépare à Lucques une édition nouvelle des tragédies de monsieur l'abbé Conti. Elles sont au nombre de quatre: *Junius Brutus*, *Marcus Brutus*, *Jules-César*, *Drusus*. Cet auteur, dans différentes préfaces judicieuses qu'il a mises à la tête de ses pieces, en développe lui-même la conduite, & donne en détail une poétique très-bien rai-

fondée. Il assigne entr'autres choses trois principaux caracteres à la tragédie : le *caracte historique*, le *caractere poétique*, & le *caractere moral*.

17 *Juillet* 1765. *The Works of Ossian*, &c. *Les ouvrages d'Ossian, fils du Fingal, traduits de la langue Gallique par M. J. Macpherson. 2 vol. in-8°*. On trouve dans ces volumes la collection entiere des poëmes en langue Erse ou Celtique, que M. Macpherson a traduit en Anglois, & dont on a lu les différentes traductions dans le *Journal Etranger*, continué sous le nom de *Gazette Littéraire*. On a joint à cette collection une dissertation sur les poëmes d'Ossian. Ce morceau, de M. Blair, ministre Ecossois, professeur de rhétorique & des belles-lettres à l'université d'Edimbourg, suppose beaucoup d'esprit, de goût, de littérature & de philosophie. Il donne cet ouvrage comme la peinture la plus fidelle des mœurs de ce temps-là.

18 *Juillet* 1765. M. Collé, auteur d'une comédie intitulée *l'Isle Déserte*, vient de chanter une divinité à laquelle les poëtes sacrifient peu : il a répandu une *Epître à l'Hymen*. Il y a beaucoup de poésie & d'images dans cet ouvrage, qui fait encore plus d'honneur à ses mœurs qu'à son esprit.

20 *Juillet* 1765. Il paroît une *lettre de Rome*, imprimée en date du 13 juin ; elle contient un détail fort curieux d'une conversation ou plutôt d'une querelle de l'abbé de Caveirac de St. Cesaire, avec Guy Acomelli, secretaire des brefs. Cette scene s'est passée au palais Piombino, où le dernier avoit paru témoigner quelque jalousie d'une pension de 100 pistoles

accordée par le pape à l'ecclésiastique François. Celui-ci, homme ardent & vindicatif, a entrepris l'autre avec une chaleur singuliere, lui a reproché devant tout le monde d'avoir reçu 9600 livres pour insérer dans les brefs aux évêques d'Alais & d'Angers toutes les phrases que les prélats françois ont voulu y faire mettre. Les injures ont été si fortes & si grossieres, que rien n'a pu opérer entr'eux une réconciliation. On ajoute que l'abbé de Caveirac avoit disparu de Rome, & qu'on ne savoit ce qu'il étoit devenu.

21 *Juillet* 1765. Les sieurs Lucotte, architecte, & Poiraton, peintre, feront le 15 août 1765, sous la protection de M. le marquis de Marigny, l'ouverture d'une nouvelle école, sous le titre d'*Ecole des Arts*. Il y aura dans cette école des professeurs d'architecture, de dessin, de mathématiques. Comme ces messieurs ont eu pour objet l'utilité publique, ils ouvriront leur école *gratis* en faveur de ceux qui, ayant des dispositions naturelles, ne sont point en état de se procurer des maîtres, tous les dimanches & fêtes de l'année, à l'exception des annuelles & grandes solemnelles, depuis la St. Martin jusqu'à la nativité de la Ste. Vierge.

22 *Juillet* 1865. L'affaire des bénédictins ne paroît point encore finie entr'eux. Il se répand une *Réclamation des religieux Bénédictins du monastere des Blancs-Manteaux contre la requête des religieux de St. Germain-des-Prez*. Elle est précédée d'une requête au roi du 30 juin. Ces religieux s'élevent avec force contre l'entreprise de leurs confreres; ils revendiquent leur froc, leur tunique, toutes les cérémonies

puériles dont on vouloit les défaire; ils prétendent que leur gloire y est attachée. Le tout est écrit dans un style & avec un esprit qui ne sont rien moins que chrétiens & charitables. Cet ouvrage allongé est bien inférieur à la feuille légère des premiers.

23 *Juillet* 1765. M. de Voltaire, après avoir introduit en gros son poison dans son *Dictionnaire Philosophique* & sa *Philosophie de l'Histoire*, le débite à présent en détail. Il commence par une petite brochure de 20. pages, intitulée: *Questions sur les Miracles*. Même ardeur pour renverser la religion & la morale; il y prend le ton d'un sceptique modeste, & couvre les arguments qu'il emprunte de côté & d'autre de toutes les graces de son style. Il a pris la vraie tournure pour tromper la crédulité & glisser son venin par-tout où il voudra, malgré les prohibitions de la police.

25 *Juillet* 1765. Nous avons parlé du trait de générosité de l'impératrice de Russie envers M. Diderot; M. Dorat vient de le célébrer dans une Epître en vers, qu'il a adressée à cette princesse. Le panégyriste paroît digne de l'héroïne, & le poëte célebre sa bienfaisance en homme qui sent vivement cette vertu. L'éloge de M. Diderot y est amené naturellement. L'auteur célebre le bonheur qu'il aura de posséder encore sa bibliotheque:

> Homere, Virgile, Pindare,
> Vous ne lui serez point ravis;
> Une faveur sublime & rare
> Lui rend ses dieux & ses amis,
> Ses vrais amis, les seuls fideles,

Les seuls que l'on retrouve, hélas!
Au sein des disgraces cruelles,
Les seuls qui ne soient point ingrats.

26 Juillet 1765. On lit dans la *Gazette Littéraire* du 15 juillet la traduction d'une élégie de M. Dusch, auteur Allemand, qui a donné deux volumes d'*Epitres morales* ou *Héroïdes*. Celle-ci a pour titre : *Cléone à Cynéas*. Une jeune personne, abusée par son amant, qui l'abandonne après l'avoir rendue mere d'une fille, est l'héroïne qui écrit. Rien de plus tendre, de plus touchant, de plus onctueux. On peut regarder cet ouvrage comme le type de l'héroïde de M. Dorat sur une pareille matiere, & de la comédie de la *Jeune Indienne*, donnée depuis par M. Chamfort. Il faut avouer que les deux François sont bien restés au-dessous de l'original du côté du naturel & de ce sentiment triste & profond empreint à chaque ligne de l'Allemand.

25 Juillet 1765. Messieurs de l'académie Françoise ayant réduit à deux pieces les quinze qu'ils avoient jugé dignes de leur attention, se trouvant embarrassés sur la préférence à donner, & voyant une égalité parfaite, ont résolu d'en référer à monsieur le contrôleur-général. Ce cas unique lui a été exposé. Le ministre a offert à ces messieurs de suppléer au prix par une somme de deux cents écus, qu'il donneroit de sa poche. Les députés lui ont demandé la permission d'en rendre compte à leur compagnie. Il paroît qu'on eût désiré que monsieur de Laverdy eût voulu en parler au roi, & obtenir cette faveur de sa majesté.

28 *Juillet* 1765. On a été voir avec affluence le monument que la ville de Rheims a fait ériger à la gloire du roi. Il est actuellement rendu à sa destination, & l'inauguration doit s'en faire dans le mois de septembre prochain. Le roi y est représenté debout, auprès d'un fût de colonne avec sa base, posant la main gauche sur son épée & étendant la main droite en signe de protection. Au côté droit du piedestal est la Force, sous l'emblême d'une femme, qui tient sans effort un lion par la criniere. Au côté gauche est le symbole du commerce : on voit un citoyen assis sur une caisse de marchandises, & qui paroît occupé à calculer le gain qu'il va faire. Sur le devant du piedestal & au-dessous des armes du roi, on lit cette inscription :

A LOUIS XV,

LE MEILLEUR DES ROIS,

QUI PAR LA DOUCEUR DE SON REGNE

REND SES PEUPLES HEUREUX.

29 *Juillet* 1765. On lit dans *l'Avant-Coureur* d'aujourd'hui l'avis suivant :

Des gens mal informés ont répandus dans le public que le *Traité de l'Amitié* & celui *des Passions*, qui ont paru, l'un en 1763, l'autre en 1764, étoient de madame de Boufflers. On avertit que cette dame n'en est point l'auteur & qu'elle n'a jamais fait de livre.

29 *Juillet* 1765. Vers pour mettre au bas du portrait de Mlle. Clairon, représentée en *Médée* :

Sans modele au théatre, & sans rivale à craindre,
Clairon sait tour-à-tour attendrir, effrayer;
Sublime dans un art qu'elle semble créer
On pourra l'imiter, mais qui pourra l'atteindre?

30 Juillet 1765. A l'occasion de la piece de *Britannicus* que les comédiens François ont joué depuis peu, un homme d'esprit a fait une observation judicieuse ; il prétend que Narcisse, confident du jeune prince, avoit été l'auteur de la mort de Messaline, femme de Claude & mere de Britannicus : que ce fait ne pouvoit être ignoré de ce dernier, & que c'est par une distraction ordinaire aux plus grands hommes, que Racine fait jouer à ce scélérat un rôle qu'il ne pouvoit plus faire d'après un fait aussi historique ; qu'on répugne à lui entendre dire par le prince : *Je fais vœu de ne croire que toi.* Cette remarque est d'autant plus singuliere, que depuis plus de 80 ans que cette tragédie est au théatre, personne ne l'a faite.

31 Juillet 1765. L'esprit des Magistrats Philosophes, ou Lettres Ultramontaines d'un Docteur de la Sapience à la Faculté de Droit de l'Université de Paris. On lit dans l'avis de l'éditeur, ou soi-disant tel, l'objet de cette brochure en faveur de la feue société. C'est un vrai libelle contre monsieur Joly de Fleury. L'auteur s'y propose de ne pas traiter avec plus de ménagement monsieur de Monclar, relativement à ses requisitoires, dans les lettres suivantes. La préface qui précede cette premiere lettre, sur l'arrêt du parlement de Paris du 11 février 1763, est remplie de sarcasmes contre la magistrature

gistrature en général, qu'elle taxe de s'arroger tous les droits du sacerdoce. Cet écrit ne peut manquer d'être flétri.

1 *Août* 1765. Nous avons rendu compte, à l'article du 7 mai, des différents troubles survenus à Neuchâtel, à l'occasion de J. J. Rousseau, & des persécutions qu'y essuyoit cet homme extraordinaire; nous avons ajouté que le conseil de Neuchâtel avoit décidé en sa faveur. On vient d'imprimer les pieces originales de ce procès, où l'on voit toutes les manœuvres sourdes & insidieuses, conduites par une vengeance réfléchie qui arme le fanatisme en sa faveur. Cette brochure est terminée par un rescrit de S. M. le roi de Prusse au conseil de Neuchâtel, daté de Berlin le 11 mai 1765. Ce prince ferme & judicieux, en ordonnant un silence général, témoigne le mécontentement le plus sage du zele amer d'une piété intolérante.

2 *Août* 1765. M. Bret n'est point resté dans le silence à l'occasion du crime de plagiat, dont l'accuse M. d'Arnaud. Sans donner aucune preuve, il s'en tient à l'assurance positive qu'il fournit de n'avoir eu nulle connoissance de la comédie de l'accusateur ni de sa publicité. Il reproche à M. d'Arnaud de n'avoir pas plutôt fait valoir ses craintes paternelles dans le temps des représentations du *Faux Généreux*, & sur-tout lors de l'éloge flatteur que M. Diderot a fait dans une de ses poétiques de ce coup de théâtre; il finit par demander pour lui l'indulgence qu'il prétend avoir pour M. d'Arnaud, en croyant qu'il ne doit sa scene à personne; il finit par exalter le ton de décence & de sagesse avec lequel M. d'Arnaud l'attaque. On voit tout cela

dans une lettre de cet auteur à M. Freron, en date du 5 juillet.

3 *Août* 1765. MM. de l'académie Françoise ont décidé aujourd'hui qu'il ne lui convenoit point d'accepter aucun don de particulier, fût-il ministre. En conséquence elle s'est refusée à la générosité de M. de Laverdy, & elle a arrêté que la médaille d'or de 600 livres seroit divisée en deux de 300 livres chacune, pour être partagée entre les deux concurrents d'égale force, M. Thomas & M. Gaillard.

4 *Août* 1765. M. le Dauphin ayant commandé son régiment de dragons à la revue qui en a été faite, il voulut souper au camp. Un auteur profita de cette circonstance pour exercer ses talents grivois; il composa une chanson qu'il fit chanter ce jour-là par un dragon Dauphin, & qui fut ensuite répétée au souper de Mesdames. La louange naïve qu'elle renferme, rendue aussi grossièrement, en devient plus piquante & plus naturelle. On attribue cette galanterie à M. Collé, auteur de *l'Epître à l'Hymen*. En voici un couplet pour échantillon :

>Ma foi v'la qu'est arrangé,
>Grand merci not capitaine,
>Reprenez votre congé,
>L'métier n'a plus rien qui nous gêne.
>J'ai vu Louis & ses enfants,
>Je veux mourir pour ces honnêtes gens (*Bis*).

6 *Août* 1765. M. Laujon, déja connu avantageusement dans le genre lyrique, sembloit se reposer à l'ombre, non de ses lauriers, mais de ses myrthes; il vient de se réveiller, & l'on a fait

déja quelques répétitions d'un opéra en trois actes de sa façon, qui doit être exécuté à Fontainebleau : il se nomme *Sylvie*. C'est une traduction de l'*Amynte* du Tasse. La musique est des sieurs le Breton & Trial. L'ouvrage est dans un genre qui semble devoir plaire. Peu de récitatif, beaucoup d'airs de mouvement, d'ariettes agréables, des symphonies & des airs de danse dignes de l'auteur de *la belle Chaconne*, d'*Iphigénie*, &c. Tous ces avantages rassemblés sont du plus favorable augure pour cette nouvelle production.

7 Août 1765. Les codédiens François commencent à s'occuper sérieusement de *Pharamond*. Cette tragédie, qu'une voix assez unanime attribuoit à M. Thomas, reçoit aujourd'hui plusieurs peres : MM. le marquis de Ximenès, Colardeau, Barthe, la Harpe, Chabanon & le Blanc sont sur les rangs. Tous renient cette production. On ne peut qu'admirer la modestie toute nouvelle de nos auteurs, qui s'enveloppe d'un incognito si difficile à garder, mais devenu aussi prudent que nécessaire par les chûtes multipliées qu'ont éprouvé le plus grand nombre.

8 Août 1765. M. Rochon de Chabannes a voulu essayer ses talents dans le genre grivois; il a célébré dans une chanson appellée *la Dragonade*, l'événement que M. Collé avoit déja chanté : il paroît que cette rivalité n'est point à l'avantage du premier. On trouve qu'il a fait une bigarrure d'esprit & de naïveté tout-à-fait disparate. Le style dragon n'admet point les pensées brillantes dont il a semé cet impromptu prétendu.

9 Août 1765. M. le marquis du Terrail vient de nous enrichir d'une production très-importante pour le fonds & pour la forme; c'est le *Francion* ou l'*Anti-Whisk*. On ne s'imagineroit jamais trouver un roman entier dans un ouvrage pareil: telle est pourtant cette ingénieuse production. Après avoir établi l'histoire de ce jeu fait pour contrecarrer le premier, qu'on sait nous venir des Anglois, l'auteur en décrit les regles, la tablature, l'esprit, le sens littéral & le sens mystique.

11 *Août 1765. Souscription pour une estampe tragique & morale.* Elle roule sur la malheureuse affaire des Calas. M. de Carmontel, lecteur de M. le duc de Chartres, connu par ses desseins pleins d'esprit & de facilité, a composé un tableau que le sieur de la Fosse grave actuellement. Il représentera six portraits de la plus exacte ressemblance. Celui de la veuve *Calas*, ceux de ses deux filles & de son fils, celui de M. Lavaysse, & celui de la courageuse servante qui a partagé toutes les disgraces de ses maîtres. Le fond du tableau est la prison même où s'est rendue la veuve Calas pour attendre le jugement du 9 mars 1765. Elle est assise, ainsi que sa fille aînée, qui est à côté d'elle, la tête appuyée sur la main droite; la fille cadette est debout, derrière sa mere, & penchée sur le dos de la chaise. Ce grouppe intéressant est attentif à la lecture d'un mémoire que tient M. Lavaysse, placé vis-à-vis & debout. Derrière lui, Calas le fils, un genou posé sur une chaise & regardant par-dessus ses épaules, porte les yeux sur le mémoire. Entre les deux grouppes on voit la servante des Calas, toute

droite & presque de face, qui en écoute aussi la lecture.

12 *Août* 1765. M. Dandré Bardon, l'un des professeurs de l'académie royale de peinture & de sculpture, professeur des élèves protégés par le roi, pour l'histoire, la fable, la géographie, & membre de l'académie des belles-lettres de Marseille, &c. vient d'exécuter ce que les Léonard de Vinci, les Dufresnoy, les Depiles, les le Brun, les Coypel avoient ébauché dans leurs écrits, & tout récemment M. le comte de Caylus. Ce bon ouvrage contient les principes approfondis de différentes parties de la peinture & de la sculpture. On y remarque beaucoup de méthode, de la netteté dans le style, de l'abondance, quelquefois même de la chaleur. Les lecteurs y trouveront un grand fond d'instruction & beaucoup d'objets de curiosité.

13 *Août* 1765. M. Marmontel nous annonce depuis long-temps sa traduction de la *Pharsale de Lucain*, cet auteur chéri, qu'il met au-dessus de Virgile. M. Masson, trésorier de France, le gagne de primauté, & vient de faire imprimer son ouvrage sur le même sujet. Il y joint une vie abrégée de Lucain : il présente ensuite, pour tenir lieu de préface, les jugements des savants sur Lucain, tirés de Baillet : cette version paroît assez poétique par le tour & par la chaleur.

15 *Août* 1765. Les comédiens François ont donné hier la première représentation de *Pharamond*, tragédie nouvelle. En voici le sujet. Ce roi est déja vieux. *Clodion*, son fils, doit lui succéder. Son ambition lui suggere d'en hâter le moment par toutes sortes de voies ; il a pour rival un frere aîné (*Mérovée*) dont il a

fu l'exiſtence, mais qui, proſcrit dès le berceau par la mort de *Clodion*, eſt cru mort. Il exiſte à la cour même de *Pharamond*, ſous le nom de *Valamir*; c'eſt un guerrier devenu fameux par ſes exploits. Celui-ci ſe connoît, il veut s'oppoſer aux entrepriſes de ſon frere. Le crédit de ce dernier fait arrêter *Mérovée* & le rend ſuſpect au roi. Son innocence s'éclaircit par une certaine princeſſe nommée *Ildegonde*, ſon amante, & que *Clodion* voudroit épouſer, pour réunir des états dont elle doit hériter : *Clodion* alors ſe révolte ouvertement. *Mérovée* ſecourt ſon pere; l'autre eſt tué, & la couronne paſſe au vainqueur.

Cette piece n'a eu qu'un ſuccès médiocre. Le premier acte a paru généralement froid. On a beaucoup applaudi aux beautés réelles du ſecond. L'intérêt s'eſt conſidérablement affoibli au troiſieme. Il a ſemblé ſe ranimer au quatrieme, mais pour languir enſuite juſqu'à la fin. Ce drame eſt remarquable par une ſimplicité de plan, bien rare aujourd'hui : cette qualité fait croire au grand nombre des connoiſſeurs que *Pharamond* eſt de M. de la Harpe.

A la fin on demanda, pour rire, l'auteur : les uns le déſiroient ſérieuſement, d'autres perſiſtoient. Le ſieur le Kain étant venu pour annoncer, les inſtances ont redoublé. L'acteur a dit qu'il n'étoit pas à la comédie. On a inſiſté, on a demandé ſon nom. Le Kain a répondu qu'on ne le ſavoit pas; & le bon public ne s'eſt pas apperçu de la contradiction de cet hiſtrion, & du menſonge impudent qu'il venoit de faire dans l'une ou l'autre réponſe.

16 Août 1765. Tous les emplois de feu

M. Vanloo viennent d'être donnés. M. Boucher est premier peintre du roi. M. Pierre a les gobelins. M. Michel Vanloo est à la tête de l'école royale de peinture. On pourroit dire à l'occasion de ce partage, ce que dit une femme de la cour lorsqu'à la mort de Turenne Louis XIV fit une promotion de plusieurs maréchaux de France : *c'est la monnoie de Vanloo* On conserve à madame Vanloo, sa veuve, son logement au Louvre, avec le droit d'être nourrie, elle & sa famille, à l'école royale. S. M. joint encore à cette faveur une pension de cent louis.

17 *Août* 1765. Les comédiens Italiens ont donné aujourd'hui la seconde représentation d'*Isabelle & Gertrude*, ou *les Sylphes supposés*, comédie nouvelle en un acte, mêlée d'ariettes. Elle est tirée d'un conte attribué à M. de Voltaire. M. Favart, l'auteur de ce drame, a rectifié le sujet, & l'a adapté à la scene. Une décoration très-bien entendue représente le pavillon d'Hanovre.

19 *Août* 1765. Voici des héros d'une espece assez rare, & des louanges bien désintéressées : elles n'en sont que plus sinceres. Un auteur vient de faire deux poëmes héroïques, intitulés *l'Hyene combattue*, ou *le triomphe de l'amitié & de l'amour maternel*. L'aventure du jeune porte-faix, consignée dans les gazettes, entr'autres dans la gazette de France, fait la matiere du premier poëme. Cette femme intrépide, qui a donné l'exemple cité dans le second, est née au village du Rouget : on peut encore voir là-dessus les nouvelles publiques.

Il y a de la chaleur, de la vérité, des images, du pathétique dans ces deux ouvrages estimables & qui ramenent la poésie à son ancienne institution, de chanter la vertu, d'exciter le zele patriotique.

20 *Août* 1765. M. d'Alembert, qui étoit pensionnaire surnuméraire de l'académie royale des sciences, vient enfin d'obtenir l'agrément du roi pour la pension de M. Clairaut. Cette nouvelle est très-importante par les différents bruits qui avoient couru sur la disgrace prétendue de cet académicien. La pension est de 1400 livres.

21 *Août 1765. Autres questions d'un proposant à M. le professeur en théologie sur les miracles, 24 pages in-12. d'impression.* M. de Voltaire (car cet ouvrage est incontestablement de lui) traite trois points: *comment les philosophes peuvent admettre les miracles ?* Ils blessent, suivant lui, l'ordre immuable de la formation du monde; *de l'évidence des miracles de l'ancien Testament;* & enfin *des miracles du nouveau Testament.*

22 *Août* 1765. Un nouveau mandement fait beaucoup de bruit par les grandes matieres qu'il traite, & par l'éloquence mâle & nerveuse dont il est plein: c'est celui de M. l'archevêque de Tours & de ses suffragants, à l'exception de l'évêque d'Angers. Il a pour objet 1°. de combattre les incrédules: 2°. de faire regarder l'exécution de la bulle *Unigenitus* comme le seul moyen d'établir la paix dans l'église & l'état: 3°. de redemander les jésuites comme nécessaires à la religion.

24 *Août* 1765. M. l'abbé de la Chapelle, de l'académie royale des sciences, ayant lu, il y a quelque temps, un *mémoire sur une sorte de corset ou pourpoint propre à se soutenir dans l'eau,* l'académie avoit nommé des commissaires pour

son examen, & le jour ayant été pris enfuite pour son exécution, M. l'abbé de la Chapelle a fait lui-même l'expérience dans la Seine vis-à-vis Berci. Il avoit la tête & les bras hors de l'eau & parfaitement libres, au point de pouvoir boire, manger, prendre du tabac, tirer un coup de piftolet, de fufil, &c.

25 *Août* 1765. Aujourd'hui s'eft tenue l'affemblée publique de l'académie Françoife, pour la diftribution du prix partagé en deux, comme on l'a annoncé. Le difcours de M. Thomas étant extrêmement volumineux, on en a donné un extrait, ainfi que de l'autre, fur lefquels on ne peut affeoir de jugement. M. de Nivernois a lu enfuite trois fables, *les deux fomnambules*, *l'avare & fon ami*, *l'aigle & le pélican*. La morale exquife de ces trois apologues, la façon ingénieufe dont ils ont été rendus, & la fimplicité noble avec laquelle ils ont été lus, ont entraîné tous les fuffrages.

Il faifoit fort chaud à cette affemblée; les portes reftoient ouvertes. M. Duclos veut les faire fermer; il s'écrie avec fa pétulance ordinaire: *Que diable! où font donc ces Suiffes?* M. Duclos (lui répond une voix du milieu de la foule), *où avez-vous pris cette phrafe? eft-ce dans le dictionnaire de l'académie?* Le fecrétaire perpétuel, rentré en lui-même par cette apoftrophe, s'eft tu & a fenti l'indécence de fon propos en pareille compagnie.

26 *Août* 1765. M. l'abbé Torné vient de faire imprimer fes fermons prêchés devant le roi pendant le carême de 1765. Ils font au nombre de dix-huit. L'impreffion ne leur a rien fait perdre de leur réputation: éloge rare! C'eft que

ceux-ci, nourris de tout ce qu'a l'évangile de plus fort, de plus onctueux, de plus sublime, joignent au raisonnement le plus solide une éloquence noble, touchante, faite pour convaincre & pour émouvoir en même temps; c'est que l'orateur paroît avoir eu plus en vue les vérités consolantes & terribles qu'il avoit à annoncer, que son amour-propre & cette envie de plaire, qui se remarquent presque toujours dans nos prédicateurs modernes.

27 *Août* 1765. On vient de traduire en François un ouvrage posthume du docteur Jonathan Swift, doyen de St. Patrice en Irlande. C'est *l'histoire du regne de la reine Anne d'Angleterre*, &c. Le caractere mordant de Swift le rendoit peu propre à écrire l'histoire. La partialité décidée qui regne dans celle-ci diminue beaucoup de l'intérêt; mais le ton d'enjouement & de plaisanterie qui y domine, plaira toujours aux lecteurs, qui cherchent plus à repaître la malignité de leur cœur, qu'à s'instruire véritablement. Au reste, le doyen qui avoit composé son ouvrage dans l'effervescence de la haine pour les ministres contre lesquels il écrivoit, l'avoit condamné au silence dans le calme d'une raison plus réfléchie, & ce n'est qu'un ouvrage posthume.

28 *Août* 1765. L'ouverture du sallon de peinture s'est faite à l'ordinaire le jour de la St. Louis. Le public s'y porte en foule depuis ce temps-là. MM. Vanloo, Boucher, Vernet & autres y soutiennent leur réputation. La critique s'exerce cependant. On trouve *les Graces* du premier trop maigres, trop droites, trop roides; il a voulu éviter les reproches qu'on lui avoit fait sur les der-

nieres, trop lourdes, trop épaisses, trop enjouées, &c. Il a donné dans le défaut contraire. Les *Vieillards de la Susanne* ne paroissent point assez satires, & l'*Auguste* du temple de *Janus* n'annonce pas le maître du monde. M. Boucher est toujours lui, galant, léché & présentant partout le même ton de couleur. M. Vernet est trop uniforme, & M. Pierre n'a rien mis au sallon cette année. On dit que c'est par mécontentement de voir M. Boucher premier peintre du roi, &c.

On admire en général le tableau d'un nouvel auteur, M. Fragonet; il représente le *sacrifice de Callirhoé*. L'ordonnance en est très-belle; il y a de grands effets de lumiere dans cet ouvrage; mais on trouve mauvais que *Corésus* ne soit point assez caractérisé, ni comme homme, ni comme grand-prêtre; d'ailleurs, il y a trop de monotonie entre les attitudes & la situation de la victime & du sacrificateur: tous deux ont l'air évanoui. L'auteur auroit dû représenter *Callirhoé* tremblante, effrayée, &c.

M. Greuze se soutient avec le plus grand succès. M. Cazanove a le même feu dans ses batailles, & M. Loutherbourg marche à grands pas sur les traces de M. Vernet.

La sculpture offre de très-beaux morceaux. Le buste de madame de Brionne, la *douce Mélancolie* & l'*Amitié*, enchantent le public.

Beaucoup de portraits de toutes sortes d'especes obscures déshonorent ce spectacle. On y voit madame d'Esparbès, figure très-intéressante dans les circonstances.

29 *Août* 1765. Le public ne goûte point les deux discours couronnés par l'académie. Celui de

M. Thomas est, sans contredit, le plus mauvais de ses ouvrages; il est noyé dans un tas de digressions & d'épisodes tout-à-fait étrangeres. Le détail dans lequel il entre au sujet des ouvrages de Descartes, trahit souvent son ignorance dans ces matieres, le tout revêtu d'un style métaphysique, hyperbolique, emphatique, absolument indigne du héros simple & modeste qu'il célebre. C'est un volume très-gros, qui ne peut se lire en entier. Celui de M. Gaillard, plus succinct, est d'une simplicité qui dégénere en petitesse: il est plein de figures puériles. En un mot, l'un est l'ouvrage d'un pédant, l'autre celui d'un écolier: le premier est un vin fougueux qui mousse, qui pétille, qui casse les bouteilles; l'autre est de la piquette à quatre sous, très-plate, très-insipide, &c.

30 *Août* 1765. On ne peut trop rire des mouvements que se donne sans cesse M. de Voltaire pour jouer le public & le persifler: tout nouvellement encore il vient d'écrire une lettre à monsieur Marin, censeur de la librairie, pour le supplier d'engager le magistrat à interposer toute son autorité, & à arrêter l'introduction d'une quantité d'ouvrages que tout le monde sait être de lui; qu'il seroit très-fâché dont on ne le crut pas auteur, mais qu'il désavoue; tels sont le *dictionnaire philosophique*, *la philosophie de l'histoire*, & récemment ses *questions sur les miracles*. On plaisante de ces lettres, & l'on le laisse se repaître de l'espoir de duper les crédules.

31 *Août* 1765. On a fait une plaisanterie intitulée *Requête des Mousquetaires à l'assemblée du clergé*. C'est une parodie de celle des bénédictins;

elle n'a rien d'agréable, de saillant, de léger; elle n'est pas même écrite avec l'enjouement que demandoit cette facétie. Elle paroît avoir été faite à Noyon, pendant le voyage de Compiegne; elle est imprimée.

1 *Septembre* 1765. Une contestation s'est élevée depuis quelque temps entre les deux coryphées de la danse au théatre Italien : l'importance des personnages, la singularité du procès, exigent que nous en rendions compte.

Madame Pitrot, en son nom Louise Regis, dite Rey, quoique mariée, a la manie de vouloir passer pour fille. Les liens de l'hymen, le respect dû au sacrement, des enfants déja nés, un autre prêt à naître, rien ne peut la persuader qu'elle est femme. Elle s'est dite fille pour quitter un époux; & depuis son évasion, elle ne veut point d'autre qualité : elle en donne pour raison qu'elle a brûlé son contrat de mariage, comme invalide. Une pareille querelle ne peut que faire voir à quel comble de corruption les mœurs sont montées; & c'est à un tribunal auguste qu'on porte un procès pareil ! Le mari fait paroître un mémoire. Me. Marquet n'a point égayé cette matiere autant qu'elle le méritoit.

Le mariage des deux histrions a été contracté à Varsovie en novembre 1761, & c'est le 29 juin 1764 que s'est évadée la femme.

2 *Septembre* 1765. *La Chandelle d'Arras, poëme héroï-comique en dix-huit chants*. Cet ouvrage, attribué à M. de Grubenthal, l'auteur du *Balai*, n'est point sans mérite. Il est bien versifié, a des descriptions pittoresques & voluptueuses. L'auteur ne fait cependant que

finger la *Pucelle* de M. de Voltaire, & ne montre aucune invention. Il y a une épître dédicatoire à M. de Voltaire, comte de Ferney, qui est un vrai galimathias. L'ouvrage est parsemé de notes, ou impies, ou diffamantes, ou au moins satiriques. Toutes ces qualités le rendent fort rare.

3 Septembre 1765. Mlle. Clairon, qui avoit paru aller à Geneve pour consulter M. Tronchin sur sa santé, a reçu de cet esculape une réponse telle qu'elle la desiroit. Il la menace d'une mort prochaine, si elle remonte sur le théatre. On croit que cette consultation est concertée. Quoi qu'il en soit, elle a déployé ses talents chez M. de Voltaire. Ce grand poëte ne la connoissoit que par renommée ; il n'avoit pas vu cette actrice à son apogée ; il a été enchanté & lui en a marqué sa reconnoissance, & s'est enthousiasmé dans une épître où il prétend qu'on ne peut avoir de grands talents sans y joindre de grandes vertus. On sent qu'il a ses raisons pour soutenir cet étrange paradoxe.

4 Septembre 1765. *La requête des mousquetaires au clergé* en a fait éclorre, suivant l'usage, plusieurs autres encore plus mauvaises : *Requête des capucins pour se faire raser, & de leur barbe faire des perruques aux bénédictins,* &c. *Requête des perruquiers,* &c.

4 Septembre. On a donné une *suite aux Lettres sur les miracles*. Elles sont à présent au nombre de huit, & forment ensemble une petite brochure d'environ septante-cinq pages. Les deux premieres sont incontestablement de M. de Voltaire, & marquées à son cachet ; les autres sont vraisemblablement interpolées ; elles ne font que remâcher la même chose, & M. de Voltaire lui-même ne fait que répéter ce qu'il a déja dit dans son *Sermon des Cinquante*, dans son *Dictionnaire Philosophique*, &c. & ce que tant d'autres avoient dit avant lui.

6 *Septembre* 1765. La république des lettres & les arts regrettent un savant illustre & un Mécene peu commun en la personne de M. le comte *de Caylus*. Il est mort hier, âgé de 73 ans, de la suite de ses infirmités, qui le tourmentoient depuis long-temps. Il a conservé sa philosophie jusqu'au bout. On ne sauroit croire de combien de livres rares & de choses curieuses il a enrichi la bibliotheque du roi, & le cabinet des médailles.

On lui doit une bonne partie de nos découvertes sur les antiquités Egyptiennes, & il a fondé, à l'académie des inscriptions & belles-lettres, dont il étoit membre, un prix pour ces recherches, & lui-même est l'auteur de divers ouvrages où les peintres & les sculpteurs trouvent beaucoup à profiter. Nous lui devons aussi l'invention de la peinture encaustique, ou en cire, dont M. Bachelier & d'autres artistes ont fait depuis un usage avantageux.

7 *Septembre* 1765. Il est parvenu dans ce pays-ci une *Lettre* imprimée de M. le marquis d'Argens, datée du château de Dizac le 20 juillet 1765. Elle roule sur la lettre indécente que le sieur Freron s'est fait adresser, il y a quelque temps, par un philosophe protestant, au sujet du jugement de Calas. On se rappelle combien ce folliculaire vouloit y dégrader la belle action de M de Voltaire, que l'honnête militaire venge avec toute la noblesse & la logique possible.

Suit un remerciement de M. de Voltaire, en date du 14 auguste 1765, où il cherche adroitement à intéresser MM. le maréchal de Richelieu & le duc de Villars, & même les maîtres des requêtes, à faire châtier un auteur de libelles, qui ose censurer un jugement authentique.

A la suite est une belle chanson, chantée chez M. de Voltaire en l'honneur de Mlle. Clairon, sur l'air, *Annette à l'âge de quinze ans*: c'est un dialogue entre une bergere & un berger. Il faut croire, pour l'honneur de M. de Voltaire, que cette platitude n'est pas de lui. Voici le dernier couplet :

Nous sommes privés de Vanloo,
Nous avons vu passer Rameau,
Nous perdons Voltaire & Clairon;
 Rien n'est funeste,
 Car il nous reste
 Monsieur Freron.

8 *septembre* 1765. *Sara Th... Nouvelle traduite de l'Anglois*, 1765. Tel est le titre d'un roman philosophique, où l'auteur a enchâssé une morale belle, douce, humaine; il a transporté la scene en Angleterre, pour donner quelque vraisemblance à sa fable : une fille de qualité, qui épouse un laquais ; cela ne peut s'allier avec la délicatesse & l'élégance de nos mœurs. Quoi qu'il en soit de l'origine de cet ouvrage, assurément très-françois, on ne peut qu'applaudir à l'intérêt qui y regne, à l'onction de l'écrivain, & à la pureté de son style. On pourroit reprocher à l'auteur d'y avoir jeté trop peu

d'incidents & d'actions. Cette belle simplicité plaira peut être davantage aux lecteurs qui aiment à réfléchir.

9 Septembre 1765. Aujourd'hui les comédiens François ont remis au théatre *Adelaïde Du Guesclin*, tragédie de M. de Voltaire. En 1763, cette piece avoit paru sous le même titre & n'avoit point eu de succès: le coup de canon, à ce que prétend l'auteur, la fit tomber. Ce grand poëte, qui n'abandonne pas volontiers ses productions, remania cette tragédie, & la redonna en 1752, sous le nom du *Duc de Foix*. Elle prit mieux alors. Depuis le succès du *Siege de Calais*, dû tout entier aux noms François qui s'y trouvent, M. de Voltaire a jugé a propos de rapprocher de nouveau l'époque de sa tragédie, pour la rendre plus intéressante, & de la restituer sous les premiers noms. Cet arrangement lui a parfaitement réussi. Le succès a été complet: le coup de canon a fait le plus grand effet. La marche rendue plus rapide, l'intérêt plus pressant, un grand nombre de beaux vers ajoutés, des noms plus illustres & chers à la nation, tout cela, joint aux beautés dont l'ouvrage étoit déja rempli, a transporté les spectateurs.

10 *Septembre* 1765. M. l'abbé Metastasio vient de donner un nouvel opéra, à l'occasion du mariage de leurs altesses royales, monseigneur l'archiduc Léopold & madame l'archiduchesse infante Marie-Louise. Cette tragédie lyrique a été représentée à Inspruck le 6 août 1765. Elle est en trois actes, elle a pour titre *Romulus & Hersilie*. La musique est du célebre *Hasse*, surnommé *il Saffone*.

13 *Septembre* 1765. *Mémoire historique, critique & politique sur les Droits de Souveraineté relativement aux Droits qui se perçoivent en Bretagne: brochure de plus de* 100 *pages.* Cet ouvrage tend à prouver que l'intérêt des sujets est que les droits de traite, de quelque nature qu'ils soient, demeurent dans la main du prince. On voit bien que cet écrit a été fait pour établir la question & pour justifier l'affirmative. C'est une production inventée par un de ces courtisans qui osent sans pudeur favoriser tout ce qui peut tendre au despotisme.

13 *Septembre* 1765. *Lettre au sujet de l'Arrêt du Parlement du* 4 *Septembre.* Cet arrêt proscrit les *Actes du Clergé* de l'assemblée de 1765, comme production d'une assemblée illégitime en matiere de doctrine & même de discipline, étant purement économique. L'écrit en question sert à justifier cet arrêt ; il rapporte un trait historique qui établit l'illégitimité des délibérations de l'assemblée du clergé. Les preuves sont tirées de Fontanon.

14 *Septembre* 1765. Madame Pitrot fait paroître un *Mémoire en réponse à celui de son mari.* Comme aucun avocat ne pouvoit décemment se charger d'une pareille défense, l'écrit paroît être l'ouvrage de la femme même, & n'est signé que d'elle. On n'ignore point que le sieur Elie de Beaumont en est l'auteur. Les louanges qu'il s'y donne, l'assurent davantage. Cette production prouve que le sieur Pitrot est un coquin, & n'empêche point ladite dame d'être une coquine. Il n'est pas plus plaisant que l'autre, malgré les velléités qu'on y trouve de l'être de temps en temps.

15 *Septembre* 1765. Le sieur Baudoin, académicien, avoit exposé cette année au sallon, entre plusieurs morceaux de miniature & à gouasse, un petit sujet intitulé, *le Confessionnal*. Le zele de M. l'archevêque de Paris s'est enflammé, il a cru le sacrement profané, & il a exigé que le tableau fût retiré. Il vouloit étendre sa vigilance à quelques autres, mais elle s'y est bornée. Il est certain qu'elle auroit eu de quoi s'exercer sur cette exposition, pleine de nudités les plus scandaleuses & de postures en tous les genres.

17 *Septembre* 1765. Le sieur Rugieri, artificier, qui a établi son spectacle aux Porcherons, est le digne rival du sieur Torré, & l'emporte de beaucoup. Il a donné derniérement *l'Inauguration de la Statue Equestre du Roi*. Le public a été étonné de l'intelligence de cet artiste, de la hardiesse de ses coups de feu & du bel ensemble de sa composition, qu'on peut appeller un poëme pyrrique. Il a orné en outre ses jardins d'une infinité de lampes de toutes couleurs, ce qui formoit une promenade également belle & brillante.

18 *Septembre* 1765. *Actes de l'Assemblée du Clergé du... Août* 1765. Ils commencent par une condamnation de quantité d'ouvrages, au nombre desquels est le *Dictionnaire Encyclopédique*. On a trouvé cette censure d'autant plus extraordinaire, que c'est proscrire en quelque sorte d'un coup de plume toute la France littéraire & flétrir quantité d'hommes d'un mérite rare, de théologiens habiles, de savants très-religieux, qui tous ont concouru à l'édification de ce grand monument.

Ils procedent ensuite à établir la distinction

& l'indépendance des deux puissances, l'incompétence des tribunaux en matiere de sacrements, ainsi que pour la dissolution des vœux religieux.

Enfin, on remet en lumiere cette bulle, l'objet de tant de scandales & de sarcasmes, & on l'éleve au rang des objets de notre croyance.

Cet ouvrage, comme littéraire, est assez bien écrit, mais n'est ni savant ni raisonné. C'est une très-foible production qui ne feroit pas honneur à un particulier, encore moins au corps des prélats de France. On y trouve une ignorance caractérisée, ou une négligence impardonnable; on cite quelquefois l'ancien pour le nouveau testament, & *vice versa*; on y donne pour preuve de ce qui fait contre, &c.

19 *Septembre* 1765. *Nouveaux Mémoires, ou Observations sur l'Italie & les Italiens, par deux gentilshommes Suédois, traduits du Suédois, 3 vol. in-12.* On sait que cet ouvrage est de M. de Bailly de Fleury, dont les Suédois ne sont que le prête-nom. Point de voyage plus agréable, plus intéressant, plus séduisant. Cette production respire le goût de la belle antiquité & des bonnes lettres; elle joint une érudition immense aux détails les plus piquants & les plus neufs. Le style pourroit être moins négligé, moins inégal, & quelquefois moins obscurs. Il doit servir de *vade mecum* à tous ceux qui entreprennent ce voyage.

20 *Septembre* 1765. M. de Bury, connu par plusieurs morceaux d'histoire, vient de nous donner la *Vie de Henri IV, en deux vol. in-4°.* Cette histoire, si intéressante par le sujet, est plus ample que toutes celles que nous avons eues

encore c'est dommage que le style manque de précision & de chaleur. Un pareil héros mériteroit, sans contredit, le pinceau d'un Appelle. L'auteur a ajouté une comparaison de Henri IV, avec Philippe de Macédoine, fort déplacée & indigne de la majesté de l'histoire.

21 *Septembre* 1765. M. Durosoy, après s'être essayé dans divers genres sans beaucoup de succès, est entré dans la carriere romanesque : il vient de publier *Clairval Philosophe, ou la force des Passions : Mémoires d'une femme retirée du monde*, 2 *vol*. Cette héroïne est une femme qui regarde l'honneur, les devoirs les plus sacrés & les mœurs, comme des chimeres ou des préjugés, au-dessus desquels elle s'éleve. Le style de ce roman a quelquefois de la chaleur, plus souvent de la négligence, des longueurs : il est fort inégal, & c'est un mauvais ouvrage en général.

22 *Septembre* 1765. M. de Mareuil, capitaine de cavalerie, ayant été assassiné à Paris le 5 juillet 1762, & blessé si dangereusement qu'il en a gardé le lit 18 mois, vient d'adresser un placet en vers à M. le duc de Choiseul, où il lui demande la restitution de ses appointements. Il y a de l'aisance, de la finesse & de la bonne plaisanterie dans cet ouvrage un peu long.

23 *Septembre* 1765. Il paroit *quatre nouvelles Lettres sur les miracles*, ce qui qui augmente cette collection au nombre de douze. On ne voit rien de plaisant dans ces dernieres que la douzieme, sur le *Grain de foi*. Celle-là est très-bonne : il est cependant à présumer que toute cette suite n'est point de Voltaire.

24 *Septembre* 1765. On écrit de Marseille que

Mlle. Clairon est arrivée dans ce port, qu'elle s'y est présentée à la comédie, qu'à cette vue tout le parterre s'est recrié & a demandé *le Siege de Calais & Mlle. Clairon*; que M. le duc de Villars leur a fait dire que Mlle. Clairon étoit venue pour rétablir sa santé, & non pour jouer: que cependant il le lui proposeroit, & feroit ses efforts pour l'engager à donner cette satisfaction au public. On en étoit-là au départ du courier.

25 Septembre 1765. Les comédiens François se disposent à donner une comédie nouvelle en cinq actes & en prose, intitulée *le Tuteur trompé*. Elle est d'un M. Cailhava Destandoux, Gascon. On a eu déja de lui la *Présomption à la mode*, qui n'a essuyé qu'une représentation, & qui ne donnoit aucune espérance.

27 Septembre 1765. Il paroît des *Couplets sur le Clergé*, si détestables, qu'on n'en peut rien extraire.

On parle d'un ouvrage formidable de M. de Voltaire, intitulé: *Dénonciation de Jesus-Christ & de l'ancien & du nouveau Testament, à toutes les Puissances de l'Europe.*

Ce singulier homme, toujours avide de renommée, a la manie de vouloir faire tomber la religion: c'est une sorte de gloire nouvelle, dont il a une soif inextinguible.

28 Septembre 1765. L'infatigable madame Bellot, après nous avoir donné la traduction de *l'Histoire de la Maison de Tudor*, de M. David Hume, vient de publier celle de la *Maison de Plantagenet*, du même auteur. Elle a commencé par l'histoire de la *Maison de Stuart*, traduite par l'abbé Prevôt.

29 Septembre 1765. L'Inoculation vient de

recevoir un furieux échec par un événement bien capable d'alarmer tous ceux qui se font soumis à cette pratique. Madame la duchesse de Boufflers, inoculée par Gaty, il y a deux ans, vient d'essuyer une petite vérole des plus caractérisées. On en voit l'histoire dans la gazette du 10 septembre. Le docteur est obligé de convenir du fait, & se retourne à dire qu'il avoit cru pouvoir assurer madame la duchesse que l'inoculation avoit bien pris d'après des symptomes reçus des praticiens ; qu'il s'étoit trompé sans doute. Les coryphées de cette méthode ne se trouvent point battus, & en convenant même que madame la duchesse de Boufflers auroit été bien inoculée, ils la regarderoient seulement comme une de ces victimes malheureuses destinées aux phénomenes rares sur un nombre infini ; mais ils tombent tous sur le docteur, ils disent que c'est un charlatan qui ne sait pas bien inoculer, qui, pour s'attirer plus de pratiques, traitoit légérement une maladie qui veut les plus grands soins & la plus grande circonspection.

1 Octobre 1765. L'académie royale de musique a remis aujourd'hui sur son théatre la tragédie d'*Hypermnestre*. Elle y avoit paru successivement en 1716, en 1728, en 1746. Les paroles sont de la Font, la musique est de Gervais. On dit que dans la nouveauté on reprochoit à ce musicien d'avoir innové, que la tournure de sa musique parut trop moderne : c'est ce qu'on ne lui reprochera pas aujourd'hui. Malgré sa vétusté, on y a remarqué de temps en temps des traits de force dignes des grands maîtres modernes. Rien de plus pathétique, de plus effrayant, que le chœur des fils d'*Egyptus*,

derriere la scene. C'est de la part du poëte & du musicien un coup de génie des plus transcendants. En général, il regne dans la musique un chant facile & naturel, toujours beau. Le poëme est une tragédie parfaite, autant que le comporte le lyrique ; en un mot, malgré la prévention où l'on étoit contre cet opéra, il n'a point ennuyé les gens de goût : mérite très-rare dans ces sortes d'ouvrages.

3 *Octobre 1765*. *Lettre aux auteurs de la Gazette Littéraire*, insérée dans celle du 15 septembre 1765. On y attaque fortement M. le Bailly de Fleury sur quelques réflexions qu'il a insérées dans ses *Nouveaux Mémoires ou Observations sur l'Italie & les Italiens, par deux gentilshommes Suédois*. L'auteur de cette Lettre paroît être un homme vain & fier de ses titres, qui, offensé des vues philosphiques de M. le Bailly de Fleury, se mettant au dessus des préjugés, lui fait regarder comme plus utile à l'état un commerçant actif & industrieux qu'un noble pauvre & oisif, l'arguë vertement, & répand contre lui toute l'amertume dont est accompagné son orgueil.

4 *Octobre 1765*. Il n'a fait que paroître un ouvrage intitulé: *Lettre à une personne de Distinction sur les affaires de Bretagne*. Le gouvernement en a ressenti les plus vives alarmes, & en a fait supprimer tous les exemplaires qu'on a pu trouver. Cet ouvrage roule, 1°. *sur l'ancienneté & l'immutabilité des droits que le parlement & les états de* Bretagne *ont réclamés* : 2°. *Sur les motifs puissants qui ont déterminé l'abdication des magistrats* : 3°. *Sur les moyens les plus propres à rétablir la paix dans la province*.

Le

Le contrôleur-général sur-tout s'est élevé contre cet ouvrage, absolument destructif du système qu'il a voulu établir dans cette affaire.

5 Octobre 1765. Il nous est tombé entre mains un manuscrit intitulé *Mes doutes* : il roule sur la religion & présente sous une face, aussi nouvelle que modeste, une foule d'arguments qu'on n'a point encore épuisés. La clarté, la méthode & la simplicité de cet ouvrage, le rendent fort dangereux pour les gens qui examinent de sang froid & sans prévention.

6 Octobre 1765. Il paroît un nouvel *éloge de Descartes*, *par l'auteur de Camédris*, c'est-à-dire, par Mlle. Mazarelli. On sent combien cette tâche est au-dessus des forces de la plume foible & seche d'une courtisanne. Cet éloge n'a point concouru, dit-on.

8 Octobre 1765. *L'Anti-Contrat Social, par M. P. L. de Beauclair, citoyen du monde*. Ce livre, où l'auteur a voulu mettre un ton plaisant & cavalier, est une critique fort au-dessous de Rousseau; il y a cependant quelques endroits pensés assez fortement. Il est en général peu neuf & ne réfutant en rien son adversaire.

9 Octobre 1765. M. l'abbé Aubert, l'auteur des fables, vient de célébrer la convalescence de M. le comte de St. Florentin. Tout le monde sait l'accident qui lui est arrivé : l'auteur met beaucoup d'onction & de facilité dans son épître : il finit ainsi :

> De ta précieuse vie
> Ne vas plus hasarder le cours,
> C'est s'affliger pour la patrie
> Que de s'affliger pour tes jours!

Tome II.

C'est au public à juger de cet éloge & à ratifier ces sentiments plus que flatteurs.

10 Octobre 1765. Extrait du *discours de monsieur le Blanc de Castillon, avocat-général du parlement de Provence, le jour de la rentrée de cette cour, le 1 octobre 1765, au palais d'Aix...* Les loix ne sont autre chose que les divers rapports des établissements nécessaires à la société avec la loi naturelle. La connoissance de la loi naturelle doit être l'unique étude du magistrat. Par elle il aura la clef des loix divines & humaines. Rien ne lui échappera dans le droit public : les matieres les plus abstraites de la théologie seront à sa portée, la profondeur du dogme n'aura rien qui l'effraie; il y ramenera les ministres chaque fois qu'ils s'en écarteront.

Le plus grand & le plus vaste génie du siècle passé a connu la loi naturelle mieux que personne, quoiqu'on puisse dire qu'il a quelquefois été un peu trop loin. Montesquieu a corrigé ce qu'il pouvoit y avoir d'outré dans son système; il a vu toutes les choses dans leurs principes.... les besoins divers des différentes sociétés..... il nous rend, pour ainsi dire, les confidents des législateurs; il met à découvert les renforts de leur politique, en nous conduisant par la main dans le dédale inextricable des loix....

L'esprit des loix a dégénéré chez presque toutes les nations; on s'est écarté de la loi naturelle : une grande partie de nos loix sont une suite du gouvernement féodal..... L'envie d'asservir le peuple fit recourir à la religion; la superstition est le frein le plus propre à gouverner les hommes..... On vit alors se répandre une barbare théocratie...... On prêcha un dieu de miséricorde, & l'esprit de ténebres succéda à l'ange de lumiere..... Les ministres de l'autel ne s'oublierent pas; & profitant par eux-mêmes de ce que le despotisme exigeoit d'eux, ils exciterent aux plus étranges attentats pour soutenir par le fanatisme ce que la piété raisonnée leur refusoit.... prêtres, pontifes, législateurs, ils établirent de nouvelles loix, une nouvelle doctrine adaptée uniquement à leur intérêt; ils entraînerent dans l'erreur les peuples, les grands & les conciles.

La politique de la cour de Rome lui suggéra de ne mettre sur le siege de Pierre qu'un vieillard décrépit, dont l'imbécillité de l'âge se prête à tout ce que l'esprit d'intrigue peut desirer. Ce superbe pontife, esclave de ceux qui gouvernent sous lui, enchaîne de ses mains au char de l'intérêt, la gloire, l'honneur & la vérité.

Pierre disoit : *levez-vous...; je ne suis qu'un homme.* Mais on a substitué à un Dieu fait homme, un homme dont on a fait un Dieu.... C'est de la bouche d'un *Hildebrand* que l'on a fait sortir des maximes qui sont des imprécations, des oracles qui sont des blasphêmes. Le successeur du prince des apôtres a répandu l'anathême dans l'univers.

La conduite de nos prêtres nous fait regretter le paganisme, autant au-dessus du fanatisme qu'il peut être au-dessous de la doctrine chrétienne. Le corps du clergé national, oubliant son plus beau titre, qui est d'être François, se livre à un esclavage systématique & ultramontain, dans l'intention de censurer des privileges odieux qui ne sauroient subsister avec la liberté Gallicane.... Si nous le suivons dans son enseignement, nous ne serons bientôt plus François.... Hommes, mais fanatiques romains, oubliant leur divin législateur qui dit que son empire n'est pas de ce monde, & qui leur promet de les faire régner dans une autre vie avec lui, ils répondent : *nous sommes les maîtres du monde ; nous aimons mieux dominer ici-bas, que de régner avec vous dans le ciel....* que les rois de la terre, s'il en est encore, n'existent que par une soumission aveugle au Jupiter du capitole.

Ce corps antique, respectable, dont l'origine se perd dans la nuit de l'origine de la nation Françoise, ce corps indivisible de la constitution salique, essentiellement chargé du dépôt de la loi, du contrat entre le peuple & le souverain, ce corps, l'espoir unique de la nation, doit par toutes sortes de moyens rappeller sous le joug de la loi toute personne qui oseroit l'enfreindre ; il est même des cas où il n'y a nulle exception à faire : tout infracteur de la loi est traître à l'état.

Tels sont vos titres & vos droits ; c'est sur vous seuls que la nation tourne ses regards désolés ; elle n'attend de secours que de vous.

Le magistrat, considéré selon toute l'étendue de l'expression, est un juge, pontife, législateur : il est la loi qui parle, puisque la loi est appellée le magistrat muet. La religion a ses martyrs, la magistrature doit avoir les siens. Le patriotisme renfermé dans le cœur d'un petit nombre de citoyens, vous y invite.... Verser votre sang pour le maintien de la loi, s'il le faut, est votre devoir.

14 *Octobre* 1765. Nous avons annoncé, il y a quelque temps, une découverte que s'est attribué

M. l'abbé de la Chapelle, & dont il a fait l'expérience devant l'académie : il étoit question de corsets ou pourpoints de liege, propres à soutenir dans l'eau ceux qui en feroient usage. On voit dans *l'Avant-coureur* d'aujourd'hui 14, une réclamation du Sr. Bonnal, demeurant à Dieppe. Après avoir exposé le fait, & parlé de la même expérience faite en Angleterre, il s'exprime ainsi : « Ce n'est ni le Sr. Wilkinson ni le Sr. abbé de » la Chapelle, qui ont inventé la casaque ou » corset de liege ; c'est le Sr. Bonnal lui-même » qui en est l'inventeur. On en doit d'autant » moins douter, que le 15 mars 1748 S. M. » lui en accorda un brevet de privilege exclusif » pour la vente & distribution pendant dix ans. » Ce privilege lui a été renouvellé par un autre » brevet du 1 décembre 1759. [Signé] BONNAL » fils. De Lusigny, ce 3 octobre 1765. »

15 *Octobre* 1765. M. l'abbé de Lille vient de remporter le prix de l'académie de Marseille, par une *épître en vers sur les voyages*. Ce grand ouvrage de plus de 600 vers, joint une logique judicieuse à tout le brillant de l'imagination. L'auteur possede l'art heureux de parer la raison, & de l'habiller des ornements de la poésie.

16 *Octobre* 1765. Rousseau, retiré à Moitié-Travers près de Neuchâtel, pour se soustraire aux décrets prononcés contre lui, tant en France qu'à Geneve, ne s'y est point encore trouvé à l'abri de ses ennemis ; on apprend que la persécution suscitée contre lui par les ministres du St. Evangile, a poussé quelques fanatiques à tenter de violer l'asyle de sa retraite : ils sont venus

pour l'accabler d'injures & de pierres ; ils ont voulu enfoncer la porte & maſſacrer M. Rouſſeau. Eveillé en ſurſaut, il a crié au ſecours ; le châtelain, qui logeoit à quelques pas de-là, eſt accouru, accompagné de beaucoup d'honnêtes gens. Les coquins avoient diſparu. Ils ont cherché à engager Rouſſeau à fuir. Ce philoſophe a paru décidé à tous événements. Le gouvernement de Neuchâtel a pris des précautions pour prévenir de nouvelles inſultes, & mettre ordre au zele dangereux des enthouſiaſtes (1).

17 Octobre 1765. M. Thomas ayant envoyé à M. de Voltaire un exemplaire de ſon *éloge de Deſcartes*, en a reçu une lettre très-obligeante, que la modeſtie du premier a cru devoir ſacrifier à ſon zele pour la gloire de l'Apollon moderne : en conſéquence elle court imprimée. M. de Voltaire y dit : « autrefois nous donnions » pour ſujet du prix des textes faits pour le » ſéminaire de St. Sulpice ; aujourd'hui les ſu-« jets ſont dignes de vous (M. Thomas). On ne » lit plus Deſcartes, mais on lira ſon éloge...... » Vous avez parfaitement ſéparé le génie de » Deſcartes de ſes chimeres. » Il finit par l'exhorter à venir vivre avec lui. Cette invitation, qu'on trouve aſſez généralement dans toutes les lettres que M. de Voltaire écrit aux différents auteurs qui ſe rangent ſous ſes bannieres, ſera regardée par ſes détracteurs comme un lieu commun de ſa vanité. Ses amis n'y verront que la magnificence d'un cœur ouvert à l'humanité entiere.

---

(1) C'eſt la nuit du 6 au 7 ſeptembre que la ſcene s'eſt paſſée au village de Moitié-Travers.

21 Octobre 1765. M. le contrôleur-général se met au rang des historiens, & vient de faire paroître trois nouvelles lettres, pour continuer à établir son système *de la pleine souveraineté du roi sur la province de Bretagne*. Elles sont adressées au Sr. Président : elles sont datées des 12 juillet, 3 août & 20 de septembre. Elles sont accompagnées d'observations en réponse à ces lettres. Il faudroit être à même de recourir aux sources & de consulter les pieces originales pour décider ce procès, sur lequel le souverain sera toujours à même d'avoir gain de cause.

22 Octobre 1765. On devoit donner aujourd'hui à Fontainebleau la premiere représentation d'une comédie nouvelle de M. Sedaine, en cinq actes & en prose. Elle est intitulée *le Philosophe sans le savoir*. Mais la police y a trouvé différentes choses à réprimander, entr'autres un duel autorisé par un pere. On a châtré cette piece absolument, & l'auteur ne peut se résoudre à la donner en un pareil état. Elle n'est d'ailleurs ni intriguée, ni comique. On parle de quelques positions intéressantes.

23 Octobre 1765. *Le Spinosisme modifié, ou le monde Dieu*. Ce n'est plus dans les ténèbres & dans le silence que se traîne l'impiété timide ; elle leve aujourd'hui un front altier, elle déchire les bandeaux les plus respectés, elle se montre à découvert, elle se reproduit de toutes parts : & telle que ce monstre de la fable, une de ses têtes à peine abattue, il en renaît plusieurs autres. La brochure dont il est question, paroîtroit au premier coup d'œil, & à la

légéreté de son individu, une de ces feuilles qu'un souffle fait évaporer. Celle-ci est la quintessence la plus subtile des énormes in-folio écrits sur cette matiere : elle n'a que 48 pages, & renferme en un court espace tout le poison répandu dans les divers matérialistes qui ont écrit, depuis Démocrite, Lucrece, &c. Il contient quatre sections, de *l'Etendue*, des *Astres*, des *Etres pensants*, *de la Fatalité*. Quoi qu'il ne paroisse pas y avoir une grande connexité dans le tout, les assertions que contient ce livre, sont très-fortes & difficiles à réfuter.

Il y a une épître à MM. les docteurs en *Us*; plaisanterie plate, indigne d'un sujet aussi grave.

16 *Octobre* 1765. *La Fée Urgelle*, opéra à ariettes, a été joué aujourd'hui à Fontainebleau pour la premiere fois. C'est le conte de Voltaire, intitulé *ce qu'il plaît aux Dames*, réduit aux regles d'un drame. Il est en quatre actes. Les paroles sont de l'abbé de Voisenon, sous son prête-nom ordinaire Favart : la musique est de Dunis. Ce spectacle a fait la plus grande sensation à Fontainebleau. Les critiques ne sont pourtant pas contents de la musique. Il en est qui s'étendent jusqu'aux paroles, d'autres qui y trouvent des indécences. En général, les décorations, la richesse & l'éclat de la représentation ont beaucoup séduit. Cette piece doit être jouée à Paris incessamment.

17 *Octobre* 1765. *Epître de M. Gresset, sur un mariage*. On y trouve encore en quelques endroits la touche molle, délicate de l'aimable auteur du *Ververt* & de *la Chartreuse* ; mais

cette piece est pleine de longueurs, & contient plus de phrases que de pensées.

27 Octobre 1765. *Lettre de M. d'Alembert aux auteurs du Journal Encyclopédique, du 18 Septembre 1765.* Ce philosophe y rend compte du droit qu'il croit avoir à la pension de Clairaut; il ajoute que l'académie a écrit aux ministres à deux reprises différentes, le 18 mai & 14 août; que cette pension étoit dévolue à ce géometre comme le plus ancien, & qu'elle a joint d'ailleurs à cette démarche en sa faveur les marques d'estime les plus flatteuses, &c.; il ajoute que jusqu'au moment où il écrit, l'académie n'a reçu aucune réponse à ses lettres, réponse nécessaire pour le faire jouir de cette pension.

Il prétend ensuite que sa maladie n'est point une suite du chagrin prétendu que le refus ou le délai de cette pension lui ait causé; il joue la mauvaise santé & singe Voltaire en cette partie : il fait encore un étalage de sa philosophie; & à travers sa modestie on découvre l'orgueil le plus cynique, dont il a donné déja trop de preuves.

28 Octobre 1765. On voit dans le *Journal Encyclopédique* du 1 octobre 1765, une *Epître de M. le comte de Schowalow à M. de Voltaire.* Cet ouvrage en vers de dix syllabes est si bien écrit, qu'il est difficile de croire qu'il puisse être sorti de la plume d'un étranger. Ceux qui sont au fait de toutes les manœuvres littéraires, formeront peut-être là-dessus des conjectures que nous n'osons hasarder. Nous nous contenterons de citer la fin de cette épître. Après l'éloge le plus pompeux & le plus

universel des talents & du cœur de son héros, le poëte dit :

>J'entends le cris des cœurs reconnoissants
>Vous célébrer comme un Dieu tutélaire,
>Je vois fumer leur légitime encens :
>Et si Zoïle, armé de l'imposture,
>Vouloit tenir vos bienfaits renaissants,
>Le monde entier dans sa volupté pure,
>Attesteroit à la race future
>Que vos vertus égalent vos talents.

M. de Voltaire, trop poli pour n'avoir pas répondu à ces vers, s'exprime ainsi :

>Puisqu'il faut croire quelque chose,
>J'avourai qu'en lisant vos séduisants écrits,
>Je crois à la métempsycose :
>Orphée au bord du Tanaïs
>Expira dans votre pays :
>Près du lac de Geneve il vient se faire entendre.
>En vous il renaît aujourd'hui,
>Et vous ne devez pas attendre
>Que les femmes jamais vous battent comme lui.

M. le comte de Schowalow a riposté par de petits vers de quatre syllabes, qui pourroient bien être de lui.

29 *Octobre* 1765. *Sur la bête monstrueuse & cruelle du Gevaudan, poëme.* 1765. L'éditeur de cet ouvrage avertit, avec raison, que l'auteur a une maniere qui lui est propre, & qu'il écrit comme personne n'écrit. Il s'excuse de n'avoir point orné ce poëme d'un beau portrait de la bête du Gevaudan, ou bien de celui de l'au-

teur. Voici le sommaire de ce merveilleux poëme : *Exposition des fureurs de la bête. Digression très-furieuse sur la fête de la Gargouille, qu'on célebre à Rouen. Réflexion sur la galanterie qui sembloit régner dans les démarches de la bête. Portrait du monstre. Réflexions utiles sur la cherté du bois qu'il occasione. Description des chasses où on l'a manqué. Projet intéressant de faire un beau miracle à l'encontre de cette bête. Conclusion.* Il ne reste qu'à citer quelques vers de ce poëme. L'auteur parle de l'abord du monstre.

De certaine distance alors à quelques toises,
Par derriere, à la gorge, ou bien par le côté,
Qu'il attaque sans cesse avec rapidité,
Sur sa propre victime il va, court & s'élance :
Par lui couper la gorge aussi-tôt il commence.
Monstre indéfinissable, il est d'ailleurs poltron ;
De grandes & fortes griffes il a la patte armée, &c.

Il voudroit que le monstre fût auprès d'Amiens, parce que

Notre digne prélat, par sa foi, par son zele,
Nous en délivreroit avec juste raison,
Par le moyen du jeûne, ainsi que l'oraison,
Sur le col de la bête appliquant son étole,
Il la rendroit plus douce à l'instant & plus mole,
Par un signe de croix, qu'une simple brebis.

Ce poëme, le plus plaisant qui ait paru depuis le fameux poëme du *tremblement de terre de Lisbonne*, est de la composition de monsieur le baron de R..... gentilhomme de Picardie, & poëte d'auſſi bonne foi que monſieur André, perruquier.

30 *Octobre* 1765. *Réponſe de M. l'abbé de Voiſenon à M. Favart, ſur la dédicace de la comédie d'Iſabelle & Gertrude.*

Je ſens le prix de ton hommage :
Quelque dieu de la terre en eût été flatté.
Mais tu penſes en homme ſage,
Dans l'amitié tu vois la dignité.
Tu réunis tous les ſuffrages,
Et le public tiré de ſon erreur,
Te rend ta gloire & tes ouvrages :
Rien ne peut à préſent altérer ton bonheur;
Tes ſuccès ſont à toi. J'en goûte la douceur,
Et n'ai jamais voulu t'en ravir l'avantage :
Ton eſprit en a tout l'honneur,
C'eſt mon cœur ſeul qui le partage.

Le commerce de louanges & de fadeurs ne détruit point l'opinion très-fondée, que Favart fait les carcaſſes des pieces, & que l'abbé de Voiſenon habille la poupée.

31 *Octobre* 1765. Un bénédictin très-ſavant, nommé *Dom Caſot*, fait imprimer actuellement une *hiſtoire détaillée des plagiats de J. J. Rouſſeau*. Il démontre que cet auteur a pillé des pages entieres; & qu'en lui ôtant tout ce qu'il a pris de part & d'autre, il ne lui reſteroit rien de ſes ſyſtêmes hardis, ni de ſes penſées fortes & vigoureuſes. Le bénédictin eſt un ſavant déja connu par *l'hiſtoire des Cocqueluchons*, également curieuſe par les recherches, & rare pour ſon ſtyle tudeſque & ridicule.

1 *Novembre* 1765. Mlle. Clairon est enfin de retour à Paris : elle ne s'est point encore expliquée sur sa rentrée au théatre ; le public est dans l'attente, il flotte entre la crainte & l'espérance.

1 *Novembre* 1765. On apprend que Jean-Jacques Rousseau s'est retiré dans une petite isle du canton de Berne, appellée *l'Isle St. Pierre*. Les persécutions qu'il a essuyées ont noirci son imagination ; il est devenu plus sauvage que jamais. Le roi de Prusse lui fait beaucoup d'instances pour le faire venir à Berlin. On croit qu'il s'y rendra.

2 *Novembre* 1765. Nous avons annoncé [19 *Janvier* 1765.] un nouveau manuscrit de monsieur Boulanger, sur la maniere d'étudier & d'écrire l'histoire. Il paroît aujourd'hui imprimé dans toute sa perfection. Il a pour titre : *L'Antiquité dévoilée par ses usages, ou examen critique des principales opinions, cérémonies & institutions religieuses & politiques des différents peuples de la terre*; 3. volumes in - 12. Ce livre, très-savant, & dont le *Despotisme Oriental* ne faisoit qu'un chapitre, paroît établir assez naturellement le déluge pour unique point où remontent toutes les histoires des nations, mêlées des différentes fables dont une tradition imparfaite les a défigurées. L'auteur trouve par-tout les traces de l'homme errant, effrayé, déplorant la destruction de l'univers. Ce système, très-simple, est d'une grande fécondité. A la tête du livre est un précis de la vie de M. Boulanger.

Nicolas - Antoine Boulanger, étoit né à Paris

d'une famille honnête en 1722. Il avoit étudié à Beauvais sous M. Crevier, professeur de rhétorique; il avoit montré si peu de talents, que le professeur douta long-temps que ce Boulanger fût son disciple. Il s'appliqua aux mathématiques & au génie ; il se distingua dans les ponts & chaussées, & y fut chargé de travaux considérables. Il sollicita sa retraite en 1758, à raison de l'épuisement de sa santé. On lui accorda un brevet d'ingénieur, distinction qu'il méritoit, & dont il reçut le premier l'exemple : il mourut le 16 septembre 1759.

Il étoit fort laid. Sa figure ressembloit à celle de Socrate. Il avoit un génie tourné à la réflexion. Il est inconcevable qu'au milieu d'une persécution domestique, des occupations les plus pénibles, il ait parcouru une carriere immense : il avoit eu l'imprudence de répandre quelques manuscrits de son *Despotisme Oriental*, & la fureur des *Intolérants* commençoit à fermenter, quand il est mort.

On a déja fait mention de quelques-uns de ses ouvrages : il en a laissé beaucoup d'autres, ou perdus, ou imparfaits, ou qui ne sont pas encore imprimés.

2 *Novembre* 1765. *Réflexions sur les efforts du clergé pour empêcher la loi du silence au sujet de la bulle Unigenitus.* Cet écrit, de 38 pages in-12, est suivi d'un mémoire *sur la nécessité indispensable de garder la loi du silence.* L'un & l'autre tendent à remettre sous les yeux du lecteur tout ce qui s'est passé au sujet de cette trop fameuse bulle, & l'auteur en tire l'induction d'une décla-

ration nouvelle qui porteroit atteinte à la loi du silence, ne serviroit qu'à renouveller les disputes & les troubles; que l'on doit espérer que le roi fera exécuter avec plus de fermeté que jamais sa déclaration de 1754, sur-tout *lorsque les évêques du royaume arboreront aussi audacieusement l'étendard de la désobéissance, de l'indépendance & de la rebellion.* On voit par ce petit précis le but de l'auteur, & qu'il s'est permis des réflexions un peu vives sur les prélats qui ont cru devoir se montrer les protecteurs de la constitution & des jésuites.

3 Novembre 1765. Requête d'un grand nombre de fideles, adressée à monseigneur l'archevêque de Rheims, président de l'assemblée générale du clergé qui se tient actuellement à Paris, pour être par lui communiquée à tous les prélats de ladite assemblée, au sujet des actes qu'il a fait imprimer. Tel est le titre d'une autre brochure de plus de 100 pages in-12, sur la même matiere, dans laquelle l'auteur discute les principaux traits des *actes* dont il est tant question depuis trois mois. On voit bien que c'est moins pour y applaudir, que pour en faire la satire & la critique.

4 Novembre 1765. Un ancien adversaire des jésuites se met de nouveau sur les rangs. Le pere *Norbert*, capucin, sous le nom de l'abbé *Platel*, répand le *prospectus* d'un très-grand ouvrage en six volumes in-4°. ayant pour titre: *Mémoires historiques sur les affaires des jésuites avec le Saint-Siege*, où l'on verra que les rois de France & de Portugal, en chassant ces religieux, n'ont fait qu'exécuter le projet déja formé par plusieurs grands papes de supprimer leur société dans toute l'église.

A en croire l'auteur, Innocent XIII avoit rendu un décret, qui défendoit à cette société de recevoir aucun novice (décret dont sa mort précipitée empêcha l'exécution.) Il parle aussi de la fameuse constitution de Benoît XIV, *Exque singulari*, qui ordonne que les jésuites seroient chassés des missions, comme des hommes incorrigibles, &c. Il prétend tirer ses autorités des sources les plus pures & les moins suspectes : c'est de Rome même, de la sacrée congrégation, des tribunaux ecclésiastiques, qu'émanent ces preuves soi-disant authentiques.

Par l'étendue des volumes on peut juger de l'immensité de la matiere, sous la plume d'un homme connu pour implacable ennemi des jésuites, & dont l'ouvrage acquiert par-là peu de confiance.

5 *Novembre* 1765. Le 2 novembre on a donné à Fontainebleau *Zémis & Almasie*, ballet héroïque, paroles de M. le duc de la Valiere, & musique de M. de la Borde. Ce petit acte, comme drame, n'est point mal fait : c'est une féerie. Il y a de beaux vers & dans un genre sublime, de très-belles décorations. Geliotte a fait le rôle de *Zémis* avec le plus grand succès. La musique est celle d'un amateur, plus que d'un véritable génie.

On a joué aujourd'hui, sur le même théâtre, une comédie nouvelle de M. Saurin, en trois actes & en vers. Elle étoit annoncée depuis long-temps dans le monde sous le titre de *l'Anglomanie*. L'auteur l'a fait jouer aujourd'hui sous celui de *l'Orpheline léguée*. Elle a eu beaucoup de succès à la cour, & doit être représentée demain à Paris.

6 Novembre 1765. Mandement du révérendissime pere en Dieu Alexis, archevêque de Novogorod la Grande: pamphlet de 12 pages. L'auteur, à l'occasion de l'arrêt du parlement de Paris, du 5 septembre, qui condamne au feu la lettre circulaire de M. l'archevêque de Rheims, en applaudissant à ce jugement, semble vouloir traiter sérieusement la question des deux puissances; mais sortant bientôt du ton sérieux qu'il affecte, on voit qu'il ne se pare de son érudition que pour faire passer les plaisanteries qu'il se permet contre le pape, la cour de Rome & ses ministres. M. de Voltaire, à qui l'on attribue cette facétie, ne fait que répéter beaucoup de choses triviales, mais toujours avec des traits, des étincelles, qui le décelent de temps en temps. Cette drogue est très-rare.

7 Novembre 1765. Les François ont donné hier la premiere représentation de *l'Orpheline léguée*. On sait le trait du citoyen de Corinthe, qui, en mourant, légua à Eudamidas, son ami, le soin de nourrir sa femme & de pourvoir sa fille. Ce trait a fourni à M. de Fontenelle le sujet de sa comédie du *Testament*, & à M. Saurin celui du nouveau drame. A cela près, les deux pieces n'ont aucun rapport.

Le principal but de cette comédie est de nous corriger d'un ridicule assez en vogue chez beaucoup de gens; c'est notre admiration excessive pour les Anglois & pour tout ce qui vient d'eux. Il y a des scenes très-plaisantes & très-ingénieuses dans les deux premiers actes: le troisieme commence par une très-longue scene, où l'on trouve une dissertation sur le vrai philosophe, excellente par-tout ailleurs, mais fort déplacée dans un dernier acte. Comme il paroît que M. Saurin, très-dévoué à M. Helvetius, l'a eu en vue dans ce drame, il faut rendre un compte détaillé de cet endroit.

La scene se passe entre deux amis, dont l'un magistrat, mais devenu fou & sot à force d'Anglomanie, veut absolument renoncer à tout & même sa charge, pour vaquer uniquement à la philosophie. L'autre veut le détourner de ce projet, & lui fait sentir que le vrai philosophe est celui qui est utile à la société, & sait remplir le poste où la providence l'a placé. Le magistrat le prend sur le fait, & lui demande pourquoi donc il a abdiqué la place de fermier-général? Celui-ci riposte, en faisant sentir à l'autre la différence qu'il y a entre un homme, qui, rassasié de richesses, rentre dans l'ordre modeste des citoyens, & quitte un état au moins inutile, & un magistrat, &c. Suit un très-beau détail sur les pénibles & glorieuses fonctions de la robe.

8 *Novembre* 1765. On écrit de Suisse qu'une société de citoyens s'y est formée, il y a quelques années, pour concourir à répandre la connoissance des vérités les plus utiles aux hommes, & pour proposer des questions relatives à ce but. Parmi les mémoires adressés à la société, il s'en est trouvé plusieurs qui avoient un certain mérite académique, mais aucun qui, par la précision de la forme & l'étendue des vues, satisfît aux desirs des juges. Dans ces circonstances, la société prit en 1763 la résolution d'adjuger

son prix à l'auteur des *Entretiens de Phocion* (M. l'abbé Mably). D'après les mêmes motifs elle prend le parti d'offrir une médaille de 20 ducats à l'auteur anonyme d'un traité publié en Italien, sur *les délits & les peines*, & l'invite à se faire connoître & à agréer une marque d'estime due à un bon citoyen, qui ose élever sa voix en faveur de l'humanité contre les préjugés les plus affermis. L'auteur est prié de faire parvenir sa déclaration à la société des citoyens, sous l'adresse de *la société typographique de Berne en Suisse*.

Cette société renonce en même temps au dessein de proposer de nouvelles questions; elle se contentera d'encourager l'esprit philosophique & la philantropie par des témoignages d'approbation donnés publiquement à des ouvrages véritablement utiles à la grande société des hommes.

9 *Novembre* 1765. On a joué à Fontainebleau le *Thésée*, remis en musique par Mondonville. Cet opéra de Quinault n'a point réussi sous cette nouvelle forme. On trouve que la beauté du récitatif de Lully est supérieure à toutes les gentillesses de la musique moderne.

10 *Novembre* 1765. *L'Orpheline léguée* a plus réussi à la seconde & troisieme représentation : au moyen de quelques changements qu'on y a faits, de mauvaises plaisanteries qu'on a supprimées & du jeu supérieur des acteurs, on l'a trouvée infiniment mieux. Elle pétille d'esprit : il y a des situations naturelles, de la bonne gaieté, &, quant au total, un dialogue fort & soutenu. Le défaut d'action lui fera toujours tort, & malheureusement le premier coup est

porté. Il en est resté plusieurs au théatre, qui à coup sûr ne valent pas celle-là.

11 *Novembre* 1765. *Lettre à M***. sur les peintures, sculptures*, &c. M. Mathon de la Cour, le fils, auteur de cet ouvrage, s'est depuis quelque temps donné les airs de répandre périodiquement ses réflexions sur le sallon, avec une hardiesse & une confiance dignes de sa jeunesse & de son peu de lumieres. Quelque peu prépondérantes que soient ses critiques, elles désolent les artistes, & l'on prétend que le tableau des *Graces* de 1763, par feu Vanloo, n'a été brûlé que d'après la censure de notre aristarque. Il n'en faut rien croire: nous savons que le dédain avec lequel madame la marquise de Pompadour parla de cet ouvrage, fut un coup mortel pour l'auteur; & voilà la vraie raison de sa reproduction. Nous donnerons pour échantillon des critiques de M. de la Cour, celles qu'il fait du nouveau tableau des *Graces*: il auroit voulu que M. Vanloo les eût représentées dansant une de nos contre-danses ordinaires........

Au reste, l'ouvrage est bien écrit, il y a de très-bonnes choses; mais des assertions aussi hardies ne conviennent point à un homme qui n'a aucun rang dans la littérature ni dans les arts.

Il assure que Vanloo ne travailloit ses dernieres productions qu'avec trois lunettes sur le nez.

12 *Novembre* 1765. L'académie royale des belles-lettres a fait sa rentrée publique aujourd'hui 12. Le prix, dont le sujet regardoit les *Antiquités Egyptiennes*, a été remporté par

M. Fréderic Samuel Schmidt. C'est le dixieme qu'il mérite. On a proposé pour sujet de l'année 1767, à pâque : *Par quelles causes & degrés les Loix de Lycurgue se sont-elles altérées chez les Lacédémoniens ?*

M. le Beau, le jeune, a lu pour M. Bonami, ses Observations *sur la lecture des anciens actes, & sur la nécessité de consulter les originaux.*

M. Anquetil a lu un mémoire sur *l'utilité qu'on peut tirer de la lecture des livres orientaux.*

M. de Chabanon a fait la lecture de son *Système sur l'introduction des accords dans la musique des anciens.*

Enfin, M. l'abbé Mignot a terminé la séance par un mémoire fort long & fort ennuyeux *sur les Phéniciens,* où il a fait la description de la côte de Phénicie & des monuments qui s'y trouvent.

13 *Novembre* 1765. M. de Fouchy a ouvert aujourd'hui la séance publique de l'académie royale des sciences par l'éloge de M. Clairaut, reçu à l'académie à l'âge de 18 ans.

Mémoire de M. Guettard *sur la matiere de la porcelaine, trouvée en France à Maupertuis, village près d'Alençon.*

Observation de M. Petit, médecin, *sur un anevrisme de la carotide droite.*

Mémoires de M. Perronnet *sur les différentes méthodes employées pour fonder les ouvrages de maçonnerie dans l'eau, principalement sur celles qui tendent à supprimer les batardeaux, & les épuisements dans la construction des ponts.*

Anecdote sur un mémoire pour l'inoculation, que devoit lire monsieur de la Condamine. M. de la Condamine a déclaré à l'assemblée, avant l'ouverture de la séance, qu'il avoit un mémoire à lire sur l'inoculation; mais qu'il en avoit reçu défense du président, [M. de Malesherbes.] En conséquence, après la lecture de l'éloge de monsieur Clairaut, cet académicien a remis une protestation par écrit au président, & s'est retiré.

14 *Novembre* 1765. Lettre de M. de Voltaire à M. l'abbé de Voisenon. 5 novembre 1765.

> J'avois un arbuste inutile,
> Qui languissoit dans mon canton,
> Un bon jardinier de la ville
> Vient de greffer mon sauvageon:
> Je ne recueillois de ma vigne
> Qu'un peu de vin grossier & plat,
> Mais un gourmet l'a rendu digne
> Du palais le plus délicat.
> Ma bague étoit fort peu de chose,
> On la tailla; beau diamant.
> Honneur à l'enchanteur charmant,
> Qui fit cette métamorphose !

« Vous sentez, Monsieur, à qui sont adressés ces mauvais vers. Je vous prie de présenter mes compliments à M. Favart, qui est l'un des deux conservateurs des graces & de la gaieté françoise. Comme il y a dix ans que vous ne m'avez écrit, je n'ose vous dire : ô mon ami ! écrivez-moi ; mais je vous dis ah ! mon ami, vous m'avez oublié net. »

15 *Novembre* 1765. *Les soupirs du cloître,* ou le

Triomphe du Fanatisme. Epître à M. D. M. Ce poëme, de feu M. Guymond de la Touche, contient quinze à seize cents vers. Il est écrit avec force & souvent avec dureté. Ce n'est autre chose que le tableau de la *Chartreuse*, traité d'une autre maniere. C'est presque la même marche, mais il n'est personne qui ne préfere la mollesse, l'aisance, le délicieux du pinceau de M. Gresset, à la touche noire & sinistre du dernier.

16 *Novembre* 1765. On vient d'imprimer *Adélaïde du Guesclin*, tragédie représentée pour la premiere fois le 8 janvier 1734, & remise au théatre le 19 septembre 1765, donnée au public par M. le Kain, comédien ordinaire du roi.

Cette piece ne contient que très-peu de changements, différents du *duc de Foix* : elle est remarquable par l'éditeur, & par la maniere plaisante dont M. de Voltaire persifle le public à son ordinaire ; il veut nous faire croire que tout cela s'est passé sans sa participation & sans son aveu. Il faut lire la préface très-comique.

17 *Novembre* 1765. M. l'abbé de Voisenon a répondu à la lettre de M. de Voltaire, que nous avons insérée ci-dessus.

>Vos jolis vers à mon adresse
>Immortaliseront Favart,
>C'est Apollon qui le caresse
>Quand vous lui jetez un regard ;
>Ce Dieu l'a placé dans la classe
>De ceux qui parent ses jardins,
>Sa délicatesse ramasse
>Les fleurs qui tombent de vos mains.
>Il vous a choisi pour son maître ;

Vos richesses lui font honneur :
Il vous fait respirer l'odeur
Des bouquets que vous faites naître.

« Il n'auroit pas manqué de vous offrir sa comédie de *Gertrude*, mais il a la timidité d'un homme qui a vraiment du talent ; il a craint que l'hommage ne soit pas digne de vous. Vous ne croiriez pas que malgré les preuves multipliées qu'il a données des graces de son esprit, on a l'injustice de lui ôter ses ouvrages, & de me les attribuer. Je suis bien sûr que vous ne tombez pas dans cette erreur. Quand il se sert de vos étoffes pour en faire ses habits de fête, vous n'avez garde de l'en dépouiller. Il vous enverra incessamment sa *Fée Urgelle* : il m'a paru qu'elle avoit réussi à Fontainebleau, d'où j'arrive. Ce n'est pas une raison pour qu'elle ait du succès ici ; mais vous avez fourni le fond de l'ouvrage, voilà sa caution la plus sûre. »

19 *Novembre* 1765. Tandis que M. de Belloy reste ici enseveli sous l'auréole de gloire qui l'environne, que les trompettes ne raisonnent plus de sa piece, l'Amérique retentit de ses louanges. On écrit de Saint-Domingue que M. le comte d'Estaing, gouverneur-général, a fait représenter au Cap *le Siege de Calais* ; que cette tragédie y a fait fermenter au plus haut degré le zele patriotique. Non content de cela, le commandant a fait imprimer la piece à ses dépens, & en a fait distribuer des exemplaires à tous les habitants & soldats.

23 *Novembre* 1765. Le canton de Berne, comme allié de la république de Geneve, a cru ne pouvoir tolérer Rousseau sur son territoire ; il a fait
signifier

fignifier à cet illustre proscrit qu'il eût à sortir de ses terres. En vain a-t-il fait valoir les droits de l'humanité ; en vain a-t-il demandé qu'on lui laissât passer l'hiver dans sa retraite, jusqu'à ce que la saison lui permît de se rendre en Prusse, le canton s'est montré inexorable ; il a poussé la dureté jusqu'à refuser l'offre que faisoit Rousseau, de se constituer prisonnier tout ce temps-là, de se laisser resserrer étroitement, & de ne communiquer avec qui que ce soit. Il a fallu partir : il s'est rendu tant bien que mal, à Strasbourg. Le maréchal de Contades, qui commandoit dans cette ville, l'a fort bien accueilli, & lui a permis de se retirer dans un village auprès de Strasbourg, jusqu'à la belle saison, où il se rendra aux instances du Salomon du Nord.

24 *Novembre* 1765. M. Cholle, jeune sculpteur, est mort il y a quelque temps : il étoit auteur de la chaire de saint Roch, tant critiquée, qu'on disoit ressembler à une loge d'opéra. Malgré les défauts qu'on lui reprochoit, il avoit des talents, & les ouvrages qui restent de lui font regretter sa perte.

26 *Novembre* 1765. Dans la *Gazette Littéraire* du premier octobre, on lit une *Dissertation critique sur la Thébaïde du Stace*, fort intéressante. L'abbé Conti en a fourni les principaux matériaux, & ce savant & ingénieux littérateur paroît justifier en partie ce poëme épique, & vouloir lui concilier une admiration dont il étoit déchu depuis long-temps. Il prétend que ce poëme est un ouvrage allégorique pour flatter *Domitien*, désigné sous le nom d'Etocèle, tandis qu'*Œdipe* & Polinice représenterent *Vespa-*

sien & *Titus* : il va jusqu'à vouloir que le style enflé & gigantesque de cet auteur soit celui qu'il falloit dans ce temps-là, où les Romains, environnés de spectacles de grandeur, cherchoient à les surpasser & vouloient par-tout du colossal & du monstrueux ; en un mot, il a démontré que ce poëme si fort critiqué d'abord, & tombé dans un décri général, ne mérite pas à beaucoup près un pareil oubli, qu'il a toutes les parties qui constituent le poëme épique, & des beautés spéciales, dignes d'être admirées dans tous les temps.

29 *Novembre* 1765. *Le Philosophe sans le savoir*, ci-devant intitulé *le Duel*, ayant occupé depuis long-temps l'attention des magistrats, sans avoir rien arrêté de fixe sur le sort de ce drame, on en a, pour terminer le comité, donné aujourd'hui une représentation à huis clos : tous les gens à simarre y ont été convoqués, & la piece a enfin passé : au moyen de corrections faites, elle doit être jouée lundi.

30 *Novembre* 1765. On ne peut juger de la futilité de notre goût & de notre paresse par la liste des almanachs nouveaux. Les titres suivants les désignent assez : *l'amusement à la mode* : *l'après-souper des dames, ou les amusements d'Eglé* ; *le badinage amusant* : *le calendrier des amis* : *les caracteres, ou la pure vérité* : *Chiffon, ou la chiffonnerie de Vénus* : *Etrennes récréatives* : *Etrennes variées ou Mélange amusant* : *Etrennes pour les enfants, ou alphabet historique & amusant, avec figures* ; *la Grecanicomanie, ou l'amusement des Belles* : *l'Inventaire de saint Michel, piece nouvelle en un acte* : *Je ne saurois me taire* : *les Papillottes, ou Extrait du Recueil de M. de* *** ;

le Perroquet ou les masques levés: Tout ce qu'il vous plaira. Ceci n'est encore qu'une légere ébauche du débordement d'Almanachs dont nous allons être inondés.

1 *Décembre* 1765. M. l'abbé du Pignon a fait paroître cette année un livre de politique, intitulé *Histoire critique du Gouvernement Romain, où d'après les faits historiques, on développe sa nature & ses révolutions, depuis son origine jusqu'aux Empereurs & aux Papes.* Un M. Emmanuel Duni de Rome revendique cet ouvrage, & se plaint en outre que, pour se l'approprier en quelque sorte, son plagiaire l'a totalement défiguré & que son système est devenu dans les mains du nouvel auteur un tissu de contradictions.

2 *Décembre* 1765. Les comédiens François ont donné aujourd'hui la premiere représentation du *Philosophe sans le savoir*, que nous avons déja annoncé. Ce drame, espece d'épisode bourgeois, est dans le goût du *Pere de famille* & du *Fils naturel*, mais a des défauts d'une espece particuliere.

1º. Le premier acte est absolument ou presque tout-à-fait isolé des autres ; & dans cet acte même, chaque scene est si peu liée aux suivantes, qu'on les supprimeroit toutes successivement sans que la machine s'écroulât.

2º. Le Duel, qui n'est qu'épisode dans la piece, l'occupe tellement toute entiere, que le mariage & la noce ne sont que le cadre où il est enchâssé.

3º. De douze acteurs dont la piece est composée, sept seulement sont occupés de l'action principale ; d'autres sont tout entiers au Duel,

& les premiers font si étrangers à cet incident, qu'il arrive, se passe & se termine sans qu'ils y participent en rien, sans qu'ils en aient rien su, & ils sortent de la scene sans s'en douter : en sorte que, quoique dans la regle ordinaire tous les personnages doivent concourir au dénouement, dans celui-ci grand nombre n'y est pour rien, & plusieurs seroient supprimés sans former aucun vuide.

Quant aux situations intéressantes qui ont affecté quelques ames plus susceptibles, elles ont manqué leur objet, en général, parce qu'elles sont forcées, & que n'étant point le résultat du concours & du choc des passions, on y voit perpétuellement l'auteur qui s'efforce & se démene en tout sens pour les amener.

Le mérite de la piece est d'avoir des caracteres assez soutenus, beaucoup de naturel dans le dialogue, & de présenter des images naïves de ce qui se passe dans l'intérieur des familles. Le jeu supérieur des acteurs n'a pas peu contribué à une illusion qui doit détruire la lecture.

3 *Décembre* 1765. M. Crevier, le continuateur de Rollin, vient de mourir. M. de Voltaire l'avoit caractérisé à merveille ; il l'appelloit le *lourd Crevier*: il avoit fait aussi une *Histoire de l'Université*.

4 *Décembre* 1765. Les comédiens Italiens ont donné aujourd'hui la premiere représentation de *la Fée Urgelle*, piece en quatre actes, mêlée d'ariettes, déja jouée à Fontainebleau. Ce drame a eu le sort de tous ceux annoncés avec trop d'emphase Dénué du brillant appareil qui l'accompagnoit à la cour, il n'a pas répondu à la haute opinion que le public en avoit conçu. On a trouvé la piece ennuyeuse, plate, indécente,

ridicule : nous en citerons ces deux vers pour échantillon du style ; c'est la Vieille, qui dans son entretien avec le Chevalier, lui dit qu'elle est encore gaillarde, qu'elle s'accoste volontiers des jeunes gens :

Je cueille encor des fleurs dans l'hiver de ma vie,
Et viens me réchauffer aux rayons du plaisir.

Il y a beaucoup de spectacle dans cette piece, entr'autres *la Cour d'Amour*, espece de tribunal féminin qui a existé en Provence. D'ailleurs tout le détail de la chevalerie fait pleurer, & rappelle des usages antiques sur lesquels on aime à revenir, Mais, en général, le mérite du poëte est réduit à peu de chose : la musique ne répond point à la réputation de l'auteur, M. Duni.

5 *Décembre* 1765. On a fait en l'honneur de M. Clairaut des vers en forme d'épitaphe, qui caractérisent encore mieux le genre de ses ouvrages & le mérite de cet auteur.

Vers sur M. CLAIRAUT.

Par ses travaux la terre a changé de figure (1) ;
La lune vit par lui ses écarts dévoilés (2) :
Ces globes chevelus, errants à l'aventure
Fixerent leur retour, à sa voix rappellé (3) ;
Et son calcul profond, rival de la nature,
Démontra les secrets à Newton révélés.

---

(1) Voyage au Nord.
(2) Tables de la Lune.
(3) La Comete de 1759.

6 *Décembre* 1765. On connoît actuellement l'auteur de l'Anti-Financier, c'est M. Darigrand, avocat, qui, après avoir été à la Bastille pour cet ouvrage, continue à exercer son talent contre les fermiers-généraux, ces sang-sues publiques, auxquels il a juré une haine éternelle : il a été dans les emplois subalternes de la finance.

7 *Décembre* 1765. Le théatre dont nous avons parlé, il y a quelque temps, & qui devoit s'ouvrir incessamment au temple, est entièrement achevé : il est question d'y jouer des pieces de tous les genres, tragédies, comédies, opéra-comiques, &c. Il passe pour constant que M. le prince de Conti a reçu une lettre de M. le comte de St. Florentin, au nom du roi, qui en suspend l'ouverture. On ne doute pas que ce ne soit sur les représentations des autres spectacles.

8 *Décembre* 1765. M. de la Condamine, non content de sa protestation verbale & par écrit, faite à la rentrée de l'académie des sciences, vient de faire insérer une lettre dans le *journal Encyclopédique* du 5 décembre, où cet auteur, après avoir réfuté les inductions que les anti-interlocuteurs voudroient tirer de la petite vérole de madame la duchesse de Boufflers, prétend que cette petite vérole n'est rien moins qu'étonnante, puisque par le récit même de cet accident, il est prouvé que l'inoculation n'avoit pas pris; événement très-possible, & qui ne détruit point alors le danger de la petite vérole naturelle : il se défend de n'avoir point lu son troisieme mémoire, intitulé : *Suite de l'histoire de l'Inoculation depuis* 1738, il s'étoit assuré depuis neuf mois de l'agrément du président de l'académie; il en avoit eu la confirmation par

écrit le 24 décembre, depuis l'accident de madame la duchesse de Boufflers; cependant trois mois après on a réussi à lui persuader sur un faux exposé, que le public n'étoit pas disposé à l'entendre, & on l'a engagé à retirer sa parole une heure avant l'assemblée, par respect pour un bruit dont lui-même reconnoissoit la fausseté.

Dans un *postscriptum*, M. de la Condamine attribue les contradictions qu'il a essuyées à un médecin ennemi de l'inoculation, nommé *Cuettard*, & à quelques émissaires des commissaires anti-inoculateurs, &c. Il finit par détruire le bruit que M. Gatti avoit retiré le dépôt de 12,000 livres placées chez M. Francès, receveur-général des finances, pour celui qui donneroit une preuve d'une seconde petite vérole dans un inoculé : il assure que les 12,000 livres sont encore entre les mains du dépositaire.

10 *Décembre* 1765. *L'Autorité Royale justifiée contre les fausses accusations de l'assemblée du Clergé de France*, 1765. L'auteur y prétend que le roi imposant silence sur la bulle *Unigenitus*, n'a point imposé silence sur l'enseignement écrit dur contre le corps épiscopal.

11 *Décembre* 1755. Madame Bellot, femme auteur, qui a vécu long-temps de traductions Angloises, & du produit de quelques romans assez mauvais, vivoit depuis quelque temps avec le président de Minieres : elle a si fort enjolé ce président, qu'elle l'a conduit à l'épouser, il y a plusieurs mois. Le mariage s'est déclaré avant-hier : elle a joué le sentiment au point de ne vouloir recevoir aucun avantage par son contrat de mariage ; on dit *joué*, parce qu'on ne peut supposer une façon de penser si délicate dans une

femme qui a été aux gages de M. de la Poupeliniere, à ceux de Paliſſot, & qui a vécu ſcandaleuſement avec différents perſonnages, & ſurtout avec le chevalier d'Arcq, homme très-décrié par ſes mœurs.

12 Décembre 1765. *Œuvres de théatre de M. Guyot de Merville, 3 volumes in-12.* Cette collection renferme non-ſeulement les pieces que cet auteur a fait jouer au théatre françois & au théatre italien, mais auſſi celles dont les arrêts irrévocables des comédiens ont privé le public, & qui ne ſont pas les moins bonnes; elles forment le 3e. volume. Cette édition eſt précédée de quelques anecdotes ſur la vie de l'auteur infortuné; elles intéreſſent les cœurs ſenſibles & font l'éloge de ſon ame, plus encore que ſes comédies n'ont fait celui de ſon eſprit.

13 *Décembre.* M. le *C. D. B.* dans une lettre aux auteurs du *Journal Encyclopédique*, contenant des *Obſervations critiques ſur le Gouvernement ancien, actuel & préſent de la France, par M. le marquis d'Argenſon*, voudroit inſinuer que cet ouvrage n'eſt pas certainement de ce miniſtre : il prétend y relever des erreurs, des contradictions, que les journaliſtes réfutent. Nous n'y voyons d'important qu'une anecdote aſſez plaiſante. M. d'Argenſon étoit un des plus ardents partiſans des abonnements particuliers concernant les impôts : ayant fait part de ſon projet au roi, S. M. lui dit de le communiquer au contrôleur-général. Celui-ci l'ayant écouté tranquillement : *cela eſt fort bien*, lui répondit-il, *mais que deviendront les receveurs des tailles ?* Alors tournant le dos à ſon collegue ; *apparemment, Monſieur*, repliqua le

Comte, si l'on trouvoit moyen d'empêcher qu'il n'y eût de scélérats, vous seriez inquiet de ce que deviendroient les bourreaux.

14 Décembre 1765. On trouve dans le *Journal Encyclopédique* du premier de ce mois, des anecdotes & lettres de M. J. J. Rousseau au sujet de son émigration de la Suisse. On y retrace le détail de ses aventures à Moitiers-Travers, telles à peu près que nous les avons déja racontées. Quant aux lettres, au nombre de trois, elles sont datés de l'isle St. Pierre, les 17, 20 & 22 octobre : elles paroissent adressées à une espece de médiateur entre les excellences du canton de Berne & le malheureux exilé ; elles roulent sur ses instances pour y séjourner encore l'hiver, à cause de ses infirmités ; il offre, comme nous l'avons déja dit, non-seulement de se laisser enfermer pour quelque temps, mais même tout le reste de sa vie. On trouve dans ces lettres des compliments, une onction peut-être trop affectueuse pour un homme comme Rousseau, qui annonce une ame pénétrée de ses malheurs, & qui cherche à faire passer dans celle des autres tout l'attendrissement qu'elle éprouve : du reste, une grande soumission aux puissances, &c. Suit *l'Extrait du* 15 novembre, où l'on annonce que cet illustre proscrit est passé à Basle le 8 novembre, avec sa gouvernante & son bagage littéraire ; qu'il est en route pour se rendre à Berlin ; mais qu'on craint que les pasteurs du Brandebourg ne soient pas plus tolérants que les autres.

15 Décembre 1765. L'opéra a donné avant-hier la premiere représentation de l'ancien *Jason*. C'est la septieme fois qu'on remet cet opéra

depuis son origine. On n'a touché ni au poëme de Quinault, ni à la musique vocale de Lully; mais on a substitué une ouverture nouvelle à l'ancienne, & remplacé tous les airs de danse par des morceaux plus modernes. L'ouverture est de M. de Buri, surintendant de la musique du roi. La plupart des airs de danse sont de monsieur le Berthon.

L'effet de ce spectacle, en général, est des plus imposants. Peu d'opéra ont été remis avec autant de magnificence. Le jeu des machines est très-exact, quoique très-compliqué. Une des plus belles décorations qui se puisse voir, est *Minerve*, descendue dans un nuage qui enveloppe toute la scene, & qui, en disparoissant, laisse voir un palais magnifique à la place de celui que *Médée* avoit embrasé.

L'acte des *Furies* offre quelque chose de plus piquant encore que dans *Castor*: les démons paroissent avoir réellement percé la terre pour obéir à *Médée*. Les flambeaux dont ils sont armés, jettent par intervalles une flamme qui les enveloppe, & qui forme le plus bel effet. C'est à M. Laval qu'on est redevable de ces découvertes ingénieuses.

16 *Décembre* 1765. Hier on a donné à la comédie Françoise la premiere représentation de *la Bergere des Alpes*, comédie en un acte & en vers. Le sujet & le titre sont d'un conte de M. Marmontel. Ce drame, très-triste & très-élégiaque, est égayé par deux rôles assez plats & tout au plus bouffons. En général, nul mérite dans cette piece, qui est le conte suivi mot à mot: elle n'a pourtant pas essuyé la chûte qu'elle méritoit; on a même demandé l'auteur. Les

comédiens ont prétendu qu'ils ne le connoissoient pas. Ont fait que c'est M. le marquis Antiqué qui l'a présentée, & on l'attribue à M. Marmontel même.

18 *Décembre* 1765. Les spectacles ont été interrompus aujourd'hui par la triste nouvelle de l'agonie de M. le dauphin. Ils ont été affichés jusqu'à deux heures. L'opéra a fait de nouvelles affiches, où il annonce relâche au théâtre le 17 & jours suivants, *conformément aux ordres du Roi.*

18 *Décembre* 1765. Le fameux *Jean-Jacques Rousseau* de Geneve est à Paris depuis quelques jours : il a d'abord logé dans la rue de Richelieu, & s'est ensuite retiré au temple à l'hôtel St. Simon, sous la protection du prince de Conti. Il est habillé en Arménien, & doit passer à Londres avec M. Hume. Il paroît que le parlement veut bien fermer les yeux sur son séjour ici.

20 *Décembre* 1765. Le pasteur M. Vernet, dont nous avons eu occasion de parler à l'égard d'une contestation qu'il a eue avec Jean-Jacques Rousseau, vient de publier un *Examen de ce qui concerne le christianisme, la réformation évangélique & les ministres de Geneve, dans les deux premieres lettres de M. J. J. Rousseau, écrites de la Montagne.* Cet ouvrage divisé en *deux entretiens, entre Eraste & Eusebe,* établit dans le premier *l'utilité de la religion chrétienne relativement à la politique :* dans le second il prouve que par son *Emile* M. Rousseau avoit autant blessé la réformation que les dogmes des catholiques Romains. Ce qu'il y a de mieux dans ce livre, sont des *Réflexions sur l'Enthousiasme*, dont plusieurs semblent neuves. Quant

au raisonnement, il est relatif à la façon de penser de l'auteur; le style sera toujours inférieur à l'éloquence nerveuse & entraînante du philosophe Genevois.

22 *Décembre* 1765. Nous ne pouvons nous empêcher de rapporter une anecdote qui, outre qu'elle est historique, a droit à nos feuilles, comme fournissant une situation théatrale & propre à être employée par un grand homme : c'est la maniere dont le roi a annoncé à madame la dauphine la mort de son mari.

Ce prince avoit chargé le grand-aumônier de rester auprès du mourant jusqu'au dernier instant. Ce prélat s'étant rendu près du roi, S. M. a pris sur le champ son parti, a fait venir M. le duc de Berry; & après lui avoir fait un discours relatif aux circonstances, il l'a conduit chez madame la dauphine; en entrant il a dit à l'huissier de la chambre : *annoncez le roi & M. le dauphin*. Cette princesse a senti ce que cela vouloit dire, s'est jetée aux pieds du roi, &c.

23 *Décembre* 1765. La comédie de l'*Orpheline léguée* n'ayant pu se relever de la chûte peu méritée qu'elle avoit essuyée à la premiere représentation, l'auteur a fait imprimer cette piece, écrite avec beaucoup d'esprit, d'élégance & pleine de traits fins & ingénieux, qu'on saisit mieux dans le silence du cabinet que dans le tumulte du spectacle : elle est précédée d'une épître dédicatoire en vers de l'auteur à sa femme. Cette dédicace contient des choses peu neuves, mais que le sentiment fait passer; sauf les deux premiers vers, du ridicule le plus rare & le plus complet; les voici :

Ma femme, qui n'es point ma femme,
Ou plutôt ma femme qui l'es!

26 Décembre 1765. Il paroît un nouveau livre intitulé le Compere Matthieu, attribué au marquis d'Argens. C'est un roman satirique en trois volumes ; cadre adroit, où l'auteur a enchâssé & réduit en action beaucoup de principes de la nouvelle philosophie. La religion n'est pas l'objet sur lequel il s'exerce le moins. En général, il y a de la gaieté, du mouvement, de la variété, dans cet ouvrage, un peu grivois. La décence & les mœurs n'y sont pas toujours bien respectées ; ce qui ne lui donne que plus d'attraits pour les jeunes gens & les esprits libertins.

27 Décembre 1765. On a fait la traduction d'un ouvrage Italien intitulé : Lettre d'un Canoniste sur la bulle APOSTOLICUM. Cette bulle est celle du pape régnant, qui confirme tous les éloges & tous les privileges accordés par ses prédécesseurs à l'ordre des jésuites. L'ouvrage en question réfute cette bulle, & mal-mene la société, ainsi que ses fauteurs, & entr'autres le corps épiscopal de France : il a été écrit à Venise par un théatin, le pere Conti. Le général ayant mandé ce religieux, la république a jugé à propos de le prendre sous sa protection, & lui a fait défense de sortir de ses états.

28 Décembre 1765. Il court une lettre très-singuliere du roi de Prusse au célebre Jean-Jacques Rousseau : si elle est authentique, elle peut expliquer les motifs du changement de ce philosophe sur le lieu de sa retraite. Voici l'épître attribuée au Salomon du Nord.

« Vous avez renoncé à Geneve, votre patrie. Vous vous êtes fait chasser de la Suisse, pays tant vanté dans vos écrits. La France vous a décrété. Venez donc chez moi ; j'admire vos talents, je m'amuse de vos rêveries qui, soit dit en passant, vous occupent trop & trop long-temps. Il faut à la fin être sage & heureux. Vous avez fait assez parler de vous par des singularités peu convenables à un véritable grand homme. Démontrez à vos ennemis que vous pouvez quelquefois avoir le sens commun. Cela les fâchera, sans vous faire tort. Mes états vous offrent une retraite paisible: je vous veux du bien, & je vous en ferai, si vous le trouvez bon. Mais si vous vous obstinez à rejeter mes secours, attendez-vous que je ne le dirai à personne. Si vous persistez à vous creuser l'esprit pour trouver de nouveaux malheurs, choisissez-les tels que vous voudrez. Je suis roi, je puis vous en procurer au gré de vos souhaits, & ce qui sûrement ne vous arrivera pas vis-à-vis de vos ennemis; je cesserai de vous persécuter, quand vous cesserez de mettre votre gloire à l'être.

29 *Décembre* 1765. M. l'abbé Morellet vient de nous donner la traduction du fameux livre Italien *des délits & des peines*. On a déja dit que la société de Berne avoit décerné un prix de 20 ducats à l'auteur anonyme d'un ouvrage où la cause de l'humanité est si fortement plaidée. La traduction est élégante & énergique.

30 *Décembre* 1765. M. l'abbé Lavocat, professeur Hébraïque de la chaire fondée par feu M. le duc d'Orléans, & fameux par ses connoissances des langues Orientales, vient de mourir. Il étoit bibliothécaire de Sorbonne, & avoit donné, entr'autres ouvrages, un *dictionnaire historique* en deux volumes.

ANNÉE M. DCC. LXVI.

1 *Janvier.* M. le chevalier de Boufflers continue à enrichir notre poésie de ses jolies productions : voici des vers qu'il a faits pour sa mere, le jour de Ste. Catherine, sa fête ; ils n'ont assurément pas la fadeur des bouquets ordinaires :

<blockquote>

Votre patrone, au lieu de répandre des larmes,
Le jour qu'elle souffrit pour le nom de Jesus,
Parla comme Caton, mourut comme Brutus;
    Elle obtint le ciel : & vos charmes
    L'obtiendront comme ses vertus.
Reniez Dieu, brûlez Jérusalem & Rome,
Pour docteurs & pour saints n'ayez que les Amours;
    S'il est vrai que le Christ soit homme,
    Il vous pardonnera toujours.

</blockquote>

2 *Janvier* 1766. M. Cailhava d'Estandoux, auteur du *Tuteur trompé*, se glorifie avec raison d'une lettre de M. de Voltaire, en date du château de Ferney, le 3 novembre 1765.

« Je ne puis trop vous remercier, Monsieur, de la bonté que vous avez eue de me faire partager le plaisir que vous avez donné à tout Paris. Je n'ai point été étonné du succès de votre piece. Non-seulement elle fournit beaucoup de jeu de théatre, mais le dialogue m'en a paru naturel & rapide. Elle est aussi bien écrite que bien intriguée. Il est à croire que vous ne vous bornerez pas à cet essai, & que la scene Françoise s'enrichira de vos talents. Ma plus grande consolation dans ma vieillesse languissante est de voir que les beaux arts, que j'aime passionnément, sont soutenus & embellis par des hommes de votre mérite. »

» J'ai l'honneur d'être avec toute l'estime que vous méritez, &c. &c. »

3 *Janvier* 1766. Une nouvelle femme auteur entre en lice; c'est Mde. Benoît, auteur d'*Elizabeth*, roman en quatre parties. Il affecte le cœur; les caracteres en sont bien dessinés & bien soutenus; tout y est naturel & ressent le ton de la bonne compagnie.

4 *Janvier* 1766. On lit dans le *journal encyclopédique* du 15 décembre 1765, l'annonce suivante :

« On a enfin donné à M. d'Alembert le 16 novembre dernier la pension que M. Clairaut a laissé vacante, & laquelle M. d'Alembert avoit tant de droits. Il est vrai qu'il n'avoit pas fait la moindre démarche pour l'obtenir; mais plusieurs volumes in-quarto qu'il a donnés au public sur la plus haute géométrie (indépendamment de tous ses autres ouvrages), les représentations réitérées de ses confreres, & les vœux de tous les gens de lettres & du public demandoient pour lui cette pension depuis plus de six mois. Quoiqu'il semblât dans cet intervalle que cette justice souffroit quelques difficultés, il a été vivement sollicité (comme nous l'apprenons par nos correspondants) d'accepter dans les pays étrangers les places les plus avantageuses & les plus brillantes. Ceux qui connoissent monsieur d'Alembert, ne s'étonnerent pas qu'il ait fait à sa patrie & à ses amis ce nouveau sacrifice. Il y auroit eu lieu de s'étonner que la France fût le

seul pays où l'on ne rendît pas justice à un savant qui donne de tels exemples. »

5 *Janvier* 1766. Les *lettres sur les miracles* sont
à présent au nombre de dix-huit : elles sont toutes
écrites dans le même système & tendent au même
objet, mais ne sortent pas, à coup-sûr, de la
même plume.

6 *Janvier* 1766. Extrait d'une lettre du docteur Marti, premier médecin du roi d'Angleterre, en réponse à celle où M. le duc de Nivernois parloit à cet Anglois de la mort de monsieur
le dauphin.

« Permettez-moi, Monsieur, de mêler mes larmes aux vôtres. Vos bontés m'ont presque natu-
ralisé François. *Germanicus* fut pleuré de sa patrie, de ses voisins & même de ses ennemis. Si
M. le dauphin jette encore un regard sur la terre,
il n'y verra que des cœurs François. »

8 *Janvier* 1766. M. du Clairon vient de nous
donner la traduction d'une tragédie Britannique,
intitulée *Gustave Vasa*. La piece est de M. Henri
Brooke, écuyer. Elle n'a presque point de rapport
avec celle de M. Piron. Ces deux auteurs ont en-
visagé leur sujet d'une maniere opposée. Il y a de
grandes beautés dans ce drame, & des coups de
pinceau dans la maniere Angloise, que le traducteur a bien rendus.

9 *Janvier* 1766. Copie d'une lettre de M. de
Voltaire à M. le marquis de Villette, en date du
4 janvier 1766, au château de Ferney.

« C'est vous, Monsieur, qui m'avez appris
que de bons & braves citoyens de Paris avoient
porté des chandelles à la statue de Henri IV. Je
vous dois la réponse que j'aurois fait à ces bonnes gens. Si j'avois été à Paris je les aurois ac-

compagnées; mais comme je ne veux point me brouiller avec les moines de Ste. Genevieve, je vous demande en grace, avec les instances les plus vives, de ne laisser prendre aucune copie de ces vers. Il est vrai que de la poésie Allobroge, venant du pied du Mont-Jura & du fond des glaces affreuses qui nous environnent, ne mérite guere la curiosité des gens de Paris; mais le sujet est si intéressant qu'il peut tenter les moins curieux.

» De plus, il m'est important de savoir ce qu'on pense de ces vers avant qu'on les publie. Je dois peut-être adoucir la préférence trop marquée que je donne à l'adorable Henri IV sur Sainte Genevieve. Ma passion pour ce grand homme m'a peut-être emporté trop loin. Je n'ai songé qu'aux bons François en composant cet ouvrage tout d'une haleine, & je n'ai pas assez songé aux dévots, qui peuvent trop songer à moi.

» Recueillez les voix, je vous en prie, & instruisez-moi de ce qu'on en dit, afin que je sache ce que je dois faire.

» Vous m'appellez plaisamment votre protecteur, & moi je vous appelle sérieusement le mien dans cette occasion. »

10 *Janvier* 1766. Il paroît un mandement de M. l'archevêque de Paris, qui ordonne des services dans cette capitale pour le repos de l'ame de feu monsieur le dauphin: on l'admire & l'on est attendri du pathétique qui regne dans cet ouvrage. On raconte à cette occasion que M. l'archevêque s'étant trouvé avec Piron ces jours-ci, lui a demandé ce qu'il en pensoit, &

s'il l'avoit lu ? *Non, Monseigneur*, a répondu le vieux caustique, *& vous ?*....

11 *Janvier* 1766. Réponse de M. le marquis de Villette à M. de Voltaire.

Lorsque je reçus votre lettre,
Dont je suis encor attendri,
Chacun commençoit à connoître
Votre *oremus* au grand Henri.
Dans une espece de bréviaire
Je l'inférai dévotement :
Moitié triste, moitié content
Je le chantois à ma maniere.
Mais tels que ces vieux libertins,
Ces invalides de Cythere,
Qui nuls, & même les matins,
Se bercent de mille chimeres,
Qui voudroient, quoique sans vigueur,
Cueillir cette premiere fleur
Qu'un vieux pécheur ne trouve gueres,
J'aurois voulu tenir de vous
Jusqu'au moindre petit ouvrage,
Pouvoir l'admirer avant tous
Et jouir de ce pucelage.
Ah! qu'il m'auroit fait de jaloux!
Il m'eût procuré l'avantage
De publier ces vers touchants
Que les dévots lisent avec rage,
Avec transport les bonnes gens.
C'est ainsi que chacun raisonne.
Votre muse après soixante ans
Nous plaît encore & nous étonne ;
Elle joint aux fruits de l'automne
Les fleurs brillantes du printemps.

12 *Janvier* 1766. Quoiqu'il n'y ait plus que trois jours pour aller à la fin des grandes pleureuses, les spectacles ont repris aujourd'hui. L'opéra a donné *Jason* & *Médée*, remis avec de

nouveaux changements dans les décorations &
dans les ballets ,, qui ajoutent beaucoup à la
beauté du spectacle. Il n'y avoit personne aux
premieres loges.

13 *Janvier* 1766. M. de Voltaire, en supposant ce que M. le marquis de Villette lui avoit
marqué sur les citoyens qu'on avoit vu au pied de
la statue de Henri IV, un cierge à la main, prier
pour M. le dauphin, a fait les vers suivants :

Intrépide soldat, vrai chevalier, grand homme,
Bon roi, fidele ami, tendre & loyal amant,
Libre de préjugés, de Geneve & de Rome,
Dans le fond de ton cœur riant également,
Henri, tous nos François adorent ta mémoire ;
Ton nom devient plus cher & plus grand chaque jour,
Et peut-être autrefois quand j'ai chanté ta gloire,
Je n'ai point dans les cœurs affoibli tant d'amour.
Un des beaux rejettons de ta race chérie,
Des marches de ton trône au tombeau descendu,
Te porte, en expirant, les vœux de ta patrie,
Et les gémissements de ton peuple éperdu.
Lorsque la mort sur lui levoit sa faux tranchante,
On voit de citoyens une foule tremblante
Entourer ta statue & la baigner de pleurs.
C'étoit-là leur autel ; & dans tous nos malheurs
Nous t'implorons encor comme Dieu tutélaire.
La fille qui naquit aux chaumes de Nanterre
Est la sainte qu'implore un peuple vain & sot
Pour mériter du ciel un regard plus propice.
Mais le bon citoyen à toi seul est dévot :
C'est toi, c'est ta valeur, ta bonté, ta justice,
Qui préside à l'état raffermi par tes mains ;
Ce n'est qu'en t'imitant qu'on a des jours prosperes;
C'est l'encens qu'on te doit. Les Grecs & les Romains
Invoquoient des héros, & non pas des bergeres.
O ! si de mes déserts où j'acheve mes jours,
Ma voix pouvoit percer au fond du sombre empire
Si, comme au temps d'Orphée, un enfant de sa lyre

De l'ordre des destins interrompant le cours,
Si ma voix...... Mais tout cede à leur arrêt suprême :
Nos offrandes, nos vœux, nos autels, ni toi-même,
Rien ne suspend la mort. Ce monde illimité
Est l'esclave éternel de la fatalité.
A d'immuables loix Dieu soumit la nature.
Sur ces monts entassés, séjour de la froidure,
Au creux de ces rochers, dans ces gouffres affreux,
Je vois des animaux maigres, pâles, hideux,
Demi-nus, affamés, courbés sous l'infortune.
Ils sont hommes pourtant ! notre mere commune
A daigné prodiguer des soins aussi puissants,
A paîtrir de ses mains leur substance mortelle,
Et le grossier instinct qui dirige leurs sens,
Qu'à former le vainqueur de Pharsale & d'Arbelle;
Au livre des destins tous leurs jours sont comptés.
Les tiens l'étoient aussi. Ces dures vérités
Epouvantent le lâche & consolent le sage :
Tout est égal au monde; un mourant n'a point d'âge.
Le dauphin le disoit au sein de la grandeur,
Au printemps de sa vie, au comble du bonheur;
Il l'a dit en mourant, de sa voix affoiblie,
A son fils, à son pere, à la cour attendrie.
O toi ! triste témoin de son dernier moment,
Qui lis de sa vertu ce foible monument,
Ne me demande point ce qui fonde sa gloire,
Quels funestes exploits assurent sa mémoire,
Quels peuples malheureux on le vit conquérir,
Ce qu'il fit sur la terre ? Il t'apprit à mourir,

14 *Janvier* 1766. *Le Barneveld*, tragédie de M. le Mierre, est annoncée comme celle qu'on doit jouer la premiere. Elle a déja passé à la police, & les acteurs en apprennent les rôles. Il y a des choses hardies, relatives aux circonstances présentes qu'on craignoit de voir supprimer. Barneveld étoit avocat-général, & l'un des principaux ministres des états de Hollande. Il étoit opposé à la faction du prince

d'Orange, & fut condamné en 1619 à avoir la tête tranchée, à l'âge de 72 ans, sous prétexte d'avoir voulu livrer le pays aux Espagnols.

15 Janvier 1766. Le Cœur, *piece de M. le chevalier de Boufflers.*

  Le *Cœur* est tout, disent les femmes :
Sans le cœur point d'amour, sans lui point de bonheur ;
Le cœur seul est vaincu ; le cœur seul est vainqueur.
  Mais qu'est-ce qu'entendent les dames
  En nous parlant toujours de cœur ?
En y pensant beaucoup, je me suis mis en tête
Que du sens litéral elles font peu de cas,
Et qu'on est convenu de prendre un nom honnête
  Au lieu d'un mot qui ne l'est pas.
Sur le lien des cœurs en vain Platon raisonne ;
Platon s'égare seul & n'égare personne.
Raisonner sur l'amour c'est perdre la raison :
Et dans cet art charmant la meilleure leçon
  C'est la nature qui la donne.
  A bon droit nous la bénissons
Pour nous avoir formé des cœurs de deux façons :
  Car, que deviendroient les familles,
  Si les cœurs des jeunes garçons
Etoient tournés ainsi que ceux des filles ?
Avec variété nature les moula,
Afin que tout le monde en trouvât à sa guise.
Prince, manant, abbé, reine, nonne, marquise,
Celui qui dit *Sanctus*, celui qui crie *Alla*,
Le bronze, le rabin, le carme, la sœur grise,
Tous reçurent un cœur : aucun ne s'en tint-là.
  C'est peu d'avoir chacun le nôtre,
  Nous en cherchons par-tout un autre.
Nature, en fait de cœurs, se ploie à tous les goûts.
  J'en ai vu de toutes les formes,
Grands, petits, minces, gros, médiocres, énormes.
Mesdames & Messieurs, comment en voulez-vous ?
On fait par-tout d'un cœur tout ce qu'on en veut faire.

On le prend, on le donne, on l'achete, on le vend;
Il s'éleve, il s'abaisse, il s'ouvre, il se resserre :
>C'est un merveilleux instrument.
>J'en jouois bien dans ma jeunesse,
>Moins bien pourtant que ma maîtresse.
>O ! vous qui cherchez le bonheur,
>Sachez tirer parti d'un cœur.

Un cœur est bon à tout ; par-tout on s'en amuse :
>Mais à ce joli petit jeu,
>Au bout de quelque temps il s'use ;

Et chacune & chacun finissent en tout lieu
>Par en avoir trop ou trop peu.
>Ainsi, comme un franc hérétique,

Je médisois de Dieu, de la terre & du ciel :
>En amour j'étois tout physique,
>C'est bien un point essentiel ;
>Mais ce n'est pas le point unique,
>Il est mille façons d'aimer,
>Et ce qui prouve mon systême
>C'est que la bergere que j'aime
>En a mille de me charmer.
>Si de ces mille, ma bergere,
>Par un mouvement généreux,
>M'en cédoit une pour lui plaire,
>Nous y gagnerions tous les deux.

16 Janvier 1766. Mlle. Guimard, dansant aujourd'hui à l'opéra, a été renversée par une piece de décoration, qui lui est tombée sur le bras & le lui a démis net : heureusement Guerin, chirurgien des mousquetaires, s'y est trouvé, & a remis tout de suite le membre. On espere que les suites n'en seront point funestes. Cette jeune nymphe a souffert l'opération avec beaucoup de courage & sans jeter un cri.

16 Janvier 1766. Mlle. Mandeville a débuté hier aux Italiens, & a eu beaucoup de succès. Sa voix est d'un volume très-étendu, & d'un timbre harmonieux & flexible. Elle joint à une taille élégante une figure très-avantageuse. Elle a beaucoup d'expression dans son regard, l'ame du jeu, & joint à ces talents une grande intelligence. C'est une acquisition précieuse.

17 *Janvier* 1766. Mlle la Chassaigne, dite Sainval, niece de Mlle la Mothe, ancienne actrice de la comédie Françoise, a débuté hier à ce spectacle dans le rôle de *Phedre*. On sent bien qu'un pareil rôle, le chef-d'œuvre du poëte & du comédien a été très-pitoyablement rendu. On voit dans cette jeune personne beaucoup de singeries de Mlle. Clairon. Le vrai talent ne singe personne.

18 *Janvier* 1766. Nos nymphes d'opéra reproduisent les beaux jours de la galanterie antique. Mlle. Allard, celebre danseuse, & remarquable par sa gaieté & ses folies chorégraphiques, pénétrée de douleur de la mort de son amant, M. Bontemps, a déclaré que de six semaines elle ne pourroit contribuer au plaisir du public.

Mlle. Basse, danseuse des chœurs, peu connue par ses talents, mais très-digne de l'être par sa constance héroïque, ayant elle-même engagé son amant, M. Prevôt, à contracter un mariage que sa famille desiroit, a refusé toutes les pensions qu'on vouloit lui faire. Elle a demandé qu'on eût soin de ses enfants, & s'est retirée dans un couvent, où elle doit prendre le voile, après une vocation bien décidée

19 *Janvier* 1766. On apprend par les gazettes de Londres que le fameux J. J. Rousseau a débarqué à Douvres, le samedi onze janvier, & que cet homme célebre, las de faire parler de lui,

lui, paroît vouloir se retirer à la campagne & y vivre dans l'obscurité.

20 *Janvier* 1766. On écrit d'Italie que monsieur Boswel, gentilhomme Ecossois, à son retour de Rome avoit passé en Corse, où il avoit été présenté à la fin d'octobre à Paoli, ce fameux chef des révoltés, avec ce compliment sublime : *je viens de voir les ruines d'un peuple brave & libre ; j'en trouve un ici digne de le remplacer.*

21 *Janvier* 1765. Dans une gazette angloise du 9 au 10, on parle de *la double méprise*, nouvelle comédie de la façon de M. & Mad. Griffith, auteurs de la *Flamme Platonique*. Cette double méprise consiste dans une multitude de contre-temps, qui font soupçonner avec assez de raison une jeune personne par son amant. A la fin l'erreur est reconnue. Ce drame est bien intrigué, & doit être très-comique dans l'original.

22 *Janvier* 1765. L'académie Françoise a arrêté de faire faire un service pour le repos de l'ame de M. le dauphin. Elle a demandé en même temps la permission au roi d'en faire faire l'oraison funebre par un de ses membres, & l'abbé de Boisemont a été nommé pour cette cérémonie.

23 *Janvier* 1765. L'on apprend la mort du célebre Servandoni, homme d'un talent supérieur en architecture, mais d'une inconduite inconcevable.

Nous avons négligé d'annoncer celle d'Armand, comédien célebre, mort il y a deux mois. Il y avoit des écarts dans son jeu qui n'appartenoient qu'à lui & qui le rendoient plus original.

Tome II.

24 Janvier 1766. Œuvres diverses de M. de Marivaux, en 4 vol. in-12. L'insatiable cupidité de plusieurs libraires & d'un tas d'éditeurs infames, non contente d'avoir travesti les vivans, insulte encore à la cendre des morts, en ramassant sans choix tout ce qu'ont fait les auteurs célebres, & même ce qu'ils n'ont pas fait. Les deux premiers contiennent le *Dom Quichotte moderne*, ouvrage de la jeunesse de M. de Marivaux qui, dit-on, eut beaucoup de succès alors, qu'il ne méritoit pas, & corrigé par l'auteur dans sa vieillesse. Le troisieme offre l'Illiade en vers burlesques ; projet le plus injurieux à la mémoire de l'auteur, & dont l'exécution auroit dû être à jamais ensevelie dans les ténebres. Le dernier renferme quelques dialogues & de méchantes historiettes. En un mot, l'auteur seroit indigné s'il voyoit reproduire au grand jour ces erreurs de sa jeunesse, ou les délires d'une imagination folle, auxquels n'échappe pas toujours l'homme qui a le plus d'esprit.

25 Janvier 1766. M. Freron, dans sa feuille 39, s'égaie & revient sur M. de la Harpe. Il épluche les *Opuscules Poétiques* de ce jeune auteur, & répand sur l'ensemble ce vernis de ridicule & de méchanceté que ce journaliste sait prodiguer avec tant d'abondance. Il finit par assurer que M. de la Harpe a autant de sécheresse dans l'ame que de ténebres dans l'imagination.

26 Janvier 1766. Mlle. d'Oligny continue à donner des exemples d'une sagesse & d'une vertu rares. Monsieur le marquis de Gouffier, éperdument amoureux d'elle, lui a d'abord fait les

offres les plus brillantes qu'elle a refusées. Il a poussé la folie au point de la demander en mariage, & de lui envoyer le contrat prêt à signer. Elle a répondu prudemment qu'elle s'estimoit trop pour être sa maîtresse, & trop peu pour être sa femme.

27 *Janvier* 1766. Il s'étoit répandu le bruit que le *Journal de Trevoux* seroit supprimé. Il paroît un avertissement du libraire qui en annonce la continuation. Il est même question de lui donner une existence plus solide, en confiant l'exécution de cet ouvrage périodique à la congrégation de Ste. Genevieve, dont M. Mercier, bibliothécaire, s'est déja chargé comme simple particulier.

28 *Janvier* 1766. Freron, dans sa quarantieme lettre, finit par un coup de tonnerre : il tombe sur *le Siege de Calais*, & renverse ce colosse dramatique. Il ne fait que répéter & mettre en ordre les critiques judicieuses que tous les connoisseurs avoient déja faites *in petto* de cette tragédie. Il tempere même l'amertume de la censure par quelques éloges, qu'on juge arrachés plutôt par égard pour l'enthousiasme des spectateurs, que pour M. de Belloy, dont on sait qu'il fait peu de cas. Il tombe à bras raccourcis sur sa préface, en fronde les assertions fausses, le ton pédantesque & dogmatique qu'affecte l'auteur. Dans le courant de la critique, il n'épargne pas Mlle. Clairon, contre laquelle il conserve toujours une dent.

29 *Janvier* 1766. Les comédiens Italiens ont remis *Tom Jones*, avec des changements par M. Sedaine. Cette comédie a eu beaucoup de succès à la reprise.

30 *Janvier* 1766. *Le Philosophe sans le savoir* continue avec un succès auquel l'auteur ne devoit pas s'attendre.

La Bergere des Alpes, traînée pendant sept représentations, est enfin terminée. L'auteur s'avoue : c'est M. Desfontaines. On attend avec impatience le même sujet, traité par M. Marmontel.

31 *Janvier* 1766. Freron, dans sa quarantieme lettre, se fait écrire de Venise la lettre suivante.

« Le Sr. Gaudagny ayant refusé de chanter à la table du doge, ayant même répondu & parlé avec beaucoup de hauteur, a été condamné à une prison de quinze jours, les fers aux pieds, & a été ensuite exilé. Une garde de soldats l'a conduit auparavant jusqu'à la chambre du trône, en le faisant passer par la grande place qui étoit remplie de masques, & après avoir chanté devant la seigneurie, il a demandé à genoux & obtenu son pardon. Tout le monde a été attendri & touché de la façon avec laquelle il a chanté à travers les pleurs & les sanglots, comme le cygne qui ne chante, dit-on, jamais mieux que lorsqu'il est près de sa mort. Quoi qu'il en soit, c'est ainsi qu'en tout pays on devroit punir les chanteurs & histrions insolents. »

On sent contre qui est dirigée cette anecdote prétendue.

1 *Février* 1766. Vers de M. de Voltaire à M. le chevalier de Boufflers, sur sa piece *du Cœur*.

Certaine femme honnête, & savante, & profonde,
    Ayant lu le traité du *Cœur*,
Disoit en se pâmant : que j'aime cet auteur !
Il a, je le vois bien, le plus grand cœur du monde ,

De mon heureux printemps j'ai vu paſſer la fleur,
  L'amour pourtant me parle encore,
Du nom de petit cœur, quand mon amant m'honore
  Je ſens qu'il me fait trop d'honneur.
Hélas ! foibles humains, quels deſtins ſont les nôtres,
  Qu'on a mal placé les grandeurs !
  Qu'on ſeroit heureux ſi les cœurs
  Etoient faits les uns pour les autres !
Illuſtre chevalier, vous chantez vos combats,
  Votre victoire & votre empire ;
Et dans vos vers heureux, comme vous pleins d'appas,
  C'eſt votre cœur qui vous inſpire.
Quand Liſette vous dit : Rodrigue, as-tu du cœur ?
Sur l'heure elle l'éprouve, & dit avec franchiſe,
  Il eut encor plus de valeur
  Quand il étoit homme d'égliſe.

2 Février 1766. Le Barneveld, tragédie de M. le Mierre, ſur lequel on comptoit, eſſuie à préſent des difficultés. Il y a dans ce drame des morceaux qui ont trait aux circonſtances actuelles. *Barneveld*, comme on ſait, fut jugé par une commiſſion. En conſéquence, fortes & grandes tirades contre ce tribunal. Notre gouvernement a craint qu'on ne fît des alluſions malignes, &c.; en un mot, la police a redemandé cette piece aux comédiens.

4 Février 1766. La différence du patriotiſme national chez les François & chez les Anglois, par M. Baſſet de la Marelle, premier avocat-général au parlement de Dijon. Cet ouvrage plein d'éloquence & de chaleur ſe reſſent trop du zele de l'auteur. A force de vouloir montrer combien le patriotiſme François l'emporte ſur le patriotiſme Anglois, il affoiblit lui-même ſon raiſonnement ; il le pouſſe au point de prétendre que le patriotiſme ſoit nul en Angleterre. Qui croira cet étrange paradoxe ?

4 Février 1766. M. Bouchaud, censeur royal, & docteur agrégé de la faculté de droit, vient de publier une traduction angloise d'*Essais historiques sur les Loix*, avec des notes & une dissertation de sa façon.

Le traducteur, qui réunit à une profonde connoissance de la jurisprudence, la science de l'histoire, & une vaste & agréable littérature, a dépouillé l'Anglois de ses raisonnements prolixes & souvent inutiles, & a jeté dans cet ouvrage autant de savoir que d'agrément.

4 Février. Il va paroître incessamment un *Essai historique* de M. l'abbé comte de Guasco, de l'académie des inscriptions & belles-lettres de Paris, intitulé: *de l'usage des statues chez les anciens*.

On voit déja dans le *Journal Encyclopédique* un extrait détaillé de cet ouvrage, & le censeur en donne la plus grande idée.

5 Février 1766. M. l'abbé Aubert a tiré du poëme de Gesner, intitulé, *La mort d'Abel*, un drame sur le même sujet, en trois actes & en vers. Il seroit à souhaiter que cette piece fût représentée, elle rameneroit sur notre théatre cette simplicité dont nous sommes si éloignés, auprès de laquelle les ornements étrangers qu'on lui substitue sont si puérils, lorsqu'ils ne tiennent point à l'action. La poésie est proportionnée au genre, c'est-à-dire, d'une diction pure, noble & sans enflure. La piece avoit d'abord été faite en cinq actes. Sur les avis de ses amis, l'auteur l'a refondue & mise en trois actes. Il a fait imprimer séparément les morceaux retranchés, où il y a encore de belles choses.

A la suite est *le Vœu de Jephté*, petit poëme

du même auteur, pour être mis en chant, dans lequel on trouve la marche de l'Epopée.

6 Février 1766. Il paroît que Mlle. Clairon se dispose à satisfaire aux vœux du public, & qu'elle doit remonter sur la scene après pâque, c'est-à-dire, à l'expiration de son congé. Cependant elle a toujours sur le cœur cette terrible excommunication. Elle ne cesse de faire des consultations & d'intéresser quantité de jurisconsultes dans sa cause. Il y a souvent des comités chez elle, & l'on vient d'y rédiger un mémoire pour la cour de Rome.

Elle souhaiteroit en outre, qu'au lieu de la qualité de *Comédiens François*, on intitulât sa troupe : *l'Académie Royale de Déclamation*.

7 Février 1766. Il est assez plaisant de voir un Russe vouloir corriger Racine. C'est ce que vient de faire M. de Yèmzof, de l'académie impériale de Pétersbourg, dans un livre intitulé : *Remarques de Grammaire sur Racine, pour servir de suite à celles de* M. *l'abbé d'Olivet ; avec des remarques détachées sur quelques autres écrivains du premier ordre*.

Entre un grand nombre de ces remarques, peu justes pour la plupart, il en est quelques-unes de judicieuses. Toutes prouvent en général, dans l'auteur, une grande connoissance de notre langue, & une longue & très-heureuse étude de nos auteurs & de notre littérature.

La critique, aux remarques sur *Athalie* & sur la *Thébaïde*, a joint des remarques sur les pieces de Racine, examinées déja par monsieur l'abbé d'Olivet ; des remarques critiques sur l'*Art de peindre*, de M. *Watelet*, sur le *commencement de la Henriade*, & sur quelques-uns des plus célebres écrivains François, tels que M. de Voltaire, M. de Fontenelle & l'abbé de Vertot, enfin des observations sur Boileau.

9 *Février* 1766. Nous avons parlé d'une femme qui avoit fait des reproches à M. Dorat sur sa lettre de *Zeila à Valcourt*. Elle trouvoit mauvais que l'auteur eût chargé notre nation d'une atrocité purement Angloise. Cette fois-ci notre poëte, plus galant, ramene son héros aux pieds de celle qu'il a trahie. L'héroïde est précédée d'une préface, où M. Dorat nous apprend que voici l'avant-dernier ouvrage qu'il produira dans ce genre. Il fera bien, s'il peut tenir parole. Il est trop borné pour ne pas dégénérer en galanterie fastidieuse. Dans cette épître, à travers plusieurs tirades qui roulent toujours sur les mêmes sentiments alambiqués, on y trouve des vers heureux, même des morceaux de quelqu'étendue.

10 *Février* 1766. Nous apprenons de Londres que M. d'Eon, cet écrivain politique dont les ouvrages ont fait tant de bruit, est encore en Angleterre, malgré le jugement du banc du roi. Il est chez le lord Temple, où il grossit sourdement ses compilations. On ne doute pas que cet homme ne fût employé par le ministere Anglois si la guerre se déclaroit.

12 *Février* 1766. Les disputes sur l'inoculation étoient assoupies depuis quelque temps; les écrits sur cette matiere étoient même taris. Il s'en reproduit de nouveaux. On voit dans le Journal Encyclopédique une lettre de M. Razoux, docteur en médecine de la faculté de Montpellier, qui se plaint formellement du rapport de M. de l'Epine. Il prétend que ce médecin a tiré des in-

ductions très-fausses des faits allégués par le premier dans l'histoire de ses inoculations à M. Belletête, & que ces faits, bien loin de devoir nuire à cette pratique, ne doivent servir qu'à la confirmer.

12 *Février* 1766. M. Mehegan, Irlandois, connu par quelques romans, par ses démêlés avec Freron, & comme ayant travaillé à quelques journaux, vient de mourir. Il avoit eu l'illustration de la Bastille pour son livre intitulé : *L'origine des Guebres, ou la Religion naturelle mise en action*, où il y avoit des choses hardies.

13 *Février* 1766. *L'Antiquité dévoilée par ses usages*, dont nous avons parlé, se répand à Paris avec la permission de la police. Il y a déja long-temps qu'elle tenoit en échec un libraire qui en avoit fait passer 1,200 exemplaires. Il vient d'avoir permission de les débiter avec des cartons.

15 *Février* 1766. Le sieur Sédaine, auteur du *Philosophe sans le savoir*, à la comédie Françoise, & de plusieurs opéra comiques très-jolis, vient de mettre en poëme *la Reine de Golconde*, conte du chevalier de Boufflers. Le sieur Monsigny en a fait la musique, & ce drame doit être joué à l'opéra après pâque.

16 *Février* 1766. *Les Ephémérides du Citoyen*, ou *Chronique de l'esprit animal*, nouvel ouvrage périodique, qui a commencé le 4 novembre 1765. Il doit rouler principalement sur des matieres de politique & de morale. Il y en a déja deux volumes. Il est aussi critique & historique. Il s'en publie reguliérement deux feuilles par semaine, qui forment au bout de deux mois un volume in-8°.

18 *Février* 1766. Les comédiens François ont re-

mis le dimanche gras *Dom Japhet d'Arménie* ; & doivent continuer à la donner les dimanches de carême. Cette farce de Scarron pétille d'esprit & est très-gaie : elle est infiniment préférable aux comédies froides, noires & tragiques qu'on nous donne aujourd'hui.

19 *Février 1766.* Les comédiens Italiens ont donné aujourd'hui sur leur théatre la premiere représentation de *la Bergere des Alpes*, comédie en trois actes & en vers, mêlée d'ariettes. Ce drame de M. Marmontel, préconisé depuis quelque temps, ne répond point à l'attente qu'on en avoit conçu. Il est froid, triste & peche en beaucoup de choses. Le premier acte a fait plaisir ; les deux autres sont pleins de remplissage & dénués d'intérêt. La musique, qui avoit fait plaisir d'abord & paru agréable, s'est ressenti de la foiblesse des second & troisieme, & a dégénéré avec le poëte. Elle est de M. Rohaut. Cette comédie n'aura que très-peu de représentations, à la faveur du titre académique de l'auteur.

21 *Février 1766. Pastorales & Poëmes de monsieur Gessner, qui n'avoient pas encore été traduits, suivis de deux Odes de M. de Haller, traduites de l'Allemand, & d'une Ode traduite de l'Anglois de Dryden en vers françois.* Toutes les pieces rassemblées ici font honneur à la poésie allemande. Les deux principales sont deux pastorales : l'une a pour titre *Eraste* ; elle est composée d'un seul acte, & peint les douceurs de l'amour conjugal entre deux époux, dont la misere ne peut altérer l'union & la tendresse ; le dénouement en est heureux & d'un pathétique singulier. L'autre est une imitation de *Daphnis & Chloé* ; elle est intitulée *Erandre & Alsinoe*.

L'auteur a conservé des mœurs, de l'honnêteté la plus circonspecte.

21 *Février 1766. Portrait de Mgr. le Dauphin.* Cet ouvrage, attribué à M. le duc de la Vauguyon, est un monument élevé par la douleur & la reconnoissance à ce prince mort à la fleur de son âge. On y détaille peu les principaux traits de sa vie, qui peuvent le caractériser : mais l'on s'attache sur-tout à sa mort, qui en est l'époque la plus remarquable. L'éloge est simple & noblement écrit : il est dédié au dauphin actuel ; on prédit à ce prince qu'il sera *aussi grand, aussi vertueux, que son pere & que son grand-pere.*

23 *Février 1766.* On a parlé d'un drame, intitulé : *la Partie de Chasse de Henri IV*, comédie en trois actes & en prose, de M. Collé, lecteur de S. A. S. monseigneur le duc d'Orléans. Il se répand aujourd'hui imprimé. Ce prince paroît ici en quelque sorte en déshabillé. On y peint quelques instants de sa vie privée. L'auteur avertit qu'il a puisé le fond de cet ouvrage dans une piece Angloise, la même dont M. Sedaine a tiré *le Roi & le Fermier.* Ainsi, voilà le mérite de l'invention nul. Celui de monsieur Collé est d'avoir adapté dans son premier acte différents traits & discours tirés des mémoires de Sully. Dans les autres il peint la naïveté, la sensibilité, les qualités aimables, & les foiblesses peut-être de ce grand roi. Quelques gens de mauvaise humeur jugent que c'est le dégrader : d'autres qu'il est consolant de se retrouver dans son maître. Quoi qu'il en soit, la piece n'a pu être jouée aux François par ces raisons.

25 *Février 1766.* M. l'abbé Coyer vient de

faire paroître une brochure, moitié scientifique, moitié burlesque, intitulée de la *Prédication*. Quoiqu'elle se vende publiquement & avec toutes les garanties de la police, nous ne doutons pas que cette brochure ne soit bientôt arrêtée. Il prétend que depuis Adam, aucun sermoneur ou moraliste n'a fait de conversion, que toutes les belles sentences débitées, soit dans les chaires, soit aux théatres, soit dans les écoles de philosophie, ne servent à rien pour l'épurement des mœurs. Que c'est au gouvernement, par une administration fondée sur de bons principes, séveres & soutenus, à former le cœur des citoyens ou du moins leur conduite. En un mot, punir le vice & récompenser la vertu, voilà les deux mobiles sur lesquels doit rouler toute législation. L'auteur trace d'après ces principes, un plan de police intérieure, aussi ridicule qu'impossible à exécuter. Le livre est écrit avec une sorte de chaleur & de rapidité. En général, cet auteur ne peint ni largement ni à grands traits, sa maniere est petite & mesquine : il y a un tableau de Paris qui n'est point neuf.

26 *Février* 1766. Les comédiens François ont enfin donné aujourd'hui la 28e. & derniere représentation du *Philosophe sans le savoir*. Ce bizarre succès seroit étonnant dans un autre siecle que celui-ci.

L'opéra a joué, pour la capitation des acteurs, *Armide*. Cet opéra ne s'est pas trouvé bien remis.

26 *Février* 1766. Nous avons annoncé les Œuvres *de M. Guyot de Merville*, mais nous revenons sur sa vie, où il se trouve des détails trop intéressants pour être omis.

Michel Guyot de Merville étoit né à Versailles

failles le premier février 1695. On sait peu de chose de sa vie privée, jusqu'au temps où il présenta trois tragédies aux comédiens François, qui les refuserent avec leur morgue & leur insolence ordinaires. Le jeune Merville en fut indigné, & c'est la source des querelles qu'il eut avec plusieurs gens de cette troupe; querelles très-vives qui le dégoûterent du théatre & peut-être même de sa patrie. Il voyagea, & vint en Suisse vers 1750. Il y apporta une tristesse occasionée en partie par sa mauvaise fortune. Il ne recevoit plus ses petites rentes, par l'interruption des fonctions des cours de justice. Les comédiens l'avoient traversé & lui avoient ôté ses ressources: une gouvernante infidelle avoit abusé de sa confiance. Il avoit une femme & une fille qu'il aimoit tendrement, dont l'état malheureux augmentoit son chagrin. Elles avoient donné lieu à sa comédie du *Consentement forcé*, qu'il ne lisoit jamais sans répandre des larmes. Il sut que M. de Voltaire venoit de s'établir auprès de Geneve. Il s'étoit brouillé avec lui au sujet d'une piece que Rousseau & l'abbé Desfontaines lui avoient suggérée. Il fit des démarches pour se réconcilier & lui adressa des vers. Ils furent sans effet. M. de Merville ne se rebuta pas; il alla rendre visite à M. de Voltaire, qui le reçut froidement. Voyant qu'il n'y avoit aucune ressource de ce côté, il revint à Geneve, mit ordre à ses affaires, fit le bilan de ses dettes & de ses meubles: l'un compensoit & acquittoit l'autre. Il mit ce bilan sur sa table, sortit de la maison le 13 mai 1755, n'emporta qu'une mauvaise capote; & après quelques autres dispositions, le bruit a couru qu'il s'étoit noyé. Quelques gens ont assuré qu'il s'étoit retiré dans un couvent au pays de Gex. On a vendu ſes effets, comme il l'avoit ordonné, & ſes dettes ont été acquittées.

Il avoit fait une *Critique des Œuvres de M. de Voltaire*; un autre ouvrage qu'il appelloit *les Epitres d'Horace*, & *les Veillées de Vénus*. Ces trois morceaux ne ſont point dans ſes œuvres.

26 *Février* 1766. On nous envoie de Berlin une tragédie bourgeoiſe en cinq actes, intitulée : *Charles Drontheim*, ou *les dangers du vice*. Cette piece morale y a été jouée en 1764 avec le plus grand ſuccès. Elle eſt d'un jeune homme à peine âgé de 23 ans. Elle décele dans ſon auteur des talents rares & décidés, mais ſur-tout une ame forte, généreuſe & vraiment philoſophique.

Dans le premier acte, *Drontheim*, le héros de la piece, revenu de ſes égarements, rentre au ſein de ſa famille, & réſiſte aux nouvelles ſéductions de *Blakeville*, jeune ſcélérat, ſon ami, dont il a juſques-là ſuivi les mauvais exemples.

Dans le ſecond acte, *Blakeville* joue l'hypocrite : il propoſe à *Drontheim* de l'aider à délivrer une ſœur qu'il a des perſécutions & de la tyrannie d'un tuteur infame. Celui-ci ſe laiſſe aller à une action qu'il croit généreuſe.

Tout le troiſieme ſe paſſe en inquiétudes de la part de la mere, ſur le départ précipité de ſon fils : enfin elle apprend ſon retour par un valet affidé qu'elle a mis à ſa pourſuite.

Le quatrieme acte contient le détail de l'expédition de *Drontheim* & de *Blakeville*. Il eſt inquiet de ne point voir cet ami. Le valet de ce dernier lui apprend que, ſous le voile d'une belle action, il a commis le crime le plus atroce. *Drontheim* part pour ſe venger du ſcélérat.

Cinquieme acte. Cette jeune perſonne que *Dron-*

theim avoit enlevée & dont il étoit devenu éperdument amoureux, est la même que lui destinoit sa mere. Le vieillard qu'il a blessé dangereusement, en est l'oncle, pere de madame Drontheim, ainsi le grand-pere du jeune homme. Celui-ci, après avoir enlevé la jeune personne des mains du scélérat *Blakeville*, lui donne la vie, qu'il pourroit lui ravir. L'infame abuse de cette générosité, au point de la ravir à celui dont il tient la sienne: poursuivi ensuite il se tue lui-même, &c.

Ce drame est rempli de sentiments, de chaleur & d'action.

27 *Février* 1766. Freron, dans sa feuille N°. 36, met à la fin un avertissement, où il rend compte que des affaires de famille l'ont obligé d'aller dans sa province, & qu'une maladie de six semaines survenue ensuite l'a mis hors d'état de donner à ses feuilles toute l'attention qu'il doit au public. On sent ce que cela veut dire, & qu'il cherche en ce moment à se concilier des souscripteurs pour l'année suivante. En conséquence, dès sa feuille 37, il donne un morceau très-travaillé, c'est une critique des *nouveaux Contes* de M. Marmontel, où il reppelle celle des anciens. Rien de plus judicieux, de plus adroit, de plus méchant & de plus vrai cependant, tant il est facile de jeter du ridicule & de déprimer avec une sorte de justesse les meilleurs ouvrages! Ces *Opuscules* de M. Marmontel ont plu généralement, & l'on ne peut, malgré cela, ne pas souscrire au jugement du journaliste.

27 *Février*. M. Dorat vient d'enrichir encore, pour la derniere fois, son recueil d'opuscules légeres d'un nouveau poëme, intitulé: *les Tourterelles*. Cette bagatelle ne vaut pas à beaucoup près le *Ververt*. Ce sont des vers amoncelés avec beaucoup de

facilité, mais nulle invention. La préface est assez bien écrite, quoiqu'avec un peu trop de maniere: d'ailleurs, elle contient beacoup d'assertions, entr'autres celle de prétendre que nous n'avons point de poëme érotique dans notre langue.

28 *Février*. Les Italiens ont donné hier la premiere représentation du *Braconnier & du Garde-Chasse*, comédie en un acte, mêlée d'ariettes. Elle a été trouvée détestable, & l'on dit plaisamment qu'on avoit envoyé le braconnier aux galeres.

28 *Février*. Les comédiens François donnerent, il y a peu de temps, *l'Avare*, & Bonneval qui faisoit ce rôle, y a montré une présence d'esprit dont il faut conserver l'anecdote. Acte 3e. 7e. scene, après le 3e. couplet, où *Cléante* insinue d'une maniere équivoque son regret que *Marianne* devienne sa belle-mere, au lieu de sa femme; *Harpagon* témoigne sa surprise du compliment, & *Marianne* répond à son tour. Mlle. d'Oligny qui faisoit ce rôle, étant restée court, & le souffleur n'y étant point, Bonneval a repris sur le champ, au moment où les trois acteurs paroissoient stupéfaits & surtout *Marianne*: *elle ne répond rien, elle a raison, à sot compliment point de réponse*. Tout le public connoisseur a senti la finesse de la réponse, & l'on a fort applaudi l'intelligence de l'acteur.

Fin du second Volume.

www.ingramcontent.com/pod-product-compliance
Lightning Source LLC
Chambersburg PA
CBHW071134160426
43196CB00011B/1896